变革
如何发生

HOW
CHANGE HAPPENS

〔英〕邓肯·格林　著
（Duncan Green）

王晓毅 等　译

社会科学文献出版社
SOCIAL SCIENCES ACADEMIC PRESS (CHINA)

不激烈，但迫使我们反思我们头脑中和实践中的错误和不足。对于所有从事发展研究的专业人员、实践者和社会活动家，以及所有相关群体，这都是一本至关重要的著作。无论是对南方或北方，投资者或社会活动家，政府或NGO，跨国公司或举行抗议的公民，这本书都具有重要意义。我们都身处变革中。《变革如何发生》将经历时间的考验，这是一个里程碑，是一部值得反复阅读且激发反思和行动的书。我还从未见到过这样一本书。

罗伯特·钱伯斯（Robert Chambers），

发展研究所研究员

　　书中珍品，行文流畅，通俗易懂，本书凝聚了作者在全球发展实践中数十年的经验，分享了在改变权力关系和复杂体制过程中什么可能发挥作用，什么不能。在阅读中我一次次地发现自己深有同感。我们所有的实践者和理论家，但凡希望有一个更好的世界并为此而努力，那么一定要阅读此书。

比纳·阿格沃尔（Bina Agarwal），

曼彻斯特大学全球发展研究所

发展经济学与环境教授

　　这本引人入胜的著作应该成为任何社会活动家，以及其他许多人的枕边书。邓肯·格林是少有的全球社会活动家，可以用清晰的分析语言来阐明是什么带来了变革。从秘鲁的的喀喀（Titicaca）到塔吉克斯坦的农村，从棚户区到权力的殿堂，在这本书广泛的议题中，每一页都充满了智慧和卓见。

丹尼·罗德里克（Dani Rodrik），

哈佛大学肯尼迪政府学院国际

政治经济学教授

《变革如何发生》是给社会活动者的正面指导。这是变革过程中一本最有帮助、最有希望和最富有思想的手稿。这是一本乐观主义的著作；要想成为社会活动家，你就必须是乐观主义者！当一个人感觉沮丧和失去信心的时候，这本书将给你鼓励，赋予你能量，鼓舞你参加到创造更好世界的行动中。邓肯·格林用生动的例子表明，只要社会活动者和环境活动者利用巧妙的手段和复合的策略，如倡导、抗议、组织和开展运动等，就能产生重要的、持续的变革。这是一部出色的著作，请阅读本书并热情地投入到变革的旅程中吧。

萨替什·库马尔（Satish Kumar），

舒马赫学院创始人，《复兴与生态学家》

（Resurgence & Ecologist）荣休编辑

2015 年，通过了 "2030 年议程" 和《巴黎气候协议》的目标，世界对全球性的革命性变化做出承诺，要保持升温低于 2 摄氏度和在 21 世纪后半叶实现碳排放与碳吸收的平衡。 我们需要理解变革是如何产生的，从而使我们更快地铺就通往安全的未来的道路。就引入必需的社会与政治变革而言，邓肯·格林的书是及时的、必备的指导手册。

玛丽·罗宾逊（Mary Robinson），

人权与商业研究所所长

感谢提托（Tito）和珍妮（Jenny）促使我开始这项工作，凯西（Cathy）督促我完成这项工作，以及卡勒姆（Calum）和芬里（Finlay）可以继续这项工作。

中文版序

任何一位关注人类进步的人，都会被过去 40 年里中国令人惊讶的经济与社会发展所深深吸引。我本人对一些西方学者的观点很感兴趣，如丹尼·罗德里克（Dani Rodrik），他发表过关于乡镇企业角色的文章；还有林毅夫（Justin Lin），他在工业化政策的作用方面有很多想法；以及张夏准（Ha-Joon Chang）关于亚洲工业化更广泛经验价值方面的研究；最近，洪源远（Yuen Yuen Ang）的著作《中国如何摆脱贫困陷阱》也令我印象深刻。

因此，对于《变革如何发生》一书中文版的面世，我感到十分欣慰。希望本书能够激发更多关于社会变革的本质和驱动力的对话和探讨，进而让我们大家都有所收获，并和世界上其他地区进行经验对比。此类对话迄今并不太丰富，由此也减少了我们本可以从真诚及相互尊重的对话中所获得的"财富"。

我要感谢香港乐施会使本书中文版的出版成为可能，感谢香港乐施会的刘源博士统筹翻译与出版工作，感谢王晓毅教授等译者花费宝贵的时间翻译此书。

邓肯·格林

于英国伦敦

2018 年 9 月

前 言

张夏准（Ha-Joon Chang）

"哲学家们只是用不同的方式解释世界，而问题在于改造世界。"这是马克思的经典名言，而且最终成为其两句墓志铭中的其中一句。（另外一句是："全世界的无产者联合起来。"）

马克思无疑是正确的，社会理论不应该仅仅为了理解现状，更要提供关于发展的图景。但他意指在他之前没有人这样想，这是错误的。

至少在过去的数千年中，人们设想了许多不同于他们所生活于其中的世界。人类的历史充满了关于不同社会秩序的想象和追求。它们可能是建立在一些精致理论上的大规模社会实验，这些理论包括马克思主义、福利国家和新自由主义。它们也可能是被压迫、被剥夺的人民为了生存、安全和尊严而进行的日常抗争，尽管他们自己并没有关于另外一个世界的复杂理论。毫无疑问，人类与其他动物的区别在于，人有能力设想不同的社会秩序并共同创造社会秩序。

尽管事实上大部分的人类历史都是在试图创造不同的现实世界，但是我们关于社会变革的过程却所知甚少。

当然，我们有大量的历史叙事描述了由技术力量与经济制度——如产权制度——的相互影响而产生的社会变革，比如马克思主义就是其中最好的例子。我们还知道许多由政治－法律制度变革——如法院系统或国际贸易协议的变化——所引起的社会转型方式。但是我们感兴趣并希望清楚地加以解释的是：某些个人或群体如何实现那些最初被其他人认为是不可能实现的愿景，不管这些人是政治领袖、商业领袖、工会，还是草根组织。

我们还没有一个恰当的理论来解释这些不同因素如何共同作用从而产生社会变革。如果我们说得更夸张一点，如果一个人要想知道如何改变他所生活于其中的社区、国家或世界的某些方面，他很难找到一本像样的指南。

作为一个在发展领域和社会公正领域中久经沙场的活动家，邓肯·格林用他的《变革如何发生》一书填补了这个空白。不客气地说，这是一本关于改变世界的富有创意、令人惊喜的现场指南。

过去人们讨论变革发生的问题或是集中在技术上（移动电话可以带来革命！），或是集中在冷酷无情的现实政治（realpolitik）上——寡头或精英如何切割世界。在考虑这些因素之余，《变革如何发生》聚焦权力分析和系统化理解，发展出了一个更好的框架来理解社会变革，称为"权力与系统方法"。

权力与系统方法所强调的是，为了产生社会变革，首先需要理解在社会群体之间以及社会群体之内，权力是如何分配和再分配的，诸如：妇女的解放、人权的普及、穷人通过组织起来而获得的权力、在国际经济体系协商背后的权力关系迁移。尽管强调了权力斗争的作用，但是本书中这些权力争斗并非像生手之间随意的较量，似乎是谁有更多的武器、更多的钱或更多的选票便可以获胜。在这部书中，这些权力之争被置于非常复杂的系统中，而这个系统本身在持续变动且无法预期，它们在影响如社会规范、协商、抗议、院外活动和领袖等各种各样因素，同时也受到这些因素的影响。

建立一个令人信服的解释社会变革的理论已经是很困难的任务，但是邓肯·格林自己提出了更高的要求——这本书还要成为社会活动者的实践指南。这本书不仅要成为从事与 NGO、抗议者和草根组织相关工作的操作手册，而且要在更广泛的意义上成为社会活动者的操作手册，包括政治家、公务员、企业家，甚至学者。

这的确是一个野心勃勃的项目。一个人怎么可能提供一个复杂的社会变革理论，同时又给社会活动者提供实践指南？

然而让人惊喜的是，《变革如何发生》一书实现了这一承诺。那些仅仅想更好地理解社会如何变革的读者可以从本书中发现大量深刻的理论和经验证据。而那些想通过借助正规政治权术来改变世界的读者也可以从本书中收获良多，比如：如何建立政治共识和合法性，如何建立联盟，以及如何利用国内法和国际法来促进变革和巩固变革成果。那些想改善公民状况的公务员或者那些不单纯为赚钱的商界领袖也可以从本书中学到大量知识来设计政策和采取合作战略，通过可行的创新方法来完善这个世界。这本书甚至对我自己这样希望涉猎现实社会问题的学者也有巨大帮助，使我们更好地把握我们的研究及相关的活动在推动（或阻碍）社会变革方面的作用。

得益于在社会科学众多相关领域的丰富知识，在国际发展方面35年的形形色色经验，以及大量全球背景的一手案例，这些案例来自作为全球规模最大的关注社会正义的非政府组织之一的乐施会，邓肯·格林写作了一本非常独特且特别有用的书。这本书讨论了许多经常被忽视的重大议题。任何一位致力于改善这个世界的人都应该为此而感谢作者。

致　谢

我要再一次感谢马克·佛莱德（Mark Fried）和安娜·克顿（Anna Coryndon）所组成的编辑梦之队。马克拥有出色的编辑技巧、发展领域的深厚知识，以及惊人的耐心，这些技能的独特组合让这部书稿从杂乱的初稿变成了现在还算成熟的著作。安娜在管理这个项目的过程中保持了其一贯的优雅和对细节的关注。

我希望感谢乐施会给我时间并鼓励我写作这本书，当然在感谢乐施会时我还要申明：《变革如何发生》一书并不反映乐施会的政策立场，所有表达出的观点都是作者的观点。

众多乐施会的朋友和同事在本书的数次修改和讨论中做出了贡献，包括劳里·亚当斯（Laurie Adams）、艾米丽·布朗（Emily Brown）、瑟琳·查韦尔莱特（Celine Charveriat）、比奈·迪达尔（Binay Dhital）、托马斯·

邓默尔－罗德里格兹（Thomas Dunmore-Rodriguez）、丽莎·玛丽·费伊（Lisa Marie Faye）、彭妮·福勒（Penny Fowler）、乌维·内廷（Uwe Gneiting）、莎莉·戈尔丁（Sally Golding）、马克·戈德林（Mark Goldring）、迪姆·戈尔（Tim Gore）、艾伦·古吉特（Irene Guijt）、托马斯·希斯（Thomas Heath）、莫嘎·卡玛－雅尼（Mohga Kamal-Yanni）、伊鲁卡·基博纳（Eluka Kibona）、加文·克里普克（Gawain Kripke）、马克斯·罗森（Max Lawson）、保罗·奥布莱恩（Paul O'Brien）、祖·罗兰兹（Jo Rowlands）、艾丽希·萨汗（Erinch Sahan）、乔斯·桑德斯（Joss Saunders）、（Kashif Shabir）、巴里·雪莱（Barry Shelley）、村治喜吉雅（Kaori Shigiya）、玛丽·苏·斯米洛夫斯基（Mary Sue Smiarowski）、卡洛琳·思维特曼（Caroline Sweetman）和安德鲁·威尔斯－唐（Andrew Wells-Dang）。

本书得到了澳大利亚外交与贸易部的资金支持和知识帮助，包括科尔斯顿·毕晓普（Kirsten Bishop）、海伦·科里根（Helen Corrigan）、史蒂芬·霍格（Steve Hogg）、莎莉·莫伊尔（Sally Moyle）和桑德拉·克劳莎尔（Sandra Kraushaar）。

发展领域领导力项目（Developmental Leadership Program）的同事给予了非常有价值的建议，特别是尼赫尔·达散迪（Niheer Dasandi）、大卫·哈德逊（David Hudson）、琳达·凯利（Linda Kelly）、西斯尔·莱恩·德·沃（Heather Lyne de Ver）、西斯尔·马凯特（Heather Marquette）、艾莉娜·罗查·梅诺卡尔（Alina

Rocha Menocal）和克里斯·罗彻（Chris Roche）。

感谢我在伦敦经济学院的那些长期被打扰的学生，我反复与他们互动，争辩本书中提及的那些问题。

此外，还要感谢给我提供支持的"发展工作"（development work）大网络，他们分布在学术界、市民社会、企业和政府部门各处，包括姬恩·博尔顿（Jean Boulton）、弗朗西斯科·卡柏林（Francesco Caberlin）、纳撒尼尔·卡尔霍恩（Nathaniel Calhoun）、罗伯特·钱伯斯（Robert Chambers）、保罗·克拉夫（Paul Clough）、史蒂夫·康明斯（Steve Commins）、斯蒂芬妮·康拉德（Stefanie Conrad）、帕迪·柯尔特（Paddy Coulter）、艾丹·克拉尼（Aidan Craney）、詹姆斯·迪恩（James Deane）、艾丽丝·埃文斯（Alice Evans）、杰米·福斯蒂诺（Jaime Faustino）、罗宾·福特（Robin Ford）、艾伦·福勒（Alan Fowler）、格里塔·加莱亚奇（Greta Galeazzi）、约翰·加文塔（John Gaventa）、卡勒姆·格林（Calum Green）、芬莱·格林（Finlay Green）、汤姆·哈里森（Tom Harrison）、马西米兰·海伍德（Maximilian Heywood）、戴维·希尔曼（David Hillman）、罗伯特·乔丹（Robert Jordan）、南希·李（Nanci Lee）、杰里米·李姆（Jeremy Lim）、马修·洛克伍德（Matthew Lockwood）、西沃恩·麦克唐奈（Siobhan Mcdonnell）、凯瑟琳·马斯特曼（Catherine Masterman）、马苏德·乌尔·木克（Masood UL Mulk）、阿纳尔多·帕里尼（Arnaldo Pellini）、维基·兰道尔

（Vicky Randall）、劳尔·桑切斯-乌里巴里（Raul Sanchez-Urribarri）、赖安·斯托（Ryan Stoa）、海蒂·泰德莫斯（Heidi Tydemers）、克雷格·瓦尔特斯（Craig Valters）、乔治·委拉斯凯兹（Jorge Velasquez）、史蒂芬·韦古迪（Steve Waygood）、弗劳克·德·维吉尔（Frauke de Weijer）、莱尼·维尔德（Leni Wild）。

牛津大学出版社的团队，包括基姆·贝伦斯（Kim Behrens）、凯特·法夸尔-汤普森（Kate Farquhar-Thomson）、菲尔·亨德森（Phil Henderson）、亚当·斯瓦洛（Adam Swallow）和艾梅·赖特（Aimee Wright），跟他们一起工作始终非常愉快。

我要感谢这个世界上的许多许多人，他们牺牲宝贵的时间来回答一个八卦访客的各种问题，除了那些希望匿名的以外，他们中的许多人都在本书中留下了大名。

最后，如果你曾经对本书提供了帮助，在遍寻本书后不曾找到自己的名字，那我要表示深深的歉意和衷心的感谢。

一如既往，本书中的任何错误都由我个人承担，与那些在写作过程中给予我大量支持的人无关。"变革如何发生"的研究项目得到了澳大利亚援助（Australian Aid）和伯明翰大学发展领袖（University of Birmingham's Development Leadership Program）项目的支持。这里所表达的观点是作者的观点，而非澳大利亚外交和贸易部、澳大利亚援助和发展领袖项目的观点。

译者前言

王晓毅

　　本书作者邓肯·格林在伦敦政治经济学院任实践教授，同时兼任英国乐施会的战略顾问。他在发展领域有着丰富的经验，先后在一些发展援助机构和国际非政府组织从事研究和倡导工作，曾任英国国际发展部贸易与发展政策高级顾问、天主教海外发展局贸易和全球化政策分析员以及社会责任投资公平养老金项目研究与合作部主任等。除了本书以外，他还撰写了《从贫困到权力：积极参与的公民和有效的政府体系如何改变世界》、《无声革命：拉美市场经济之崛起与危机》、《拉美地区面貌》，以及《隐性生命：拉美和加勒比地区儿童之呼声》等著作。他的大量文章发表在其个人博客上，他自己说："我将我的时间分配在'从贫困到权力'博客的写作，与学界、援助机构、政府和国际发展的各种媒体相关的活动，以及从 2015 年开始在伦敦政治经济学院作为实践教授指导硕士研究生。"作为一个有着丰富的研究经验并且非常活跃的作者,他这本书的写作也是互动式的,在没有出版之前他就把书稿贴在网上,供人们讨论,并且将讨论的意见吸收到他的终稿中,书籍正式出版以后,电子版也很快可以从网上下载,并且欢迎在其博客上继续讨论。与传统意义上的学术著作不同,发展领域的诸多著作会更加强调实践,这本书在这方面的特点尤其明显,作者希望通过对"变革"的理解,推动变革的实践者更深入地理解变革,从而采取更加有效的方式推动变革的产生。

英文"change"一词是一个最普通,但是含义又非常广泛的词。30多年前我在读研究生的时候翻译的第一本英文书,就是讨论乡村社会的"change",按照社会学通行的译法,我当时翻译为"社会变迁"。随后我们发现,在我们这样一个不断变动的社会中,变化/变迁/改变几乎无处不在,是几乎所有社会科学学科必须讨论的话题之一。国际组织"OurFuture"曾经集合了一批未来学家,将各种有关变迁的动力进行分类,最后归纳出10种类型的变迁动力。进步,因人们希望更美好的生活所采取行动而导致的变迁。持进步观点的人往往是乐观的,坚信未来一定会更好,每个人对进步都可以产生贡献。发展,同样也因为人们希望改善生活而推动的变化,但是与进步不同,发展的结果是社会更加专业化和复杂化,发展的动力往往不是普通人,而是专家、学者和政治领袖。技术,人们需要新技术解决问题,而新技术推动了社会的进步和变迁。科学家和技术专家是推动变迁的主要动力，而科技投入则决定了进步的快慢。观念，新的观念传播引起文化变迁，一个好的观念就可能改变世界。因此媒体在变革中发挥关键作用。市场，由于人们寻求更舒适的物品从而推动企业不断创新产品，并导致变迁的产生。工业领袖和经济学家在这种变革中发挥重要作用。循环，变化就是个循环的过程，就像人的生老病死一样，按照历史规律经过不同阶段，所以历史学家可以对变化做出预测。此外，冲突、权力、进化也是推动变迁的三个重要因素。最后，近年来人们越来越关注混乱、复杂和批评对变革的推动作用，因为系统是复杂的，任何人都不可能理解全部系统，因此变化带有偶然性。[1] 最后一种对变迁的理解可能跟邓肯的理解最为接近，但是邓肯更强调人如何在复杂的系统中发挥作用。

我们这里引用这个解释，并不意味着我们同意这种归纳，但是我们同意说"change"一词在不同语境下有着复杂的含义。那么这本书是如何使用这个词，我们又为什么翻译成"变革"呢？

在这本书中，首先 change 不是自然发生的，而是人为推动的，这与进化推动的变迁相区别；同时推动变迁的人也是特定的一批人，他们不是技术专家，也不是企业家或经济学家，而是一批被称为社会活动家（activists）

1　https://ourfuture.org/20080514/why-change-happens-ten-theories.

的人，他们具有明确的目标，采取积极的行动。他们希望通过自己的努力，解决社会问题，使社会变得更好。Change 是有明确指向的——改变现有的一些东西，建立一些新的东西，不管是书中所谈到的巴黎气候变化公约的达成，还是南美洲少数族裔获得自治权利，以及非洲消除女性的割礼，都是一些社会活动家在推动这个世界实现转变。从这个意义上说，这本书不是讨论一般的变化或自然发生的变迁，而是人为推动的朝向特定方向发生的变化，正是在这个意义上，我们将之翻译为"变革"，有"鼎故革新"之意。

对于社会活动家来说，要实现有目的之变革，就需要正确地理解变革发生的原因，并采取正确的策略，这本书正是试图回答原因和提出指导策略。社会活动家经常被看作理想主义者，他们对目标的执着往往强于对过程的理解和对策略的选择，在这个背景下，要让他们丢掉幻想，采取切实可行的措施推动社会变革，无疑需要透彻的分析。正像在本书导言中，张夏准教授所说："我们还没有一个好的理论来解释这些不同因素如何共同作用从而产生社会变革。"试图解释社会变革发生原因的著作汗牛充栋，但是许多解释缺乏说服力，因为理论的解释总希望表现得简洁和单一，用直接的因果关系分析变革之所以发生的原因。但是现实远比想象更复杂，线性的因果关系分析尽管看起来很好看，但是经常与社会现实有很大出入，更不能用以指导变革实践。

在本书的第一部分，邓肯为社会活动家提供的理解变革的工具就是他所说的系统与权力方法。首先，系统是复杂的，系统大于部分之和，一旦单个个体、制度或规范被纳入系统中，它们就不再仅仅是它们自己，而成为系统的一部分；其次，系统带有不确定性。许多事物的改变并非只存在简单的因果关系，那些因果关系往往是事后总结的。正是这种不确定性使得社会活动家的作用更加凸显出来，如果变化都是线性发生的，不管人们是否努力都不足以影响世界的进程，那么社会活动家就会为自己的角色而沮丧。恰恰因为存在不确定性，所以社会活动家才有可能抓住机遇，成为变革的推动者。

在这个复杂的系统中，邓肯提醒我们要认识到权力的作用，权力推动了变革，所以在推动变革的过程中要深入地分析权力的运作。邓肯在本书中扩大了权力的概念，提出了四种权力，就是内在权力、共同权力、行使权力和统治权力。不仅仅是政府官员或政府机构有权力，任何人都有权力，权力无处不在，因为权力就是对别人的影响力。政府官员有权力，同样农村妇女也有权力，推动变革就是要对他人产生影响，那么就需要权力的运作，在发展领域经常被提及的赋权也就是提升弱者的权力。权力分析将变革实践从理想变成了可操作的现实，变革的理想尽管很美好，但是如果忽视了现实社会中的权力关系，就无法实现这种理想。变革的成功有赖于采取切实可行的方法，获得推动变革所需要的权力。

在复杂的系统中，文化、规范、态度或观念的转变对于变革的发生也具有重要的作用。观念的转变既是变革的原因，也是变革的结果，从古至今，有许多观念都在发生变化，一旦观念发生变化，那么具体的行动就更容易推进，但是观念的变化经常是社会活动家持续推动的结果。

系统、权力和观念是理解变革的工具，在提供了这样一个工具以后，邓肯在本书第二部分使用这个方法具体分析了不同的制度是如何产生影响进而推动变革的。他的分析涉及国家、法律、媒体、国际组织和跨国公司。传统的社会活动家往往对国家、国际组织、跨国公司、政党等有一种负面的刻板印象，把他们作为对立面。但是在邓肯的分析中，首先，这些制度是由人组成的，不同人员构成可能会使这些组织有不同的表现；其次，这些制度和机构需要从不同的层面和不同的角度立体地看，才能发现其多样性；最后，我们需要从历史的角度看这些制度的变化。在推动社会变革中，社会活动家不是要远离这些制度和机构，而是如何更全面地理解这些制度和机构，并尝试与其一起工作。

第三部分，作者基于权力与系统方法的分析，给那些试图推动变革的社会活动家提出一些指导性意见，如开展社会运动、提升领导力和推动倡导活动等。第三和第四部分有些像是工作指导手册，提出了一些具体策略，如何实施一个变革的实践，或者在援助机构话语中，就是如何实施一个项目，包括如何分析问题、如何制定策略等。权力与系统方法强调灵活性，所以这里给出的并非一个完整和详细的工具包，但是邓肯教授仍然给出了一些具体的策略，比如民间社会如何组织、如何达成目标；领导者在变革中的作用及如何发挥作用；当倡导工作作为推动变革的手段时，要采取怎样的策略等。

在这本书中，邓肯将变革的发生从理想状态拉回到现实境况中。首先，要推动变革就必须要理解新变革，变革不仅仅是一个宏大的过程，更是微小的社会行动逐渐积累的。变革是复杂和灵活的，没有一个固定的套路，这就需要社会活动家采取灵活的策略。其次，在推动变革中，各方力量的合作远比对抗更加重要。传统的社会活动家往往会对国家、国际机构和跨国公司持批评态度，但是单纯的批评往往不能解决问题，而合作则可能产生积极的效果。如果我们从更多的角度和更多的层面去看待这些有着巨大权力的制度或机构，那么就可以发现合作，以及推动这些制度和机构改变的可能。最后，在解决社会问题时，成功的经验更为重要。社会活动家要善于找到成功的经验，因为成功的经验可以激发其他人的跟随。在推动变革发生的过程中，邓肯采取了更为积极的态度，让那些小范围的成功被推广，也就是他所说的正向偏差。

这本书是一部兼具理论解释和行动指导的书，但是与传统的理论和手册不同。本书中的理论解释更多不是来自于传统的思辨和数据的分析，而是来自作者的经验感受。他多年的工作都是在试图推动社会变革，近距离的观察使他积累了丰富的经验，这些经验转化为一系列的思考，这为本书提供了坚实的经验基础。同时作者又很善于进行跨学科的对话，吸取经济学、管理学等多学科知识，从而使作者的思考跨度更为宽广。尽管作者并没有像通常的手册一样提供具体的指标、步骤和方案，但是作者提出一些原则对于社会活动家成功地达成目标会有很大帮助。

中国正在全面建设小康社会，这是一次巨大的社会变革。我们既要面对那些全球性的议题，如气候变化、反贫困、环境保护、消除腐败，也面临着许多中国所独有的问题，如乡村振兴、防范风险。为了实现全面建成小康社会的目标，需要社会各界凝聚共识、通力合作。我们在此将这本书译介出来，也是希望给中文读者提供一个参考，更好地理解社会变革是如何发生的，以及应该采取什么样的变革策略。

导　言 / *001*

第一部分　权力与系统方法 / *009*

第一章　系统思维改变一切 / *013*

第二章　权力是变革的核心 / *039*

第三章　社会规范的转换推动变革 / *064*

案例研究：玻利维亚的齐卡塔诺斯 / *091*

第二部分　制度及历史的重要性 / *097*

第四章　国家如何演变 / *104*

第五章　法律机器 / *130*

第六章　问责制、政党和媒体 / *154*

第七章　国际体系如何形塑变革 / *188*

第八章　作为变革动力和对象的跨国公司 / *211*

案例研究：2015 年 12 月巴黎气候变化大会通过的
　　《巴黎协定》/ *241*

第三部分　社会活动家能（不能）做之事 / *249*

第九章　公民行动主义和市民社会 / *253*

第十章　领导者和领导力 / *278*

第十一章 倡导的力量 / 301

第四部分 综合所有要素 / 331

第十二章 权力与系统方法促进变革发生 / 333

结 论 / 362

译后记 / 365

导　言

在本书的写作过程中，我充满激动、陶醉和挫败。激动于今日所发生的诸多变革之速快和恢宏——摆脱贫困而崛起的大陆，开始识字并获得不错卫生保健的普通民众，许多国家的妇女赢得了权利、尊重和力量。在乐施会的工作给我提供了一个特殊且优待的近场观众席，使我可以同时观察到全球范围内那些鼓舞人心的社会活动家的宏大画面和具体故事。此外我还（奇迹般地）拥有时间阅读和写作，这引发许多同事的羡慕和嫉妒。这本书就是思考与实践不断对话的产物。

当我看到社会活动家采取那些注定要失败的行动的时候，我的激动就会夹杂上沮丧。2004 年我进入乐施会不久就看到一大一小两个例子。在越南实地考察的时候，我去看乐施会在北方一个苗族村寨的工作。当我们驱车到达这个边远的少数民族贫困村寨的时候，我们邂逅了先前那些比较勇猛的背包客开始到达的这片区域。苗族人生产非常出色的织品，很明显，旅游热马上就要开始。我们的项目是培训村民如何在冬季给他们著名的水牛保温和保证健康（措施之一是按时用混合了酒精的东西给它们擦洗）。从开展与牲畜相关的工作开始并没有错，但是我们做什么才能帮助他们应对即将到来的游客增加呢？面对这种挑战，我们基层工作人员（非苗族的越南中产阶级）的回答是：要"保护"村民的传统以抵制外部世界的入侵。

在宏观层面，我对乐施会正在领导的规模宏大的全球运动感到不安，这场运动暗示着贸易、债务、援助和气候变化等各领域的全球积极行动主义可以某种程度上"使贫困成为历史"。这场运动似乎严重低估了国家政治的巨大作用。在几年后的一本书中，我提出了不同意见，这本书就是《从贫困到权力：积极的公民和高效的国家如何改变世界》（*From Poverty to Power: How Active Citizens and Effective States can Change the World*）。这本书包括了我们团队的一篇对各个不同学科所使用的变革理论的考察。[1] 不

---

1 / R. Krznaric，2007，'How Change Happens：Interdisciplinary perspectives for human development'，*Oxfam Research Report*（Oxford：Oxfam GB，2007）. http://policy-practice.oxfam.org.uk/publications/how-change-happens-interdisciplinary-perspectives-for-human-development-112539.

同的学科有不同的，甚至相互冲突的变革理论，而且大学也没有一个"变革研究系"来整理这些理论。我对此充满兴趣，并在这本书的附录中开始讨论建立一些关于"变革如何发生"的最基本观念。这个讨论标志着漫长对话的开始，最终的结果就是这本书。

这本书是写给那些想改变世界的社会活动者的。狭义上说，这些人包括那些围绕着气候变化、残疾人权利等各种各样话题展开抗议活动和倡导运动的人，这些话题多处于"体制"的边缘，早期的废奴主义者就已经开始制造变革。但是"变革推动者"的名单（很遗憾在英语中缺少对这个领域如此灵活的描述）大大超出这个范围。我将体制内的改革者也包括在内，如选举和非选举的政治家、公务员和开明的企业家。此外，正式制度之外的各种各样公民世界过于丰富，很难被简单地归入"抗议者"的范畴。宗教团体、社区领袖和许多妇女组成的自助组织等经常在社会中有很大影响。甚至在援助机构内，那些我们称为执行"项目"的机构，比如创造就业机会或改善医疗及教育服务，以及在战争和地震中实施紧急援助的项目资助者和项目执行者，也都像抗议者一样在寻求变革。我所说的社会活动家（者）是指上述所有的人。（如果上述这些听起来都很累人，你宁愿做一个只想更好地理解变革的扶手椅上的社会活动者，这也是可以的。）

《变革如何发生》还要揭示这些社会活动者之间的关系为什么经常令人焦虑。对于变革的问题，每个人都有自己的观点。我们更喜欢冲突（"告诉当权者事实"）还是更喜欢合作（"赢得朋友并影响他人"）？我们是在各处都可以看到进步并试图加快其进程，还是更多地看到（往往是在更灰暗、更坦诚的时候）针对权力和不公、结果毫无胜算的堂吉诃德式战斗？我们是相信推动合法的持续变革的主要动力来自草根层面或个人层面，通过挑战现有的规范和信仰而积累起来的力量，还是相信在法律、政策、制度、公司和精英层面的改革，抑或是发现并支持"开明"的领袖？我们认为发展的目标是要将贫困人群也囊括在现代性（金钱经济、技术、流动）的受益者当中，还是要保护各种文化和传统，从而建立起不同于现代性的其他道路？我们是要使目前的体制运转得更好，还是要寻求其他什么东西以解决权力的深层结构问题？我的回答是：我们需要"上述一切"——这本书试图将所有这些不同的路径汇入一幅更广阔的变革图景。

阿玛蒂亚·森将发展看作生存和行动自由的逐步扩大，这一对发展的精彩定义构成本书的起点。[1] 这本书讨论了政治和社会变革，也讨论了发展的经济层面。这本书聚焦于有目的的变革（intended change），尽管大量的变革都是无意识和偶然的（洗衣机的发明对于妇女的赋权贡献很大，但发明者最初并没有想到这一点）。

---

1 / A. Sen, *Development as Freedom* (Oxford: Oxford University Press, 1999).

　　在写作本书的过程中我有一个很有意思的发现，不管变革发生在哪个层面，是在一个社区、国家，还是全球，都可以应用同一套分析范畴（权力、规范、复杂体制、制度和机构）。就像俄罗斯套娃或者分形体一样，当你放大或缩小时，在不同尺度上都重复出现同样的图形。这种思维方式可以使我们保护美好的东西免受攻击（抵制错误的变革），而且也有助于我们解释根植于制度、规范和个人深层的抵制如何阻碍变革的发生。

　　《变革如何发生》分成 4 个部分，第一部分提供本书的概念基础，试图通过复杂的系统、权力和社会规范三棱镜来理解变革。但是在过去的数年中，也许受到远程物理学研究的影响，我们不时会感到一些类似统一场论的发展理论正在从各种讨论中涌现。此外，线性也是第一部分要处理的问题之一。任何一本书都明显是线性产品：从第一页开始阅读，如果有收获，就一直把书全部读完。但是这种方式明显不适合用于讨论非线性的复杂系统，而且即使是线性的，读者也可能会在阅读到"如此这般"的结论之前已经扔下了书本。因此我在这里试图在"权力与系统方法"的一页纸中浓缩全书的精华，告诉读者即将读到的是什么内容。

　　第二部分将讨论一些主要机制，它们既是变革过程的客体，也是其主体，如中央政府、法律体系、政党，以及其他问责渠道、国际体系和大型跨国公司。这其中的一些工作看起来很难，距离社会活动者的快乐庆典还有很漫长的距离。如果我们发现了推动变革和把握变革机会的新观念和新的可行性，我觉得那些试图影响历史、政治和制度内在结构的社会活动者就可以得到快速的知识更新。

第三部分讨论一些主要的社会活动参与者，如市民社会活动者，倡导组织和领导的角色。最后一部分讨论我的分析对于个人社会活动者及其机构的意义，从而充实权力与系统分析方法。

这本书并非一本手册，其实本书的结论之一就是过于依赖清单工具包是阻碍我们前进的原因之一。因此本书综合了分析、问题和个案研究，其目标是帮助读者既可以看到是什么阻碍其身边的变革，也可以看到变革的迷人过程，并且产生新的能量和观念以促进变革的发生。

就像大多数变革过程一样，这本书并非预先设计好的，而是逐渐浮现的。有许多人贡献了他们的观点和经验，当我们贴出初稿征求意见的时候，超过600人下载。尽管我做出努力吸收各种各样的声音和意见，但是这本书最终仍然是一个西方的（快进入老年的）白种男人完成的，因此不可避免地会反映我个人的经验、网络、文化、假设和偏见。当你们阅读的时候，请不要忘记这点。

我并非一个立场坚定的人。在研究和撰写这部书时我已经被改变，而且是以我过去不完全理解的方式改变的。我不断处于紧张中，一方面希望作为精心和彻底的"终结者"；另一方面又急于进入新的观念，要抓住沙滩上下一个闪亮贝壳。在大学，我研究物理学，但是兼职讲授乔伊斯（Joyce）和艾略特（Eliot），并且写诗。这些诗是真的糟糕。在麦尔斯－布瑞格斯（Myers Briggs test）之类的测验中，我的人格评估是混乱的。我在大多数时候都不知道自己怎么看《爱丽丝梦游仙境》中的王后，是不是喜欢她，我似乎同时会有完全冲突的观点。

然而，写作的活动使我意识到我的不清楚，并且越来越适应这种不清楚。你会认为写书的人会讨厌含糊、复杂和变化，因为书中的文字是永远不变且要具有权威性的。幸运的是，现在的书已经不再形同石碑，而更像是广泛对话中更耗时的那一部分 。比如这本书出版以后，我们还会在我的博客"From Poverty to Power"和网页"How Change Happens"上继续讨论。我希望能听到你关于本书所讨论的任何议题的见解和争论，并且能改变我的想法，多多益善，越早越好。

第一部分　权力与系统方法

尽管变革并非线性的，但是书都是按照章节顺序写的。令那些时间紧张的读者经常感到挫折的是，他们必须从头至尾费力阅读数百页以后才能到达结尾部分，明白结论是什么。许多读者根本读不到最后，所以我像考试作弊一样，先把结论告诉读者，这部分是本书最后一章的简短预演，我在这里给那些试图改变其周边世界的人提供一个"权力与系统方法"（Power and System Approach，PSA）。

因为再多的预先分析也不能够让我们预测复杂系统变幻无常的行为，"权力与系统方法"将我们的思想和行动编织在一起，并使我们在前行的过程中不断学习和适应。先期研究是为了我们可以更聪明地投入。但是关键决定是在那之后的，如采取行动，观察结果，并根据我们的认知做出调整。

"权力与系统方法"鼓励多元化策略而不是单一的线性方法，不是将失败、反复和适应看作可悲的失误，而是看作本来应有且必须发生的。它覆盖了我们所有的工作途径——我们如何思考和感觉，以及作为社会活动家的我们如何行动。同时它也提出了一系列我们必然会被问及的问题（只是部分，这些问题如想象一般无穷无尽）。

我们如何思考／感觉／工作：帮助我们与系统共舞的四个步骤

- 好奇——研究历史，"学习如何与系统共舞"。

- 谦恭——接受不确定性／模糊性。

- 反身性——注意自身的角色、偏见和权力。

- 包容各种不同的观点、不寻常的怀疑，对看待世界的不同角度持开放态度。

我们提出（持续提出）的问题

- 涉及了哪类变革（个人态度、社会规范、法律和政策、资源的利用）？

- 有哪些可供我们学习的先例（正向偏差、历史、现今的政治和社会潮流）？

- 权力分析：谁是利益相关方和涉及了哪类权力（重新审视我们忽视了谁）？

- 这些变革在什么方向上是有意义的（传统项目、倡议、多种平行实验、迅速反馈和快速回应）？

- 我们将尝试什么策略（提供服务，建立具有更广泛可能性的环境，项目示范，聚集各方人员开会和充当中介，支持地方草根组织，倡议）？

- 学习和过程修正：我们如何了解在特定背景下（比如在关键时刻）我们的行动和变革的影响？安排定期的暂停时间以盘点过往并做出相应调整。

第一章　系统思维改变一切

未来就是模式与事件之间的舞蹈。

————《拥抱复杂性》[1]

政治和经济震荡往往毫无预警地突然发生，尽管伪专家总会跳出来声称他们从始至终就做出了预测，比如柏林墙的倒塌、2008 年全球金融危机，或者"阿拉伯之春"（实际是冬季）。甚至在个人层面上，变革都是不可预测的：我们有多少人敢说我们的生活符合 16 岁时的计划？

未来的本质是个谜，这给社会活动家带来巨大的挑战，如果变革只是后视镜中的一个模糊影像，那我们怎

---

1 / Jean Boulton, Peter Allen and Cliff Bowman, *Embracing Complexity: Strategic Perspectives for an Age of Turbulence* （New York: Oxford University Press, 2015）, p. 29. By permission of Oxford University Press.

能精确地展望所试图达至的变革，更别说实现这些变革了。我们如何保证我们的计划可以让事情变得更好，而不会出现意料之外、祸及他人的结果？人们使用许多概念来把握这些问题，我发现"系统性"和"复杂性"两个概念是最有用的。

"系统"就是一整套相互关联的因素，它们被有秩序地组织起来以达至某种目的。系统大于其各部分之和：身体并非是细胞的集合，大学也不仅仅是学生、教授和大楼的加总，生态系统也不是简单的一群植物和动物。[1]

人类系统在本质上是复杂的：由于在人类系统中的各种因素之间存在着大量的关系与反馈回路，他们不可能被化约为简单的因果链条。想象一下拥挤的城市街道，或者傍晚天空中的旋转飞翔的椋鸟群，即使用超级计算机也不可能预测一个人或一只椋鸟的移动，但是他们是有秩序的，即使在最拥挤的街道也很少有人撞在一起。

在复杂系统中，许多复杂甚至明显无关的因素交织起来，产生了变革。我们这些从事变革研究的人需要确认哪些因素是重要的，理解它们是如何互动的。

在为我的著作《从贫困到权力》（*From Poverty to Power*）（2008）收集故事的时候，我开始对系统思

---

1 / D. Meadows and D.H. Wright, *Thinking in Systems*: *A Primer* (Abingdon: Routledge, 2009) .

维产生兴趣。最初的闪念是在我访问印度本德尔肯德（Bundelkhand）地区的时候出现的，那里贫困的蒂卡姆加尔（Tikamgarh）渔民社区赢得了超过 150 个池塘的权利。在这场斗争中，许多因素相互影响产生了这一变革。首先，技术转换触发了行为的变革：由于引进新的鱼种，池塘养鱼的利润增加，这刺激地主要控制原来公用的池塘。冲突给政府行动制造了压力：一个村庄的 12 个年轻勇敢的渔民开始反抗，这激发了其他社区的一系列的激烈冲突；妇女第一次组织起来，控制了 9 个池塘。开明的政治家和非政府组织支持通过了新的法律，让所有人吃惊的是警察支持了他们。

在这个故事中，渔民社区是真正的英雄。他们坚强地挫败了暴力威胁，从直接行动转变为倡议，他们的胜利不仅仅是可以使用几个鱼塘，而且产生了一系列新的立法和政策，从而惠及所有渔民家庭。[1]

当然，我对这一因果关系的清楚叙述只能在事后完成。在行动激烈的时候，没有一个人能说明为什么形形色色的行动者会在那个时候采取那样的行动，或者是什么改变了各方相对权力。与第三章中所讨论的齐卡塔诺斯（Chiquitanos）的经验类似，蒂卡姆加尔的经验表明，

---

1 / Neelkanth Mishra and Mirza Firoz Beg, *Strength in Numbers: Fishing Communities in India Assert their Traditional Rights over Livelihoods Resources*（Oxford: Oxfam GB on behalf of Oxfam India）.

结构（比如国家制度）、行动者（社区和个人）和大背景（特定的技术、环境、人口或规范）之间的互动结果是多么不可预期。[1]

不幸的是，我们通常思考变革的方式是将对过去的简单叙事投射到未来。我们所使用的思考模型往往是线性的规划——"如果 A，那么 B"——而且往往用失败、挫折和失去机会等简单的词语来表述其意义深远的后果。正像麦克·泰森（Mike Tyson）那句经典名言，"在拳头砸到嘴巴之前，每个人都有自己的计划"。[2]

打个比方，烤蛋糕是一个线性的"简单"系统。我们所要做的就是找一个食谱，买来各种原料，确认烤箱是可以用的，然后搅拌，烘烤，瞧好！烤出的蛋糕效果不一样，有的更好一些（这样烤出的蛋糕肯定赢不了奖），但是基本程序是固定的，可重复且可靠，即使烤得不好，也是可以吃的。

对于许多政府、援助机构和社会活动者组织来说，

1 / In *From Poverty to Power* I developed this concept into a simple model for analyzing processes of change. This book builds on those initial ideas. Duncan Green, *From Poverty to Power: How Active Citizens and Effective States Can Change the World* (Oxford: Oxfam International, 2008), Annex A: How Change Happens, p. 432.

2 / Mike Berardino, 'Mike Tyson Explains One of his Most Famous Quotes', *Sun Sentinal*, 9 November 2012, http://articles.sun-sentinel.com/2012-11-09/sports/sfl-mike-tyson-explainsone-of-his-most-famous-quotes-20121109_1_mike-tyson-undisputed-truth-famous-quotes.

烤蛋糕也是一个很准确的比喻。他们确定目标（蛋糕），选择一个成熟的方法（食谱），找到一些伙伴和盟友（原料），然后开始行动。

但麻烦在于，现实生活很少像烤蛋糕一样简单。与一个复杂系统打交道就像是养育孩子。如果你决定接受线性发展，为孩子今后 20 年规划好所有的活动，做出各种假设，设计好所有产出和结果，并且盲目地按照规划实施，你的孩子会面临什么命运？结果可能会很糟糕。

相反，父母是让孩子在过程中成长的。他们有自己的成长轨迹。养育孩子是个往复而无止境的过程，不断地试错，持续地适应他们的发展，以及他们与父母及其他人的关系变化。养育孩子没有任何"正确的途径"，所有"最佳实践指南"都是欺骗缺少安全感的初为父母的人的。对父母的真正帮助是经验（第二个孩子往往容易一些），以及那些亲身经历者的建议和肯定，也就是管理学所说的"导师"。在复杂系统中工作需要这样的反复、合作和灵活的模式。邓小平为中国起飞所开出的药方与这种模式很相像："摸着石头过河。"[1]

---

1 / Arthur Sweetman and Jun Zhang, *Economic Transitions with Chinese Characteristics* (Montreal: McGill-Queen's University Press, 2009), p. 1.

系统总是处于变化之中。《拥抱复杂性》的作者简·博尔顿（Jean Boulton）喜欢用森林作比喻。往往森林都要经过生长、枯萎、再生和重新生长的循环。[1] 在生长阶段的初期，植物和动物的种类和数量都在迅速增长，就像有机体充分利用所有可能的生态位。森林的各个组成部分更密切地联系在一起，扩大了系统的"连通性"（Connectedness），使森林调节自己的方式更加多样且保持了森林的稳定性。然而，森林过度的连接性和生长速度最终减弱了森林应对外界强烈冲击的能力，铺设了其通向枯萎并最终新生的道路。简强调指出，社会活动者的分析和策略需要与他们周边政治环境的阶段相适应，这些阶段与森林类似：生长、成熟、闭锁却脆弱，或者枯萎。

我转向系统思维并不迅速或容易，尽管研究生的物理学训练使我保持了不带偏见的态度。在物理学中，线性的牛顿力学很快让位于更让人费解的量子力学，如波粒二象性、相对论和海森堡的测不准原理。同样，我的作为社会活动家的经验也迫使我怀疑社会运动的线性路径，比如在抗议运动中，我逐渐认识到，变革并非线性发生的。

1 / Thomas Homer-Dixon, 'Our Panarchic Future', *World Watch* 22, no. 2（March/April 2009）, http://www.worldwatch.org/node/.

一旦我开始思考各种系统，我发现复杂性和毫无预期的"突然变革"四处可见，在政治学、经济学、日常工作，乃至我的日常生活中都如此。这一章接下来的部分将指出，系统思维通过哪些方式改变我们的认知和路径。

系统、经济学与发展

有几部伟大的著作帮助我充实了系统思维背后的观点，并将其应用于经济学。这些著作包括赫尔南多·德·索托（Hernando de Soto）的《资本的秘密》[1]，这本书描述了从淘金热和其他经济大事件中如何自然地产生发达经济中的财产权。此外还有埃里克·拜因霍克（Eric Beinhocker）写的《财富的起源》[2]，他在这部著作中[3]指出，19世纪经济学选择了物理学而非进化论作为其思维的基础，这导致了经济学主流原理发生了悲剧性的转向。强调稳定和均衡（碗里的球被扰动，并最终滚回并停止运动）的心理模式很难把握真实经济中内在的不稳定，

---

1 / Hernando de Soto, *The Mystery of Capital: Why Capitalism Triumphs in the West and Fails Everywhere Else*（New York: Basic Books, 2000）.

2 / Eric Beinhocker, *The Origin of Wealth: Evolution, Complexity, and the Radical Remaking of Economics*（London: Random House Business Books, 2007）.

3 / See also David Hamilton, *Evolutionary Economics: A Study of Change in Economic Thought*（Albuquerque: University of New Mexico Press, 2007）.

随着新技术的兴起和衰落、公司的组建和破产、国家的
兴衰，这种不稳定在扩大和发展。

　　只有用查尔斯·达尔文替代艾萨克·牛顿，我们才
能更理解经济的实质。公司、观念和制度都服从进化论
的基本机制。首先出现的是变异（或者是分化），也就是
当我们试图创造下一个重要的想法、新的技术、时髦的
餐厅、更流行的曲调的时候，人类活动不停地产生剧烈
变动。接下来就进入了选择：人们也许会喜欢并购买你
的想法，或者不喜欢也不购买。第三步就是增长：如果
你的 app 很流行，越来越多的人买你的产品，那么你的
公司就会扩大并有更大的影响力。而在你的实验取得成
功或竞争者试图灭掉你的时候，新的一轮变异又产生了。
进化构成经济学家约瑟夫·熊彼特所说的资本主义"创
造性破坏"的核心内容，其动力也可以部分地解释 20 世
纪中央计划经济为什么缺少竞争力。

　　按照《财富的起源》一书的观点，公司要想在这样
的体系内生存，它们必须"在内部开始进化，并在公司
之内推动分化、选择和增长"。我们不能将战略看作基于
对未来的预测而制定的单一计划，而是应看作随着时间
推移而不断竞争和进化的一套实验。[1] 同样的推论也适用

---

1 / Eric Beinhocker, *The Origin of Wealth: Evolution, Complexity, and the Radical Remaking of Economics*（London：Random House Business Books，2007）.

于社会活动家的组织。在第十二章中，关于他们应如何做到这点，我将贡献一些不成熟的想法。

系统的思维让我提出一些有关经济政策的尴尬问题。在我从事贸易和全球化政策倡导的时候，经济学家张夏准和丹尼·罗德里克的著作已经完全说服我，我们需要国家通过产业政策等方式在经济发展中发挥直接的作用。在最极端的形式下，产业政策直接制造出"赢家"，就像韩国决定经济转型为造船业，并而后转型为电子业时那样。产业政策在韩国以及许多其他"发展型国家"取得了成功；但是在其他许多国家则失败了，并没有形成现代和有竞争力的公司，因为大量商人利用与院外压力集团的关系来获取不合理的补贴及保护他们不受进口的影响。批评产业政策最经常引用的格言是："政府无法选择赢家，但是输家可以选择政府。"

从接受系统思维的名句"进化比你更聪明"[1]很容易过渡到赞成放任自由主义，主张将生产什么和在哪里生产都完全交给市场决定。系统思维似乎天生地就是支持自由主义，反对国家干预。难道为了接受埃里克，我就必须放弃夏准？

思考一下权力在系统中是如何运作的（第二章的主

---

1 / Known as Orgel's Second Rule, after evolutionary biologist Leslie Orgel. 'Leslie Orgel', Wikipedia entry, https://en.wikipedia.org/wiki/Leslie_Orgel.

题）有助于我们解决这一困境。甚至即使市场开始"创造公平竞争的环境"，它们也会自我组织成复杂的结构，通过"正反馈循环"奖励赢家并惩罚输家，而这正是系统的共同特征。在缺少对抗力量的情况下，例如没有国家规则或工会，当权者可以利用他们的政治和经济影响使自己更加富有——胖者生存而非适者生存——并因此造成不断扩大的两极化和不公平，导致垄断和停滞。[1]

一个复杂的系统需要有制度来保证竞赛领域内足以激发其核心动力的公平——比如通过竞争政策、信息提供、一般技术技能提升，或信贷及其他对小公司的支持。市场应该服务社会，而不是相反，因此国家以及相关的制度必须要找到途径推动市场追求社会认可的目标，比如在不损害市场系统的动力条件下，追求更大的公平、人权，或者长期的可持续性。这个目标很难达到，但是许多国家已经设法平衡权力，从而使公共机构可以迅速回应现实经济的要求，同时保持足够的独立自主性以避免被既得利益所绑架。[2] 让我感到欣慰的是，我最终发现埃里克和夏准是可以兼容并存的。

---

1 / Jean Boulton, Peter Allen, and Cliff Bowman, *Embracing Complexity: Strategic Perspectives for an Age of Turbulence* （New York: Oxford University Press, 2015）.

2 / Peter Evans, *Embedded Autonomy: States and Industrial Transformation* （Princeton: Princeton University Press, 1995）.

关键节点（Critical Junctures）的危机

复杂系统中的变革可以是缓慢且稳定的过程，如人口统计变化，但也有突然和毫无预期的跳跃。变革发生之前毫无预兆，突然的停－起节奏让社会活动者感到无所适从。当英国首相哈罗德·麦克米伦（Harold Macmillan）被问及他最恐惧的政治是什么的时候，据说他以其优雅高贵的方式回答："亲爱的孩子，是事件。"那些"事件"不仅让首相头疼，更打破了社会、政治和经济关系，开启了以前完全无法想象的改革之门。

在 1995 年的蒂卡姆加尔，抗议导致 3 人受重伤，渔民的房子被烧毁，这成为他们进一步组织起来的转折点。我已经听说过发生在全世界各地许多类似事件的报告，大多数社区改变进程中包含一个具有象征意义、鼓舞人心的转折点。

在蒂卡姆加尔起效的因素也会在更广范围内产生作用。这种如经济学家达龙·阿西莫格鲁（Daron Acemoglu）和詹姆斯·A. 罗宾逊（James A.Robinson）所称的"关键节点"[1]，迫使政治领袖怀疑他们长期以来的假设，怀疑什么才是好政策。当他们突然感觉现实的状

---

1 / Daron Acemoglu and James Robinson, *Why Nations Fail: The Origins of Power, Prosperity, and Poverty*（New York：Crown Publishers, 2012），p.101.

况并不一定值得捍卫的时候,"关键节点"就会使他们愿意尝试风险并开拓创新。

我们当今认为是理所当然的制度框架大部分产生于大萧条和第二次世界大战的痛苦经历。政策的灾难性失败导致了这两场浩劫,它们深刻地影响了全世界政治和经济领袖的思维,开始大幅度提升政府在管理经济和处理社会问题中的作用,同时在全球的许多地区开始了去殖民地的过程。

同样,20世纪70年代的石油价格暴涨(以及接下来的经济停滞和失控的通货膨胀)标志着战后"黄金时代"的结束,并从政府管制转向理想化的"自由市场"。

货币经济学派之父米尔顿·弗里德曼曾经说过:

> 只有一次危机——不管是实际存在的,还是被感觉到的——才能造成真正的变化。当那种危机出现时,所采取的行动就取决于当时存在的各种观点。这些,我认为,就是我们的基础作用,即:对现有政策提出另一些可供选择的替代方法,使得这些办法不致湮没无闻并且能为人们所使用,一直到原来在政治上不可能的事情成为政治上不可避免的事情。[1]

---

1 / Milton Friedman, *Capitalism and Freedom*, 2nd ed. (Chicago: The University of Chicago Press, 1982), p. ix.

娜奥米·克莱恩（Naomi Klein）在其 2007 年的著作《休克主义》[1] 一书中强调，右派往往比左派更好地利用了休克，特别是近几十年。克莱恩引用了美国私有化教育的支持者如何将卡特里娜飓风变成其获益机会的例子："在 19 个月中，新奥尔良的公立学校几乎全部被公助私立学校所代替。"按照美国企业研究所的说法，"路易斯安纳州经过多年实验所做的教育改革，卡特里娜飓风在一夜之间就完成了"。[2]

NGOs 经常没有办法如此迅速地发现和把握这些机会。在 2011 年埃及革命三个月之前，我参加了国际乐施会执行经理（CEOs）的会议，在那个会上，大家用很多时间争论解放广场（Tahrir Square）上的骚乱会不会导致人道主义危机。只有在那个时候我们才明白，抗议、骚乱和推翻一个压迫人民的政权是一个巨大的潜在机会，因此，那些聚集起来的老板以惊人的速度拨款支持埃及市民社会的社会活动家，并在阿拉伯联盟等各种场合进行宣传以支持他们。但是最终政府渡过了脆弱时期，对于革命的乐观很快让位于暴力镇压和被镇压的痛苦。

有些从事倡导政策的渐进社会活动家跟弗里德曼的

1 / Naomi Klein, *The Shock Doctrine: The Rise of Disaster Capitalism* (New York: Metropolitan Books, Henry Holt and Company, 2007).

2 / Naomi Klein, The Shock Doctrine: *The Rise of Disaster Capitalism* (New York: Metropolitan Books, Henry Holt and Company, 2007), p. 6.

理论会产生更好的共鸣。孟加拉国 2013 年 4 月的"拉纳广场"（Rana Plaza）工厂可怕的倒塌，导致了超过 1100 人死亡。在这之后的几周内，一个国际性的《孟加拉国防火和建筑安全协议》[1] 已经签署并生效。[2] 这是一个跨国公司、零售商和工会之间有法律约束力的 5 年协议，其中有许多重要的突破，包括由著名品牌公司支持，工人和工会参与的独立检查项目；向公众公开所有工厂名单、检查报告和整改方案；签约品牌承诺提供资金支持改进防火和建筑安全并保持采购关系；在所有工厂民主选举健康和安全委员会；通过广泛的培训项目、投诉机制和赋予工人拒绝不安全工作的权利来提升工人的地位。

在事件发生以后我们可以指出许多因素使这次"作为机会的严重动荡"推动了快速形成更好的制度。

• 孟加拉国业已存在的劳工论坛［"贸易道德倡议"（Ethical Trading Initiative）］在传统的对手（公司、工会和其他 NGOs）之间已经建立了高度的信任。信任使人们相互之间可以毫不犹豫地打电话。

• 从 2011 年业已开始的先期工作已经大致勾勒出协

---

1 / 'Accord on Fire and Building Safety in Bangladesh'（ACCORD），http://bangladeshaccord.org/.

2 / Duncan Green, 'Will Horror and Over a Thousand Dead Be a Watershed Moment for Bangladesh?' From Poverty to Power blog, 17 May 2013, http://oxfamblogs.org/fpp/willhorror-and-over-a-thousand-dead-be-a-watershed-moment-for-bangladesh/.

议的可能轮廓。拉纳广场的灾难只是造成了更大的压力使这一协议得到实施。

- 全国正在开始的行动（国家用火安全行动计划）给外部的支持者提供了理由和依靠。

- 两个新的国际工会组织中富有活力的领导［全球产业总工会（IndustriALL），全球工会联盟（UNI Global Union）］帮助带进来了合适的参与者。

我们也许应该在弗里德曼"保持替代选项的存在和可行"的教导之外还要增加一条：渐进的社会活动家同样需要与那些关键人物建立信任和联系，他们能够带来我们所渴望的变革。

我并非建议社会活动家成为趁火打劫的人，匆忙跳进每一个危机中并采取一些行动。相反，我们必须领会那些作为关键节点的"事件"所带来的机会窗口，彼时，我们长期以来在寻求支持者和改变态度、规范等方面的工作，以及由此赢得的支持才能霎时间开花结果。

世界是复杂的，那又如何？

多数社会活动家首先是行动派，热衷于改变世界，而且是马上开始。他们本能地拒绝系统思维的第一课：采取行动之前要想到困难。他们乐于激烈抨击躲在象牙塔内的深思熟虑，担忧"过多的分析导致行动的瘫痪"。在发展领域，资助方会要求在项目资助周期规定的时间内取得实在的成果，这往往强化了短期效益主义的倾向。

我的建议是先做个深呼吸，把你的紧迫感暂时放一边，先变成个"反思主义者"，按照本·拉玛灵刚（Ben Ramalingam）的说法，他要"勘察、观察和倾听整个系统，确认变革已经开始在什么地方发生，并努力去支持和培养它们"。[1]

话虽如此，系统思维的另外一课就是：你无法预先理解和计划所有事情。场景不同，那么反应也必然不同。作为系统思维奠基者之一的德内拉·梅多斯（Donella Meadows）指出，我们需要学习与"系统共舞"。[2] 但是即使这个表述也似乎表示，我们是按照剧本表演的。更好的比喻可能是社会活动家需要从设计师和工程师变成"生态系统的园丁"。

上述两课相结合可以带来一些令人吃惊的、关于如何带来变革的原则。

保持灵活性。你应该在应对突然出现的事件时搁置原有的方案，你的组织文化应该支持那些能够对变革的蛛丝马迹保持敏感的雇员。在人道主义救援的世界，这是一条最基本的原则，但是那些关注长期援助项目和抗

---

1 / Ben Ramalingam，*Aid on the Edge of Chaos*（New York：Oxford University Press，2013）.

2 / Donella Meadows and Diana Wright，*Thinking in Systems*：*A Primer*（Abingdon：Routledge，2009）.

议活动的人总是拒绝换挡，或者认识不到新的机会已经到来。

建立快速和不断的反馈。如果不知道未来会发生什么，你就必须实时地觉察出所发生的任何变化，特别是在这些变革发生的短暂机会窗口时期。这意味着你必须具有（或长出）灵敏的触角，并将触角伸到各种网络关系中，收集变革的信号，并将其传输回你的组织。

成功经常突然到来。疾病微生物理论的创始者路易·巴斯德（Louis Pasteur）曾说："幸运总是照顾有准备的人。"[1] 在创新和变革中反复出现的特点之一就是惊人的突破。（经常在成功之后被改写为规划的胜利！）你之所以需要快速的反馈是因为你要尽早地发现突然到来的成功并做出及时的反应。下面一节要讨论建立在偶然变异和正向偏差基础上的成功路径。

进行多重平行试验。社会活动家们憎恨失败。没人愿意看到他们是在浪费时间，或者醒来发现有关在失败项目上损失或"浪费"资金的报纸头条。但是那些风险投资的资本家却不是如此厌恶风险，他们投资 10 个项目，知道其中 9 个会失败，但是第 10 个的成功就可以有足够的收入以弥补其余的损失。按照风险投资的模式，你不必用太多时间和金钱去设计完美的项目，而是基于对

---

1 / Steve Blank, 'Why the Lean Start-Up Changes Everything', *Havard Business Review*（May 2013）, pp. 67 - 72.

哪些项目可能成功的最佳预估而形成"精益启动"（lean start-up），随后开始进入快速而节约的试验与调整的循环，直至找到真正可行的项目。[1]

在实践（及失败）中学习。在一个复杂系统中，你很难从开始就很顺利，或者一直很顺利（回想一下养育孩子）。你和你的同事必须能够讨论失败并从中学习，而不是把它们掩盖起来。对自己的影响形成快速反馈与对外部世界的反馈同样重要，特别是要觉察意外结果出现。如果人们将你正在建设的厕所用来养鸡，你需要做的可能是回去修改你的设计。[2] 我个人的经验是，同事们很难接受失败，更不用说去讨论了。一个比较好的方式可能是，在任何行动过程中提出这样的问题："你已经学习到了什么？"这样的问题会少一些尴尬但达到同样的目的。

明确并讨论你的经验法则。每当美国海军投入战斗的时候（一个典型的复杂系统），他们利用的是经验法则（保持联系、占据高位、持续移动），而不是"最佳实践

---

1 / Steve Blank，'Why the Lean Start-Up Changes Everything'，*Harvard Business Review*（May 2013），pp. 63 - 72.

2　Tim Harford 在他的书 *Adapt：Why Success Always Starts with Failure* 中设计了"成功适应的三个步骤：尝试新的事物，期望其中的一些会失败；在失败下仍然生存，因为失败将很普遍；确认你知道你什么时候会失败……奇妙的是，所有事情中最困难的是将成功从失败中区别出来"。Tim Harford，*Adapt：Why Success Always Starts with Failure*（London：Little，Brown，2011）.

指南"。社会活动家也一样（我们是否考虑了性别问题，以及政府正在做什么？），但是这些法则经常被忽视，因此也从来不被怀疑、验证和改进。我们须要清晰地表述它们并定期地回顾。

召集和联系各种关系。对于来自社区外的国际援助机构和其他社会活动者而言，一条特别有效的途径是将各式各样的当地行动者召集起来以找到他们自己的问题解决方案。有效的召集和联络关系须要认识到哪些社会活动者应该被邀请参会？哪一个当地的行动者已经，或将会推动变革？给他们提供一个自身机制之外的对话空间可以促使他们改变思维方式。

如果上述这些原则听起来太抽象，那么这里有三个按照系统思维进行实践的变革例子。[1]

楚卡·哈卡（Chukua Hatua，意为：斯瓦希里人在行动）是乐施会在坦桑尼亚的一个项目，明确地按照进化论理论设计，目的在于提高地方政府在公众中的透明度。在项目第一个阶段，各种不同的积极分子都被激发出来，从鼓励农民社区与村庄官员建立联系的"农民鼓

---

1 / 关于利用系统思维进行实践的一部出色且综合的指导手册，见 Kimberly Bowman, John Chettleborough, Helen Jeans, Jo Rowlands, and James Whitehead, *Systems Thinking: An Introduction for Oxfam Programme Staff*（Oxford: Oxfam GB, 2015）, http://policy-practice.oxfam.org. uk/publications/systems-thinking-anintroduction-for-oxfam-programme-staff-579896。

动者"到访问小学生管理委员会以广泛传播为什么要有社区参与的"行动音乐家"。这个项目计划鼓励各种不同的实验，并在预定的日期进行选择。在这个日期，社区、合作伙伴和乐施会的工作人员聚在一起确认那些最成功的因素／变量，它们随后会被扩展和调试。农民鼓动者被证明是最有希望的。农民提名了非农民做鼓动者，包括一位试图说服家庭将女儿送到学校的神父和一个在地方集市组织同行商人的妇女。第一代鼓动者承担了训练新人的工作。[1]

亚洲基金会支持了菲律宾的一些"发展企业家"，[2]通过小规模的队伍［回应了亚马逊的杰夫·贝佐斯（Jeff Bezos）的话，"如果两个披萨还不能使团队所有人吃饱，那么这个队伍就是太大了"］[3]倡导教育、税收、民航制度和财产权的改革。这些队伍由一个队长、若干技术分析

1 / Duncan Green, *The Chukua Hatua Accountability Programme*, *Tanzania*（Oxford: Oxfam GB for Oxfam International, 2015）.Lisa Marie Faye, *Personal Communication*, 31 August 2015.

2 / Duncan Green, 'Is This the Best Paper Yet on Doing Development Differently/Thinking and Working Politically?', From Poverty to Power blog, 14 January 2015, http: //oxfamblogs.org/fp2p/is−this−the−best−paper−yet−on−doing−development−differentlythinkingand−working−politically/.

3 / George Anders, 'Jeff Bezos Reveals His No.1 Secret', *Forbes*, 4 April 2012, http: //www.forbes.com/forbes/2012/0423/ceo−compensation−12−amazon−technology−jeff−bezos−getsit.html.

专家（也就是律师）、具有良好政治技巧和网络的院外活动家，以及在改革领域有深厚知识和经验的"内部人士"（也就是过去的公务员）组成。这样的队伍可以对事件和新的机会做出快速反应，他们可以投入许多小的"赌注"，并且丢掉那些无效的实验。

塔吉 WSS 项目是乐施会在塔吉克斯坦的项目，目的在于改善恶劣的饮水和厕所系统，项目官员每两个月将项目涉及的所有人召集在一起开会，包括 17 个政府部委机构、数个联合国机构、国际 NGOs、援助机构、科研机构、媒体、塔吉克斯坦市民社会组织、私人公司和议员。他们不想急急忙忙编制一个总体规划，这个包括了各种各样人员的小组进行自由讨论，这些讨论会产生一些创新性的解决问题的小方案。比如地方官员已经发现公司愿意支持村庄的氯化处理设施，而塔吉克银行愿意给供水系统提供金融支持。到目前为止，项目的最大成果是通过了新的水法，水法确定了谁付费，谁负责建立规章制度，以及谁提供服务。按照塔吉 WSS 的社会活动家伽泽·科拉尼（Ghazi Kelani）的说法，"我们并没有制定法律草案，它在许多人的抽屉里已经躺了很多年了。这个工作网络使人们意识到有一部法律的重要性，一些人把它挖掘出来，最后我们认为到了开始行动的时候"。[1]

---

1 / Author interview，September 2012.

正向偏差

在复杂系统中工作的这些原则可以帮助社会活动者完善我们每天的工作，但是也可以激发激进的反思。在日常工商业活动中一个最让人兴奋的替代性选择就是所谓的"正向偏差"。

1911 年 12 月，杰瑞和莫尼克·斯坦因（Jerry and Monique Sternin）到达越南，在四个社区中为儿童救助会工作，项目主要是服务三岁以下儿童，其中大部分是营养不良。斯坦因夫妇要求那些志愿者去观察，有哪些家庭尽管贫困但是孩子喂养得还不错。他们发现，在每一个这样的家庭中，母亲或父亲都会从水稻田中捕获许多小虾、小螃蟹或蜗牛——剁成一节手指大小——并把这些加到儿童食物中。这些"正向偏差"的家庭还会指导家里带孩子的人每天喂孩子 4 次，甚至 5 次，这与大多数家庭不同，一般家庭往往只是在父母早晨下田工作之前或在晚上工作结束回家以后才喂孩子。观察结果被分享到镇政府的墙板上，这些图表很快成为关注议论的核心。在项目第一年结束的时候，项目区 80% 的儿童的状况得到全面改善。

在著作《正向偏差的力量》（*The Power of Positive Deviance*）中，斯坦因夫妇与理查德·帕斯卡尔（Richard Pascale）描述了这个模式随后是如何被应用于 50 个国家的各种事务，从在新泽西减少城市中心黑帮犯罪到在印度尼西亚农村减少女孩的性交易。第一步是

"寻找那些与众不同且能够克服困难取得成功的人"。但是也要看是谁去寻找。如果是外来的"专家"调查这些与众不同的人并将调查结果变成工具，那不会产生多大的影响。如果是社区自己去发现，那么行为变革就会有根基——产生作者所说的"社会参照"（social proof）。

正向偏差利用了一个极其令人振奋的事实：对于任何现有问题，社区中的某些成员都已经找到了解决办法。它关注于人们的成就与知识，而非不足与问题。斯坦因夫妇在阿根廷学生退学率很高的米西奥内斯省（Misiones Province）再一次复制了他们的经验。教师和教育官员对批评意见很抵触并将责任推给父母。当协助者提出"反向问题"（somersault question）——为什么有些学校的辍学率很低——时，所有情况开始发生变化。教师同意去询问那些学校的家长，并很快发现教师对家长的态度是个关键。正向偏差的教师试图与家长建立非正式的年度"学习协议"。当许多教师接受这个模式以后，在实验的学校，辍学率降低了50%。

尽管在许多地方取得成功，但是正向偏差在援助领域还是个异类。发现差距、设计新的机制以填补差距、推广新的指导意见，这已经形成了"标准模式"，非常顽固且难被改变。所以毫不奇怪，有时候专家就是问题的一部分。斯坦因夫妇写道：

> 那些生活在社会边缘、勉强度日的人抓住了正
> 向偏差方法的精髓——这与那些受到良好教育和拥

有特权的人所持的怀疑主义思维方式恰成对照。领悟力似乎与财富、正式权威、受教育年限和挂在墙上的学位证书成反比。[1]

我个人的经验可以证明，放弃自己的习得角色并成为一个协助者是多么的困难。向小组提问时能忍住不发表个人意见，就像斯坦因夫妇所说的，"比试图忍住打喷嚏更加困难"。

结　论

在电影《黑客帝国》系列的第一集（唯一值得看的一集），主人公尼奥（Neo）突然看到在他的世界之下存在一个由1和0组成的矩阵，这意味着他从此是不可战胜的。我对系统也有类似的感觉（除了不可战胜的特点）。就像这章的标题所说的，系统思维将通过新的、令人激动的方式改变所有事物，包括我们观察政治、经济、社会，甚至我们自己的方式。

这一模式也严重地挑战了传统的线性规划模式和我们的工作方式。[2] 我们的社会活动者须要变成更好的"反

---

1 / Richard Pascale, Jerry Sternin, and Monique Sternin, *The Power of Positive Deviance*：*How Unlikely Innovators Solve the World's Toughest Problems*（Cambridge, MA: Harvard Business Press, 2010）, p. 8.

2 / 尽管并非在所有背景下都如此，参见第十二章。

思者"，在对一个系统采取行动之前（之时）要留出时间用于理解这个系统。我们需要更好地理解复杂系统所显示的停－起的变革节奏，并且使我们的行动适应这个节奏。此外，我们要更少一些骄傲，更期望从突然的事件、失败和其他人那里学习。最后，我们必须习惯与模糊和不确定性共存，并保持对于变革世界至关重要的活力和决心。

这绝非易事，但是我希望我已经表明，这是完全可能的。一旦我们学会了"与系统共舞"，就会感觉到其非凡的作用。在下一章中，我要讨论将不同系统结合在一起的力量，即：权力——这一变革及变革推动者畅游其中的汪洋大海。

扩展阅读：

E. Beinhocker, *The Origin of Wealth: The Radical Remaking of Economics and What it Means for Business and Society* (Cambridge, Mass: Harvard Business Review Press, 2007).

J. Boulton, P. Allen, and C. Bowman, *Embracing Complexity: Strategic Perspectives for an Age of Turbulence* (Oxford: Oxford University Press, 2015).

K. Bowman, J. Chettleborough, H. Jeans, J. Rowlands, and J. Whitehead, *Systems Thinking: An introduction for Oxfam Programme Staff* (Oxford: Oxfam GB, 2015).

D. Burns and S. Worsley, *Navigating Complexity in international Development: Facilitating Sustainable Change at Scale* (Rugby: Practical Action Publishing, 2015).

D. Meadows and D.H. Wright, *Thinking in Systems: A Primer* (Abingdon: Routledge, 2009).

R. Pascale, J. Sternin, and M. Sternin, *The Power of Positive Deviance: How Unlikely Innovators Solve the World's Toughest Problems* (Cambridge, MA: Harvard Business Press, 2010).

B. Ramalingam, *Aid on the Edge of Chaos* (Oxford: Oxford University Press, 2013).

更多观点参见：

'The Implications of Complexity for Development', lecture by Owen Barder, http://www.cgdev.org/media/implications-complexity-development-owenbarder.

第二章　权力是变革的核心

就像一个刚刚大学毕业的背包族，我衣衫不整、疲惫不堪地闯进秘鲁的地地卡卡（Titicaca）湖边的一个小村，住在一位很有个人魅力的社会活动家的家里，他的名字叫铁托·卡斯特罗（Tito Castro），一个让人难忘的名字。铁托是一个很投入的基督教兄弟会（Christian Brother）成员，他决定献身于提高秘鲁本地人的觉悟。他带了一个小型图书馆来到村里，有政治学、经济学、社会学和土著权利等方面的图书。在我遇到他的时候，他正在把书借给当地领袖，并把他们组成讨论小组。

铁托带我去见村民，并给我讲解秘鲁长期以来的如同南非种族隔离般的种族歧视的历史。他耐心地给我解释，当地人如何才能通过组织起来去赢得对生活更大的掌控。彼时我正独闯前路，内心充满激情，愿为正义而战。我缓慢的学习进程突然遭遇了一个关键节点，很快我返回家乡从事保护智利和中美洲人权的工作。铁托后来成为距家乡最近的普诺市（Puno）的市长，并最终成为利马天主教大学的社会学教授。

与我个人的经验一样，铁托的故事告诉我的就是要在恰当的时候赋权（empowerment），也就是当那些被命运束缚并绝望的人看到希望并采取行动改变命运的时候。这些微小和个人的事件往往处于社会和政治变迁巨浪的中心，而这正是本书所要讨论的。

阿玛蒂亚·森将发展定义为自由的积极扩展，无论是作为工具或作为目的，而赋权就是其背后的推动力量。[1] 在从事发展的社会活动家的字典中，赋权一词四处可见。然而大多人都回避权力一词，而赋权恰恰是从权力引申出来的。权力使一个人或机构可以掌控资源、行动甚至其他人最隐秘的思想，这也正是铁托所理解的秘鲁社会的核心，而且所有社会活动者也应该有同样的理解。

最明显也是最经常被讨论的权力形式也就是我们所说的"可见权力"[2]：政治与权威、依法管制、暴力和金钱。权力往往受到舆论的批评，让人联想到强权、压迫、歧视、腐败、镇压和侮辱等印象。然而做好事也需要可见的权

---

1 / Amartya Sen, *Development as Freedom*（Oxford: Oxford University Press, 1990）.

2 / See Lisa VeneKlasen and Valerie Miller, *A New Weave of Power, People & Politics: The Action Guide for Advocacy and Citizen Participation*（Oklahoma City: World Neighbors, 2002）.See also Powercube—Understanding Power for Social Change, http://www.powercube.net/.

力，不管是实施开明的公共政策还是防止强者压迫弱者。

寻求社会和政治变革的社会活动家往往只在那些掌控可见权力的人身上做工作，如总统、总理和总经理（CEO），因为他们有明显的权威管控他们所负责的事务。当然，不同等级的可见权力是由各种各样参与者复杂和微妙的互动所支撑的。"隐藏的权力"描述了幕后的活动：院外活动分子、公司的黑金、老朋友的关系网络。隐藏权力也包含了那些掌权者对于公共热议中何为敏感、何为理性的共同看法。任何一个站在政府官员、主流经济学家的对立面，并胆敢质疑在一个资源有限的世界中无限经济增长的合理性问题的环保主义者，都必然会遭遇冷脸，就像他们对待所有越界者一样。

布什总统的助手卡尔·罗夫（Karl Rove）是一个典型的幕后操纵者，值得一提的是，他在2002年成为隐藏权力者。在与罗恩·萨斯坎德（Ron Suskind）的谈话中，罗夫指出"在我们称之为基于事实的社区中"，记者是由那些相信解决方法来自于"对显性事实进行审慎研究"的人所构成的。但"世界完全不是这样运行的。我们现在是个帝国，当我们采取行动时，我们就可以创造我们的事实。"[1]

---

1 / Ron Suskind, 'Faith, Certainty and the Presidency of George W. Bush', *The New York Times Magazine*, 17 October 2004, http://www.nytimes.com/2004/10/17/magazine/faithcertainty-and-the-presidency-of-george-w-bush.html.

隐藏权力解释了为什么有那么多研究和证据，但是仍然不足以改变政府政策。与对于事实的讨论并行的还有另外一种晦暗的叙述，很少基于证据，并且对证据缺少兴趣。

除了卡尔·罗夫的黑暗艺术之外，隐藏权力还有其他一些来源。在一次对印度的访问中，我被一群资深的社会活动家和公共知识分子所震惊，他们充满了强烈的甘地主义个人牺牲和谦逊传统。在拉丁美洲，人们认为领袖都有秘诀——一种无形的道德权威。

与"隐藏权力"同样重要，而且隐藏更深的是"不可见权力"（invisible power）。不可见权力使那些相对无权的人内化和接受他们现有的处境。一个危地马拉的玛雅妇女总结了不可见权力的本质："我们在孩童时代什么都敢说，但现在为什么不说了？我们已经内化了压迫。他们告诉我们这些词：'笨蛋'，'你不能'，'你不知道'，'可怜呀，你是个女人'。"[1]用法国哲学家米歇尔·福柯的话说，"无须动手、真实的暴力、物质上的约束。仅仅是监视的目光。一道监视的目光足以使一个人自觉地变成自己的监视者"。[2]

---

1 / Quoted in Jenny Pearce, From 'Empowerment' to 'Transforming Power'：Can a Power Analysis Improve Development Policy, Practice and Impact?（Madrid：FRIDE，2006），http：//fride.org/uploads/ Empowerment_Jenny.Pearce_EN.pdf.

2 / Michel Foucault, Power/Knowledge：Selected Interviews and Other Writings，1972–77，（New York：Pantheon Books，1980），p. 155.

不可见的权力往往决定了变革运动对可见权力和隐藏权力的影响能力。它决定了关于什么是"正常"和"自然"的信仰系统，促使一些群体自我排斥，比如妇女会指责自己的恶习，穷人会指责自己的贫困。通过铁托·卡斯特罗所推动的提高觉悟从而建立自我尊重和本土的领导力，"赋权"试图改变不可见的权力。因为这些努力的目标是个人内在生命，文化倡议和大众传媒都是重要的工具，就像近几十年来妇女权利迅速得到尊重一样。第三章将讨论这些变化如何反映为"规范"的进化，即：关于什么是自然的、可接受的或正确的观念。我认为在发展领域，这个问题没有被赋予足够的重视。

不存在权力真空

丰富的权力生态系统只存在于那些最不幸的环境中。刚果民主共和国往往被看作失败的国家，混乱带给人民很多痛苦，特别是对于东部地区的人民。但是将其称为"权力真空"却是大错特错了。权力无处不在，而且有多种多样的呈现。

2014 年我访问刚果的时候，我在库布亚·穆合穆瑞（Kabuya Muhemeri）村长的"办公室"遇到他。铁皮屋顶，火山岩碎石的地面，窗户没有玻璃，光秃秃的木板墙上有许多 NGO 和联合国反对性暴力、虐待、艾滋病和争取土地权利的标语，此外还有手绘的本地地图。在他的桌子上是公职人员的通用物品——橡皮图章、移动电话和一堆文件、笔记本。

他从 2008 年开始担任这个职务。当我问他国家是否对他进行过培训，他笑了，说："我们依靠 NGO 获得培训。他们帮助我们了解法律有哪些规定——不要虐待，不要扣押欠债的人。有许多我不知道的权利和法律。"在他的世界中，政府官员和传统民间权威都是公共行政的一部分。"柴福瑞（chefferie，意为传统的官方）负责收税。我向姆瓦米（mwami，意为传统的领袖）报告，也向政府报告。"[1]

稍后我在他家的走廊上与一位传统领袖谈话，在泥泞路上的尽头，他的房子看起来还不错。那位首领手拿两部移动电话，声音平缓，显示出权威的风采。"我做首领 20 来年，在我之前我的父亲是首领。政府负责道路和桥梁，大首领（在传统权威等级中比他还高的首领）负责向商店、餐馆和市场征税，我督促人们去交税。"

此外还有一些与世俗和传统的权威相竞争的权力极：武装集团、军队、警察、慈善机构、宗教团体、市民社会组织，甚至还有体育俱乐部。不管是本土产生的还是外来的，社会活动家都需要理解这些不同集团（特别是那些不熟悉的集团）所持有权力的本质及权力的分配，从而理解

---

1 / Author interview，Eastern Democratic Republic of Congo，June，2014.

可以与谁，以及如何一起工作才可以达至变革。[1]在第四章中我们将详细讨论这些权力极之间的互动。

权力与变革

认识到支持现实世界的可见、隐藏和不可见权力的全景令人沮丧，感觉就像面对利维坦[2]一样无助。我在铁托的家里改变了人生。刚从那里回来的时候，有许多个早晨我长时间站在美国驻伦敦大使馆前面，抗议华盛顿的拉美政策。我们五颜六色的标语和旗帜显得苍白无力，与那个巨大建筑的空白表面所包含的强大且很明显的可见权力恰成对照；那个建筑屋顶上闪光的巨鹰怒视着我们，我感觉不到我们的力量。

幸运的是，权力也带来变革的机会和可能，只是要有不同的思维方式。我的同事乔·罗兰兹（Jo Rowlands）基于她在洪都拉斯妇女赋权的工作，[3]总结出比较乐观的几个方面。

- 内在权力（power within）：个人的自信以及权利

1 / Duncan Green, 'Where Does Power Lie in a Fragile State Like Eastern Congo? What Does it Mean for Aid Organizations?', *From Poverty to Power blog*, 13 June 2014, http：//oxfamblogs.org/fpp/who-has-power-in-a-fragile-state-like-eastern-congo-what-does-itmean-for-aid-organizations/.

2 / Thomas Hobbes, *Leviathan*（Oxford：Oxford University Press, 1996）.

3 / Jo Rowlands, *Questioning Empowerment：Working with Women in Honduras*（Oxford：Oxfam UK and Ireland, 1997）.

和资格的意识。

●共同权力（power with）：通过组织、团结和共同行动所形成的集体权力。

●行使权力（power to）：指有效的选择，以及决定行动和实施行动的能力。

●统治权力（power over）：上面所描述的等级和支配权力。

这"四种权力"模式决定了推动变革是一个综合过程，并非简单地利用可见权力或批评隐藏权力及不可见权力。如果人民没有率先发展出自信的感觉和对自我权力（内在权力）的信任，那么帮助他们组织起来（共同权力）和表达意见（行使权力）就不可能有任何成效。正像铁托在其秘鲁乡村生活中所表明的，个体的赋权可以成为社会变革之路的第一步。

在过去的几年，乔成为温和但执着的导师和批评者，促使我更深入地思考变革过程中的权力和参与，特别是妇女的权力。事实证明，内在权力在妇女权力中是一个重要且有用的概念。在南亚，2004年年底开始实施的"我们可以"是一项非同寻常的反对施暴于女性的运动。最终统计有差不多400万男女签署了协议成为"变革创造者"，支持在其家庭和社区终结暴力。"我们可以"的目标并非要改变政策、法律或权威（可见权力），而是要改变不可见权力，通过对话和案例在个人和社区层面推动态度和信仰的变革。这些变革富有传播性，每一个变革制造者与其朋友和邻居交谈，说服他们进行改变或成为同样的变革创造者。让组织者吃惊的是，在 7 年的项目过程中，400 万签约的变革创造者中有差不多一半是男性。[1]

赛尔娃然嘉妮·穆凯阿（Selvaranjani Mukkaiah）是斯里兰卡巴杜勒地区（Badulla）"我们可以"运动的社会活动家，"内在权力"帮助她改变了人生："对于我来说，变革就是消除恐惧。有些人会唱歌但是从来不唱，你需要有些人或有些事去点燃你自身的火焰并消除你对变革的恐惧。我已经消除对公开谈话的恐惧，对于我来说，这就是变革。"[2]

"内在权力"经常迅速地转变为"共同权力"和"行使权力"。在尼泊尔，参与社区讨论课程（CDCs）的妇女很快从学习转变为采取行动。巴迪亚地区萨拉哈瓦村（Sorahawa，Bardiya District）受够了酗酒丈夫的家庭暴力，决定对那些受到警告以后仍然殴打妻子或其他女性家庭成员的男人罚款 500 卢比（如果还有类似行为，罚款增加）。"现在我们的丈夫不仅害怕因为社区的指责

1 / Duncan Green, *The 'We Can' Campaign in South Asia*, *Oxfam Active Citizenship Case Study*（Oxford: Oxfam GB for Oxfam International, 2015）, http: //policy-practice.oxfam.org.uk/publications/the-we-can-campaign-in-south-asia-338472.

2 / Quoted in 'Change Making: How we adopt new attitudes, beliefs and practices.' Insights from the We Can Campaign, 2011, http: //policy-practice.oxfam.org.uk/~/media/Files/policy_and_practice/gender_justice/we_can/change_making.ashx.

而丢脸，也担心要交罚款，所以每天晚上都安静地尽快睡觉。"[1]

当然我对"内在权力"还有一点点疑虑。这个概念似乎回避了决定个人的态度和信仰的深层机理。对导致变革产生的心理、移情和关系等影响作用的讨论应该更加充分一些，思考内在权力只是迈出的第一步。有许多很有影响的社会活动家本质上都是感性和容易激动的文化人（关于 2000 年减债运动的一个学术分析文章用了《波诺让杰西·赫尔姆痛哭》的题目[2]），但也有许多人不是。我已经看到过许多气愤的院外活动分子在指手画脚，但是他们看起来并不知道他们的听众心里在想什么，也不知道他们欺骗恐吓的声调使他们想影响的听众离他们越来越远。《变革何以发生》是罗曼·柯兹纳里奇（Roman Krznaric）在 2007 年发表的一篇文章，正是看了这篇文章我才开始写这本书。他在这篇文章中总结说："发展策略似乎过于关注个体行动者、有组织的社会群体和制度，

---

1 / Duncan Green, *The Raising Her Voice Nepal Programme*, *Oxfam Active Citizenship Case Study*（Oxford：Oxfam GB for Oxfam International, 2015），http://policy-practice.oxfam.org.uk/publications/the-raising-her-voice-nepal-programme-338476.

2 / Joshua Busby, 'Bono Made Jesse Helms Cry: Jubilee 2000, Debt Relief, and Moral Action in International Politics', *International Studies Quarterly* 51,（2007）：pp. 247-75, https://www.rgkcenter.org/sites/default/files/file/research/ISQU_451.pdf.

但是很少知道社会和制度是由人类关系构成的。发展机构拥有十分广阔的空间去谋求那些推动相互理解、移情和信任的战略。"[1]（从那以后，罗曼成为移情方面的权威，写了许多书，[2]甚至开了一家"移情博物馆"。）[3]

许多非政府组织、宗教团体及其他一些历来怀疑"政治"的机构对个人赋权投入过多，但并不支持下一步从个体赋权向集体赋权（"共同权力"）的转变，也不接受那些利用其隐藏权力及可见权力压迫失权者的人。他们的戒心是可以理解的，与带有明显 NGO 特点的秩序井然的研讨会不同，集体行动往往难于控制。事实上，在决定对当地的违规者进行罚款之前，我上面提到的许多尼泊尔妇女小组都认为，制止他们丈夫酗酒行为的最好办法是把那些卖给他们酒的商店都烧掉。[4]

对于许多社会活动家来说，"行使权力"和"统治权

1 / Roman Krznaric, 'How Change Happens: Interdisciplinary perspectives for human development', *Oxfam Research Report* (Oxford: Oxfam GB, 2007), http://policy-practice.oxfam.org.uk/publications/how-change-happens-interdisciplinary-perspectives-for-humandevelopment-112539.

2 / Roman Krznaric, *Empathy: Why it Matters, and How to Get It* (London: Penguin Random House, 2014).

3 / The Empathy Museum, http://www.empathymuseum.com/.

4 / Duncan Green, *The Raising Her Voice Nepal Programme*, *Oxfam Active Citizenship Case Study* (Oxford: Oxfam GB for Oxfam International, 2015), http://policy-practice.oxfam.org.uk/publications/the-raising-her-voice-nepal-programme-338476.

力"的领域很相似，因为两种权力的相互影响构成了政治和经济的基础。从某种角度来说，它们之间的区别很模糊——一个人"行使权力"在他人那里可能就是统治权力。社会活动家对"统治权力"具有本能反感，但是他们要认识到，就像"可见权力"一样，重要的在于如何使用。警察、法庭，以及最终动用的武装力量的"统治权力"保障了安全，这是幸福生活的一个方面，尤其对于那些生活在缺少安全的地方的人就显得尤为重要。"统治权力"的核心问题在于权力是否可以被监督和制衡，从而保证它不会被用于滥施不公。

不管是停滞或是变革，权力都起着决定性作用，但是我发现，在发展研究中，权力是完全缺位的。权力分配经常是不公平的，这使人感觉不舒服，因此在援助领域充斥的大量词语都在回避这个事实。很明显，像"咨询"、"利益相关方"、"对话"、"包容"等中性的词语掩盖了利益冲突方的潜在权力机制，但是权力决定着最终结果，甚至决定了人们的参与能力。2005 年得到援助国政府和受援国政府同意的《巴黎有效援助宣言》（*Paris Declaration on Aid Effectiveness*）具有里程碑的意义，其中使用"伙伴"和"伙伴关系"96 次，但是"权力"一词一次都没有。[1]

---

1 / Robert Chambers, *Provocations for Development*（Rugby：Practical Action Publishing, 2012），p. 108.

尽管援助者越来越认识到，忽视政治背景，单纯的技术解决方案是无效的，但是他们仍然不愿意谈论权力。相反，似乎有一种内在的趋势，将所有的问题简化为经济学问题（我不敢肯定是有意还是无意的），就像是仅用物质动机就可以解释所有人类行为。这类"政治经济学分析"缺少对于政治的特别政治化的分析，包括：对权力、能动性、观念、领袖等更广义的理解，在正式政治体制内外建立和维持联盟的手腕，以及剧变和事故的影响作用。[1]

权力是零和博弈吗？

在援助领域人们都不愿意清楚地讨论权力问题，我觉得是因为人们认为权力是一个零和博弈。在一定条件下，给一些人赋予权力就意味着剥夺其他人的权力。比如联盟的建立往往意味着将权力从持有者转移到无权者，而社会活动家的作用往往就是支持这类过程。谁拥有土地，国家如何收税和如何分配其支出，这些方面的变革往往是十分困难且激烈的，原因之一就在于掌权者的反对。

好的变革策略都会选择迂回而不是直接的对抗（除

---

1 / David Hudson and Adrian Leftwich, *From Political Economy to Political Analysis*（Birmingham：Developmental Leadership Program，2014），http://www.dlprog.org/publications/from-politicaleconomy-to-political-analysis.php.

非直接对抗对掌权者是有利的）。对自我利益的重新认知，利用分而治之的策略分裂对立的集团，或者促进观念和规范的长期缓慢转变，这些都可以绕开零和博弈的困境。此外，许多变革既有益于富人也有益于穷人。"我们可以"项目指出，在尊重妇女家庭权利的时候，男人也明显改善了生活质量。一些人也提到夫妻性生活改善很多，这并不奇怪。

复杂性还表现为，那些最初是对某一个群体有利的过程或制度，会随着时间推移而被颠覆并被他人接手：接受了公平理念的贫穷社区可以将支撑现状的法律变为变革的推动者，富人掌握了民主程序以后也可以达到完全相反的目的。赋权绝非单一事件，而是充满复杂循环反馈的复杂系统中的一个过程，不能简单地理解为因果关系。

使用权力分析

许多援助组织逐渐明白，由于政府缺少好的政策，他们所珍爱的项目往往只能在失败的汪洋大海中产生几个成功的孤岛。"生计项目"的目标是帮助贫困社区从市场中获益，但是如果政府的债务危机和支出减少已经导致这个市场萎缩，我们支持这些项目自然会受到挫折，因此在过去的 20 多年中，通过宣传和抗议来改变公共政策的努力在迅速增加。

对于这些社会活动家来说，权力是核心问题，可见权力－隐藏权力－不可见权力框架和"四种权力"模式都有助于我们知道我们对于这个系统了解什么和不了解什么，促进我们深入思考那些相关的问题，如小农为什么穷，或者政府为什么不增加地方教育投资？

通过对这些问题进行多种尝试性的回答，社会活动家形成了我们在乐施会所称的"权力分析"。本质上来说，权力分析告诉我们在具体事务中谁掌握了什么权力，以及什么会影响他们做出改变。

通过权力分析，社会活动家可以选择更合适的策略：是选择在权力走廊上采取院外活动，还是在街头抗议，或者不受关注地为草根组织和公众教育提供长期支持。继续追问下面的问题可以使策略更明晰。部长或CEO要听谁的？实际的成功案例、研究、故事、媒体报道和圈内人的意见是否可以说服他或她？讨论各种形式的权力有助于挑战关于平民冷漠的一些假设：为什么他们不进行更多抗议？

权力分析可以帮助行动者发现更多潜在的同盟。尽管与那些非常人选（公司、宗教领袖和学者）结盟更有成效，但是大多数时候我们更倾向于与"类似我们的人"一起工作。最后，权力分析可以帮助我们发现正在到来的、打开变革之门的事件：马上开始的选举，干旱和飓风会对人们的态度产生什么影响，某位老人的去世会带来什么影响。

从对权力的一般讨论到制定专项规划以影响在特定议题上的权力分配，我们需要发现关键人物并确认当前他们的位置。在参与者中，谁是主要的行动者（贫困社区、决策者、私营公司）？有哪些个人或机构（媒体、宗教组织、知识分子、传统领袖）是有关系并发挥作用的？谁是潜在的同盟者？有哪些阻碍？谁是实现转换的人——潜在的可以被说服支持变革并发挥巨大作用的人？[1]

社会活动家本人当然也是关键人物，因此也必须被包括到权力分析中。分析这些关键人物在什么地方可能产生影响（家庭、地区、国家和全球层面）可以帮助确定恰当的进入时间点、策略和同盟。每一组社会活动家都有长处和短处，比如像乐施会一样的国际民间组织可以与富国的消费者建立联系，对公司施加压力以采取措施改变对穷人的影响，但是这也可以被看作西方国家外交政策的工具。

当社会活动家列出了利益相关方清单，我们往往在最初只能描绘出一幅简单而苍白的图景（"国家"、"人民组织"），近距离的观察可以揭示一个非常复杂的生态系统。就像 2014 年我请一些塔吉克斯坦社会活动家和援助工作者列出在一个典型村庄中，与水和卫生项目有关的利益相关方，最初仅列出了国家机构和村民用水协会。随后有一个人加上"遇到下面一些问题要去找谁：政策问题去找村长，健康问题去找医生，要做噩梦了就去找毛拉（mullah）"。

---

1 / Celine Charveriat, '*Power Analysis Checklist and Methodology*' (unpublished paper, Oxfam International, 2005).

最终，这群人画出了委派的和民选的乡村领导、校长、毛拉、医生、受尊敬的村内老人、妇女小组、社区组织、政府雇员、"文化人"和"有权人的亲戚（还有情人！）"等各自不同的影响方面和影响程度。要改善糟糕的饮水和卫生条件，这些人都被看作潜在的盟友。[1]

在塔吉克斯坦的谈话让我懂得把所有对变革有作用的人都罗列出来的重要性，同时也知道我们很容易弄巧成拙，在头脑中建立一个完全对立的"他们－我们"模式。

当行动者被确定，我们接下来就需要讨论联盟、方式、事件。

联盟 哪种可能或不可能的联盟组合形式会带来最大的成功机会？是传统的社会活动家组织之间的伙伴关系，还是与政府部门中同情者的联系，或者是与私营公司的联合合作？

方式 怎样才能最大限度影响那些目标人或目标机构，也就是那些能够提供变革所需要支持的人或机构？变革的阻力是来自法律还是政策，或者是社会规范、态度和信仰？抑或是问题根植于利益冲突，并因此需要政治动员以展示影响力？

---

1 / Duncan Green，'What Makes a Perfect Short Field Trip（and a Top Village Power Analysis）?'，From Poverty to Power blog，7 February 2014，https：//oxfamblogs.org/fp 2p/what-makes-a-perfect-short-field-trip-and-a-top-village-power-analysis/.

事件 围绕一些特定事件（比如大选、领导人死亡、自然灾害或经济危机）变革是否更容易发生？我们如何做好准备从而快速对这些"震荡"所带来的机会（或威胁）做出反应？

这样的权力分析反映了一种重视结果的策略性思维，与之相反的是我所称的"原则性"思维，这种思维强调"向当权者说实话"。在我的博客中，我用了许多卡通片，其中我最喜欢的一个表现的是两个中世纪农民走过一个城堡，在城堡的城墙上钉着一个被砍下的人头。一个农民对另一个农民说"那个人头对掌权者说了实话"。个人的公开抵抗可能令人尊敬，甚至是英雄主义的，但如果缺乏对权力分配和变革潜能的敏锐认知，这很少奏效。同样，如果只是简单地劝说政治家接受我们的"政治诉求"或者采取行动使他们失去选民或权力，那么我们就是放弃了我们的责任，没有找到途径使他们支持我们所希望的变革。[1]

当然，一些最有影响力的社会活动家并没有进行权力分析。基于长期经验和天赋才能，他们知道哪些做法会有效。"权力分析"只是将这些能人凭本能做的事情加以编码，使之更清晰，从而更便于学习和分享。

---

1 / Duncan Green, 'Why Demanding "Political Will" is Lazy and Unproductive', From Poverty to Power blog, 5 November 2009, http: //oxfamblogs.org/fp2p/why-demandingpolitical-will-is-lazy-and-unproductive/.

变革为何不发生

尽管这部著作是关于"变革何以发生"，但是经常出现的一个重要问题是"变革为何不发生"。无论是在观念、政治还是经济领域，系统明显是阻碍变革的，就像第一章讨论过的成熟森林。我在这里用三个首字头为"i"的词来探讨惯性的根源，这三个词是制度（institutions）、观念（ideas）和利益（interests）。这三个因素的组合往往会阻碍变革，甚至是在有证据显示变革已势不可挡的情况下。

制度　有时候变革的阻碍在于制定和实施决策的制度。即使保持现状并不能给特定的什么人带来物质利益，但是管理系统和公司文化仍然会强有力地阻碍变革。尽管我深深热爱乐施会，但是我仍然要费力对付其制度障碍，包括烦琐的逐层签字制度，以及做决定时候不断增加的一遍又一遍的电子邮件往返，此间你无法知道谁最终说了算。我猜想我须要对我自己进行内在权力分析。

观念　惯性往往根植于决策者的概念和偏见，即使他们自己的物质利益并没有受到威胁。在马拉维，研究者发现有关穷人的观念——值得帮助或不值得帮助的穷人——对于他们是否支持向生活贫困的人汇款起着决定性作用。被访问的精英人士包括了市民社区、宗教领袖、学者、政治家、官员、私营部门的领袖，所有这些人都相信再分配政策造成贫困人群的懒惰（或者说成为懒人）。尽管有大量证据表明捐款的作用，但是对这些精英并不起作用；实际上在这种改革中，精英也不会有任何损失（如果是政客，还可以在选举中捞到好处）。[1]

我在英国海外发展署的国际贸易部短期工作过一段时间，在那里见证了观念所起的阻碍作用。我们曾接待了一位来访的财政部高级官员，我们谨慎避免说错话。他周身都显示出白厅（whitehall）绅士的圆熟自信。他通知我们，他很高兴同我们讨论英国的贸易政策，但是我们必须首先承认有放之四海而皆准的真理，也就是贸易自由化会带来更多的贸易，更多的贸易将减少贫困。这两条当然都靠不住，但是没有人能改变这位绅士的习惯，让他停止反刍几十年前上大学时候学到的东西。我回忆起凯恩斯的精彩论断："实践家自以为不受任何学理之影响，却往往当了某个已故经济学家之奴隶。狂人执政，自以为得天启示，实则其狂想乃得自若干年之前的某个学人。"[2] 实际上几乎没有基于证据制定政策的空间。

当然，说服掌权的狂人改变他们的观点并非不可能，但那是一项很费力的工作：持续出现的负面证据、公众批评、同行压力、失败和危机的风险等，都有用。最后，我觉得那些根深蒂固的观念可能只有经过代际更替才能真正发生改变。

---

1 / Heather Marquette, personal email communications, 2015.

2 / John Maynard Keynes, *The General Theory of Employment, Interest and Money* (London: Palgrave Macmillan, 1936), pp. 383-4.

利益　厄普顿·辛克莱（Upton Sinclair）曾经说过："如果一个人是靠无知领取其报酬，是很难让他认知到某件事的。"[1] 在改革中会损失金钱或地位的权贵一定会是阻碍改革的能手。特别是只有少数权贵损失巨大而大量普通人获益但每人获益不多的情况下，阻碍变革的人比支持者会更好地组织起来。比如数十亿人口从减少温室气体排放以缓解气候变化的威胁中获益，但是他们首先要能够消除为数不多的化石燃料公司的反对。

利益并非总是坏事——别忘记，很多社会变革和进步都来自于穷人为了自身利益而战。利益也并非总是物质的。马苏德·穆克（Masood Mulk）在巴基斯坦执行萨哈德农村支持项目（Sarhad Rural Support Programme），他给我讲了一个很有意思的故事，让我想起心理学和人际关系的重要性：

> 我记得在一条山谷中，所有的穷人组织起来修建道路，他们相信这条道路将彻底改变他们的生活。不幸的是道路需要穿越原来一个权贵家里的地，而他完全不同意。村民们很失望，并要求我到他在山谷中的家去解决这个问题。那个地方很远，我们只能乘直升机去。我劝说他能慷慨地同意，但是他没

---

1 / Upton Sinclair, *I, Candidate for Governor: And How I Got Licked* (Berkley, CA: University of California Press, 1994).

有任何松动。他不喜欢社区现在的行为方式，显得他们很强大。最终他说他可以让步，但是我们必须乘直升机在他家上方飞三圈。我明白了，所有这些都是显示他的自尊。村民不想找他是因为村民的自尊不允许他们这样做，而他对社区也不让步，除非他的重要性被重新强调。[1]

近年来，气候变化方面的进展缓慢说明，上述三个层面（三"i"）的状况到了令人沮丧的程度：既得利益集团游说阻碍各种减少碳排放的努力，并支持诋毁气候变化的伪科学证据，来阻止采取行动；对经济增长价值的不可撼动的迷信，限制了任何想象经济增长之外某种发展方式的意图；全球制度是由那些只能看到眼前利益的各国政客所控制的，这个制度不适合解决历史上最大范围集体行动的问题。2015 年 12 月，气候变化的巴黎协定可能已经改变了这种状态，第 241~247 页将把这作为一个案例，分析变革是如何产生的。

结　语

进入任何一个家庭、村庄、会议室或政府办公室时，你也进入一个微妙且弥散的权力作用场（force field of

---

1 / Masood UL Mulk，personal email communications，January 2016.

power），它关联、影响着在场所有人：朋友和敌人、父母和子女、老板和雇员、统治者和被统治者。不管是什么政治制度，权力永远存在。

试图影响变革，其核心在于研究和理解这一力场。尽管对于生手来说，权力也许是看不见的，但是设置了决定社会和政治关系如何前行的参数。谁可能成为变革的同盟或者敌人？谁是关系中的上位者或下位者？谁听从谁？过去他们相互之间如何相处？

从权力开始，意味着对乐观地看待变革的可能性持一种接纳态度。大量人类进步的成功故事，如普选权、学习知识，以及免于疾病、压迫和饥饿等，从本质上来说就是不断进步的权力再分配故事。

从权力角度进行思考，把发展的真实图景带入实地。不同于将对贫困人群简单地描述为被动的（灾害、贫困和饥荒）受害者或（援助和社会服务的）"受益者"，"赋权"将贫困人口的自身行动置于中心地位。用孟加拉国学者奈拉·卡比尔（Naila Kabeer）的话说，"从一种以'我不能'感为表征的无权状态，社会行动主义含有集体自信的成分，这形成了'我们可以'的感觉"。[1]

---

1 / Dighe & Jain（1989）'Women's Development Programme：Some Insights into Participatory Evaluation'，*Prashasnika* vol. 18 nos. 1 - 4, pp. 77 - 98, quoted in Naila Kabeer（1994）*Reversed Realities：Gender Hierarchies in Development Thought*, London：Verso, p. 262.

　　我所抛出的几个框架可能会让读者开始糊涂，那么按照发展领域最吸引人和有原创性的思想家罗伯特·钱伯斯（Robert Chambers）所提出的建议，现在可以考虑采取最简单也是非常有用的办法，就是：你们日常工作中时刻想到权力。在任何关系中，自己要问问，谁是"上位者"，谁是"下位者"，[1] 这如何影响了他们的行为。钱伯斯的建议也把握了这样一个尴尬的事实：一个天生打老婆的人、真诚的基督徒或穆斯林，一个毕生服务工会的人或 NGO 的社会活动家，他们之间有什么共同之处？他们可以是同一个人：一个人可以在一个背景下是上位者，在另一个背景下是下位者。

　　现在我们研究了权力与系统思维的构成因素，一些读者可能会回顾在本书开始的时候我概括的权力与系统方法。对于那些要继续努力阅读的读者，在最后一章会有全面的解释。

扩展阅读：

R. Chambers , *Revolutions in Development Inquiry*（ London : Earthscan, 2008 ）.

---

1 / Duncan Green, 'Robert Chambers on the Fifth Power（the Power to Empower）', From Poverty to Power blog, 29 November 2012, http:// oxfamblogs.org/fp2p/robert-chamberson-the-fifth-power-the-power-to-empower/.

M. Foucault, *Power/Knowledge: Selected Interviews and Other Writings*, 1972‑77（New York: Pantheon Books, 1980）.

S. Lukes, *Power: A Radical View*（2nd edition）（London: Palgrave Macmillan, 2004）.

G. Mulgan, *Good and Bad Power*（London: Allen Lane, 2006）.

A. Rao, R. Stuart, and D. Kelleher, *Gender at Work: Organizational Change for Equality*（West Harford: Kumarian Press, 1999）.

J. Rowlands, *Questioning Empowerment: Working with Women in Honduras*（Oxford: Oxfam UK and Ireland, 1997）.

更多观点：

Understanding Power for Social Change: The Power Cube, http: //www. powercube.net/.

第三章　社会规范的转换推动变革

在玻利维亚边远地区，透过一杯啤酒，齐卡塔诺斯（Chiquitanos）的社会活动家米格尔·里维拉（Miguel Rivera）在反思他关于"内在权力"的发现。他对我说："我们的权力意识是从外面来的，从政治领袖、国际劳工组织'169号公约'"，"这很重要，它促使我们这些本地人觉醒"。[1]这并非我们的日常谈话，但实话说，我并不全然喜欢它。我艰辛跋涉进入玻利维亚的腹地，来研究在拉丁美洲这样一个（对于我来说）异域世界的本土运动中，社会变革是如何发生的；但这个草根社会活动家却引用位于日内瓦的国际劳工组织的废话，告诉我他们的成功可以部分地归功于我所蔑视的这些国际空谈

---

1 / Miguel Rivera, Interview with Duncan Green, Bolivia, 2006.

俱乐部。

至少情节符合预设。1986 年电影《使命》(*The Mission*)让齐卡塔诺斯在玻利维亚之外出名，这部电影讲述了齐卡塔诺斯人是如何为了换取巴西奴隶主中耶稣会士的保护，而变成了（和延续为）娴熟的巴洛克乐师，以及修建了那些非凡的白－橙色教堂，它们至今仍在吸引游客。

在过去 35 年中看到的所有关于变革的故事中，我与米格尔在 2006 年那个闷热夏天里的对话，以及随后我对齐卡塔诺斯社区的访问，成为形塑我思想的最重要影响之一。在本书第 91 页对第一部分的总结中，我将用这个故事来阐述权力与系统方法。

米格尔教导我社会规范的重要性——那些或明或暗的规则指明社会中可接受的行为是什么。那些被看作正常的、可取的，或异常的事物决定了人们的是非感，既可以推动也可以阻止他们寻求社会正义。

社会、法律抑或道德层面的各种规范形态多元、大小不一，它们会呈现些微矛盾，在像国家或跨国公司等机制中也是如此：既属静态，也在变化。大多数规范看起来是固定的，人们将这些规范看作"给定的"、业已存在、永恒的社会事实。如果没有这种不变的感觉，规范就无法实现其职能，即提供稳定的行为准则指导遵循者进行选择。当然，规范也是持续进化的系统。即使像法律这种经过严格编纂、最为正式的规范也是持续变化的。

在第五章我会讨论这个问题。[1]

规范如何进化

在人类的长期历史过程中,规范大多是在地方或国家层面有机地进化。但是最近一个世纪,在米格尔·里维拉所敬畏的一些国际机构内,如联合国、国际劳工组织等,正式出现了争论、赞同、编纂和实施全球规范的过程。

当今,规范框架的进化是通过各种让人眼花缭乱、不断增生的研讨会、"高层论坛"、可持续发展目标之类的国际目标、条约和国际公约等实现的。这是我经常努力逃避的旋转木马,充斥着华丽的辞藻和老生常谈,没有实质内容。我现在觉得我的厌恶(尽管是可以理解的)是没有根据的。旋转木马是复杂且无法预测的,但是无疑是重要的。已经产生的国际协议掌握并推动了世界对于自身状况逐渐深入的理解,使我们感觉到我们同属人类。

这些协议并非"硬法律",不能在法庭上强制执行。但是它们建立准则,全国性运动可以利用这些准则鼓励立法层面和公众态度的变革,它们涉及了从是否可

---

1 / Wayne Sandholtz and Kendall Stiles, *International Norms and Cycles of Change* (Oxford: Oxford University Press, 2008).

以接受贿赂或父母是否有权打孩子，到歧视移民工、少数族群或残疾人，以及什么活动可被称为"工作"等各种事项。

在个体层面，规范始发于出生之际，如婴幼儿从周围人的行为和语言中吸收了什么是"自然而然的"观念。作为一个机构（尽管是一个与众不同的机构），家庭可能是一个人价值和规范形成的最重要基础，这些价值和规范将影响人的一生。数年之后，学校教育将开始发挥核心作用，带来社会对规范的更广泛理解。如果社会活动家忽视了这些早期经验，他们就会失去一个重大机会。宗教组织在这方面更敏感，他们在教育上投入巨资。耶稣会的创始人方济各·沙勿略（St. Francis Xavier）曾经说过："给我一个 7 岁以前的孩子，我还你一个男人。"

随着时间推移，规范会发生让人难以置信的变化。200 年以前，奴隶和殖民化被看作自然而然的事情（至少在欧洲是这样），女人和奴隶归男人"所有"。各国可以自由交战。今天他们的战争行为要受到一定规则的限制。实际上，包括人权和环境法在内的所有国际法在一个世纪以前根本不存在。正像这些时间表所表明的，规范的变革是深入和迟缓的，经常要经过数代人或数个世纪。因此，有时它们的变化并不被那些社会活动家或政治家所注意或重视，他们只关心 3 年或 4 年一轮的大选。

1990 年代，我在为"儿童救助会"写作一本书的时候才彻底意识到规范的重要性。[1]菲利普·阿瑞（Philippe Ariès）那本引起范式变革的书——《儿童的世纪》[2]使我明白，许多我以为自然而然的事情都是在历史过程中逐渐形成的。比如在 1724 年，英国杰出的文学家丹尼尔·笛福（Daniel Defoe）认为 4~5 岁的孩子就应该自己去挣面包吃。

与拉丁美洲数百儿童的交谈使我进一步理解了孩子的本质，以及他们的角色、权力和责任。当然，做工的儿童抱怨他们遭受的剥削和很难将工作与学习相结合，而街头的孩子则比较悲惨，经常吸毒，但是最让我吃惊的是他们所拥有的力量感。那些童工告诉我，他们是如何重视他们对家庭生活的贡献。流浪儿童则很高兴地夸耀如何有能力从那些试图"拯救"他们的各种机构获得他们想要的东西（那里的食物不错，但是他们要你祈祷）。那个时候我是两个孩子的父亲，他们跟我谈话很随意。

在这本书出版以后我意识到，我们要挑战针对某些事务的规范，比如对于儿童的一些深层态度，这引起强烈的反对。工会指责我为剥削儿童辩护，流浪儿童组织指责我破坏他们的工作。他们更喜欢将儿童时代看作天

---

1 / Duncan Green, *Hidden Lives: Voices of Children in Latin America and the Caribbean* (London: Cassell, 1998).

2 / Philippe Ariès, *Centuries of Childhood: A Social History of Family Life* (New York: Random House USA, 1965).

真无邪的"封闭花园"，需要加以保护，尽管阿瑞已经表明，这个花园在西方历史上也是被建构起来不久的。

规范、性别和权力

在最近的一个世纪中，对妇女的角色期待已经发生了很大变化。引起变化的主要原因是什么，是选举权、家庭外的就业、洗衣机的发明、女孩受教育、新的避孕措施、信息的获得，还是妇女运动？答案当然是上面所有这些，或者还有更多。在一个复杂系统中充满了循环反馈和意外，上述这些因素既在塑造妇女角色有关规范的变化，也被这些变化所塑造。

全球化是这些变革的推动力之一。每天早上7：30，孟加拉国首都达卡的街头就会涌动着身穿色彩艳丽纱丽的年轻姑娘，她们从各处贫民窟中出来，就像一片彩色的浪潮，流入沿街分布的各个破败的工厂。在那里她们要不停地剪裁和缝纫出口的衣服，直到深夜。

看到成千上万欢乐、忙碌和热情的女人走在街上，我纠结我是否还赞成那些社会活动家反对全球化，认为全球化是"剥削"廉价劳工的观点。随后在棚户区小房子里的谈话肯定了这些服装厂的工作是如此令她们引以为豪。女工也抱怨数百万孟加拉国服装厂的女工所面临的工资低、工作时间长和车间危险的问题，但她们坚持认为，工厂的收入带来了家庭内权力再分配：妇女无须丈夫的允许就可以离开家，在家庭决策中有了更多的发言权，女孩比过去更受重视了。

那些工厂来到达卡并非为了解放孟加拉国的妇女。也像其他复杂系统一样，在全球服装贸易中，关于妇女规范的进步只是经济结构变革中的一个偶然的副产品。同样发挥作用的还有城市化、电视普及，以及上演的描述"现代"和大城市妇女生活的肥皂剧。20世纪早期印度农村开始普及有线电视，这导致妇女自主性大幅度提高，家暴越来越不能被接受，以及对男孩的偏好降低。研究人员还发现，女童入学率增加，失学率降低和每家孩子数量减少，它们具有很强的相关性：在有线电视普及两年之后，这3个指标的城乡差距减少了45%~70%。[1]

一旦传统的惯例被颠覆并开启新思想之门，"关键节点"，比如战争或政治经济危机，就有助于转变规范。在美国，二战期间白人和黑人并肩作战促进了民权运动。近年来对不平等的关注日益增长，这表明2008年的金融危机已经带来态度的改变。

国际条约，如在玻利维亚那晚米格尔所述及的那些，既反映也引导了公众态度的改变。1979年联合国大会通过的《消除对妇女一切形式歧视公约》（CEDAW）被看

---

1 / Robert Jensen and Emily Oster, 'The Power of TV: Cable Television and Women's Status in India', *NBER Working Paper* No. 13305（Cambridge, MA: The National Bureau of Economic Research, 2007）, http://www.nber.org/papers/w13305.

作妇女权力的国际汇票（international bill）。它定义了什么是对妇女的歧视以及签署国所要承诺的一系列行动。

- 在法律制度中要加入男女平等的原则，消除所有歧视的法律，并且要采用适当的法律条款禁止歧视妇女。
- 建立特别法庭和其他公共机构以保证有效地保护妇女免遭歧视。
- 保证消除所有个人、组织和企业歧视妇女的行为。

《消除对妇女一切形式歧视公约》，以及1994年开罗人口与发展国际会议和1995年北京世界妇女大会达成的协议，制定了在各国国内运动中被采用的规范框架，这些规范框架用以持续增加社会压力，要求在公众态度和立法方面更尊重妇女权利。在写作本书的时候，世界上有189个国家批准了《消除对妇女一切形式歧视公约》。[1]

第二章谈到过的南亚"我们可以"就属于此类运动，是通过推动"内在权力"和"共同权力"来倡导《消除对妇女一切形式歧视公约》的规范。[2]

规范变化与国家

在很大程度上，"我们可以"是要绕过国家行动的正

---

1 / UN Women, *Convention on the Elimination of All Forms of Discrimination against Women*, 1979, http://www.un.org/womenwatch/daw/cedaw.

2 / http://policy-practice.oxfam.org.uk/our-work/gender-justice/we-can.

式领域，但实际上国家也可以支持新的规范出现。1993年印度政府引入了一项法律，要求村议会（Panchayat）三分之一的领导位子要保留给妇女。当时有怀疑论者称，那些有势力的人可能将他们的妻子安置在这些领导位置上，而他们在背后运作。但是研究者后来发现，两届选举中拥有女性领导人的村子里，青少年女孩更倾向于在18岁以后结婚，更不倾向于成为家庭妇女或由男方家庭来决定她们的职业，更倾向于从事一份需要教育背景的工作。父母也更不倾向于认为男方家庭有权决定女孩的职业。青少年教育的性别差异被消除，以及男女用在家务劳动上的时间差别也减少了18分钟，表明女孩减少了花费在家务劳动上的时间。[1]

杰出的政治领袖，如甘地或曼德拉，他们的领导艺术表现在他们不仅仅有能力践行公共规范，并且还能影响其变得更好。甚至让政治家在日常生活中感觉不舒服的无休无止的简单信息重复也可以挑战旧的规范和塑造新的规范。当然，有时政治家也会强化那些本该被改变的规范，比如煽动对少数族群、宗教信仰人群、移民的仇恨。

规范变革的领导力并非政治家的专属。模范人物、名人、许多公众人物都可能发挥同样作用。个人的勇敢

---

1 / Lori Beaman，Esther Duflo，Rohini Pande，and Petia Topalova 'Female Leadership Raises Aspirations and Educational Attainment for Girls：A Policy Experiment in India'，*Science* 335，no. 6068（2012）：pp. 582 - 6.

担当可以发挥关键作用，就像英国早期艾滋病流行之时，戴安娜王妃站出来反对对艾滋病患者和病毒携带者的恐惧和歧视。[1]

政府利用规范来形塑人们的个体行为。特别是在富裕国家，有大量关于饮食、吸烟、饮酒驾驶等方面的日常生活规范被改变。在美国，让那些高耗能用户知道自己与邻居的差别有助于他们减少能源使用。[2] 在英国，告诉居民他们的邻居已经交税了可以将完税比例提高15%。[3]

但是政府很少是新规范的发起者。事实上，许多现在被认为是国家核心特征的观念（社会保护、教育和健康），与战争规则和儿童权利准则一样，都是由社会活动家先孵化，然后被国家所接受的。现在，在环境责任、数据透明和残疾人权利等方面也在发生类似的进程。[4]

1 / 'What Everyone Should Know about HIV', http://www.hivaware.org.uk/about/princess-diana.

2 / 'Nudge Nudge, Think Think: The Use of Behavioural Economics in Public Policy Shows Promise', *The Economist*, 24 March 2012, http://www.economist.com/node/21551032.

3 / Leo Benedictus, 'The Nudge Unit-Has it Worked So Far?', *The Guardian*, 2 May 2013, http://www.theguardian.com/politics/2013/may/02/nudge-unit-has-it-worked.

4 / Duncan Green, 'What's Next for the (Rapidly Growing) Global Disabled People's Movement?', From Poverty to Power blog, 27 August 2014, http://oxfamblogs.org/fp2p/whats-next-for-the-rapidly-growing-global-disabled-peoples-movement/.

　　有时候规范的变化是因为它们得到了强有力的支持者，因为支持者认识到这是扩大其利益的机会，就像企业认识到"粉红英镑"的价值，因而对同性恋的权利有了更深的兴趣。对于政治家来说，激励来自选票。经过数十年对同性恋权利和平等婚姻的推动，2011年的民意调查表明，在美国第一次有超过50%的公众支持同性婚姻。2013年的一个星期内，美国六位参议员态度急转，声称支持婚姻平等。[1]

　　一项研究表明，政府要采用和实施新的人权规范需要经过5个步骤：压制（那些推进新规范的行动），反对（拒绝承认相关议题），策略性让步（足以让批评者保持沉默的程度），变成惯例（通过制定国际条约、改变本国法律或建立新的制度来开始接受新规范的精神），符合规则的行为（开始建立机制以保证新的规范得到尊重）。[2]面临劳工权利压力、环境安全压力的大企业也经历同样的过程。圣雄甘地有句名言："最先他们忽视你，随后嘲

1 / Duncan Green, 'How Change Happens: What Can We Learn From the Same-Sex Marriage Movement in the US?', From Poverty to Power blog, 20 August 2014, http://oxfamblogs.org/fp p/how-change-happens-what-can-we-learn-from-the-same-sex-marriagemovement-in-the-us/.

2 / Duncan Green, 'How Change Happens: What Can We Learn From the Same-Sex Marriage Movement in the US?', From Poverty to Power blog, 20 August 2014, http://oxfamblogs.org/fp2p/how-change-happens-what-can-we-learn-from-the-same-sex-marriagemovement-in-the-us/.

笑你，然后与你战斗，最后你赢了。"

为了测试和确认何种因素促成了政府改变有关暴力侵害妇女的政策，劳来·威尔登（Laurel Weldon）和玛拉·屯（Mala Htun）煞费苦心地构造了覆盖 17 个国家 40 年（1975~2005 年）历史的全数据母库，包括各种国家行动（法律和行政改革、保护和预防、官员培训），以及大量其他相关因素（女性议员的比例、人均 GDP，以及政治制度的性质）。

他们的发现证实了来自下层压力的重要性："与那些女权运动较弱或没有女权运动的国家相比，在其他因素相同的情况下，女权运动最强的国家更倾向于拥有更详尽的反对暴力侵害妇女的政策。女权运动比左翼政党、女性议员数量，甚至国家的富裕程度的影响都大。这些运动的强弱决定了在重要的立法改革、专项住房资助和警察培训方面的差别，甚至决定了有或者没有。"[1] 屯和威尔登还发现，政府与美国的能源用户和英国的纳税人类似，在与邻居比较的时候特别不愿意落后。

将权威人士的领导能力与联合国的国际机制相结合，社会活动家可以组织起至关重要的钳型运动。用一位菲

---

1 / Mala Htun and S Laurel Weldon, 'The Civic Origins of Progressive Policy Change: Combating Violence against Women in Global Perspective, 1975 - 2005', *American Political Science Review* 106, no.3（August 2012）: pp. 548 - 69, http://journals.cambridge.org/repo_A86U0PVC.

律宾社会活动家的话说，"我们怎么做出个米糕？要同时有来自上面和下面的热蒸汽。抗议、游行、毫不妥协的女权即人权的立场，这些就是下面来的热气。还有马尔科姆·X（Malcolm X）和妇女参政论者，以及同性恋者游行。但是我们还需要从上而来的热蒸汽"。[1]

规范、文化和信仰

在许多社会活动家的思维中，规范与另一个盲点，即文化，是相互重叠的。文化，包括艺术（文学、电影、喜剧和绘画），在更广的意义上也包括特定人群的观念、习惯和行为，在形成人们的价值和内在叙事中起着关键作用。我相信，在英国，作家罗琳（J.K.Rowling）和托尔金（J.R.R.Tolkien）将是对未来一代社会活动家最有影响的人物。文化也会将社会凝结起来。在世界很多地方，以英超联赛的结果开启一次谈话肯定可以把人联系起来。

各国之间和各国国内，文化态度区别甚大。社会心理学家葛特·霍夫斯泰德（Geert Hofstede）等人利用访谈和问卷调查，通过研究态度来比较不同国家的文化。他们确认了显现不同国家文化差异的 6 个维度：人们接

1 / Kavita Ramdas，'Radical Women，Embracing Tradition'，Transcript，TED website，April 2010，https：//www.ted.com/talks/kavita_ramdas_radical_women_embracing_tradition/transcript?language=en.

受不平等的程度，对不确定和不明晰的容忍程度，个人主义与集体主义，性别间情感角色分配（很有意思的是，男人的角色比女人的更多样），长期或短期的取向，放纵或是内敛。这些指标被用于商业（比如，设计市场推广）、教育和健康等领域。[1]

尽管文化不能直接决定行动和态度，但是可以深深地影响到领袖的权威、对风险的接受程度，以及青年和老年的相对地位。我们的社会活动家不应将文化差异看作挫折的原因（"为什么他不能快一点并直接说出他的意思"），而应看作力量的来源，因为在任何生态系统中，多样性都是健康的标志。

文化领域最核心的部分可能是信念，这经常没有得到社会活动家应有的重视。我终生都是无神论者，但是我在拉丁美洲工作几十年，其中为一个天主教的援助机构——天主教海外发展局（Catholic Agency for Overseas Development）工作 8 年，这使我对信仰在社会变革中的作用充满尊重。我看到解放神学（liberation theology）派出了数千名社会活动家、修女和神父去直面军事独裁，并因此付出巨大代价。当我在天主教海外发展局工作的时候，我经常收到这样的信息："对不起，派特（Pat）姐妹无法到会，她再次被捕了"（因为在国防部的外面，她

---

1 / 'National Culture', the Hofstede Centre, http://geert-hofstede.com/national-culture.html.

把自己绑在栏杆上抗议发展核武器）。我对各地不屈的修女表示深深敬重。

与家庭和教育一样，在形塑个人规范方面，宗教也是最强有力的因素之一，而且可以成为内在权力和共同权力的催化剂。过去 50 年中，欧洲生活的重要特征是世俗化，但在世界其他地区，宗教制度仍然是社区生活的中心。在许多社区，与其他机构相比，人们更相信当地的教堂、清真寺或寺庙。在许多国家可以看到宗教的热情在提升，这可能是因为信仰能够提供安慰和安全，特别是在全球化以及从乡村社区向混乱的城镇棚户区的迁移威胁了原有的生计方式与文化的背景下。

尽管公众的注意力经常集中在不同宗教间的冲突，但是也许更引人关注的是它们有多少共同点。比如有所谓的"黄金法则"，伊斯兰教的表述是"像对待自己一样对待兄弟才是真正的信徒"，在其他每个主要宗教中也能找到类似的经文。世界上具有代表性的 9 大宗教，巴哈伊信仰、佛教、基督教、印度教、耆那教、犹太教、伊斯兰教、锡克教和道教在 1998 年举办了世界宗教和发展大会，这次会议揭示了，在对生命最深层真理的认识上，各种宗教之间存在着令人意想不到的共识。

- 仅有物质财富的获得并不能引导真正的发展：经济活动与生命的各方面有着内在的联系。

- 整个世界属于神。人类没有权利采取伤害其他物种的行为。

- 每个人的价值都是同样的。

- 人们的幸福和他们的高度认同根植于他们精神、社会和文化传统。

- 社会凝聚是真实发展的核心。

- 社会（和世界）必须在平等和正义的基础上运行。[1]

这些共识成为包括社会行动主义在内的态度、信仰和个人行为的基础。在南非，我遇到了许多强势且充满个人魅力的女性，她们实施社区发展项目以帮助那些艾滋病毒感染者和艾滋病孤儿。她们中的许多人经常去教堂，并从信仰中汲取激励和安慰，因为她们的工作经常异常辛苦但得不到回报和感谢。

然而，信仰和政治之间的互动经常是非常模糊的。马克思将宗教看作"人民的鸦片"，使我们看不到我们受压迫的实质（今天，足球运动起到了类似的作用），而葛兰西将之看作精英构建和保持其统治地位的工具。还有涂尔干将之描述成建立集体认同的途径，而集体认同促进社会凝聚和稳定。[2] 宗教可以鼓励或阻碍社会行动，促

---

1 / Wendy Tyndale, *Key Issues for Development. A Discussion Paper for the Contribution by the World Faiths Development Dialogue*（WFDD）*to the World Bank's World Development Report 2001*（Oxford, World Faiths Development Dialogue, 1998）, http：//siteresources.worldbank.org/DEVDIALOGUE/Resources/WFDD 2001.pdf.

2 / Emma Tomalin, 'Sociology, Religion and Development：Literature Review', *Working Paper* No. 4（Birmingham：University of Birmingham, 2007）, http：//epapers.bham.ac.uk/1005/1/Tomalin-_Sociology2%C_Religion_and_Development-_A_Literature_Review.pdf.

进或挑战社会一致性，激发爱或挑起仇恨。

在有关妇女权利方面，这种矛盾和冲突表现得最为明显。所有宗教原教旨主义者在本质上都对妇女解放深感不安，从而产生了例如梵蒂冈、伊朗政府和美国政府这类奇怪的联盟来阻碍国际社会在性与生育权方面的进步。

但是并非所有道路都是单向的。尽管反对各自宗教的等级制度，但是穆斯林和基督教社区中的女性社会活动家已经开始重新解释伊斯兰教和天主教的教义，使它们与妇女权力相一致，从而产生新的宗教思维。2004 年摩洛哥的妇女组织取得了惊人的进展，议会全体通过了新的伊斯兰家庭法律，妇女的权力得到极大提高。这些改革包括妇女有权在没有男性监护的情况下决定法律事务，平等的照顾家庭和儿童的责任，解除婚约需要男女双方的同意。[1]

在整个运动中，社会活动家选择在伊斯兰教框架内工作，指出家庭法中被奉为圭臬的守旧释义与真正的《可兰经》精神相左。按照社会活动家拉比亚·纳西瑞（Rabéa Naciri）的说法，"我们决定不把普遍的人权框架与宗教框架分割开来。我们坚持认为，伊斯兰教并不反对妇女平等和对妇女的尊重，而且也不应该做如此表述……伊斯兰法是人类的、历史的产物，因此能够产生进

---

1 / Alexandra Pittman and Rabéa Naciri, 'Winning Women's Rights in Morocco', IDS Research Summary, October 2008.

化以满足当前穆斯林的男人和女人的需求"。[1]

这样的例子令人振奋，但却被许多社会活动家所忽视，我称之为"挂图板"（flipchart）问题。在乐施会的讨论中，当我强调宗教和基于宗教的组织的重要性时，许多同事都点头同意，但是这些议题却从来不会出现在白板或大白纸上，也就不会进入会谈记录。这个现象产生的部分原因在于许多宗教组织对从同性恋权利到避孕等议题了解不足，但是更重要的原因在于我们对宗教的一知半解。几年前我曾经访问菲律宾，菲律宾当地工作人员描述了乐施会在棉兰老岛的穆斯林社区开展的与妇女权利有关的工作令人着迷。我问他们，那么与天主教会一起工作如何（在菲律宾，信天主教的人比信伊斯兰教的人多很多）？回答是："没门……我们都是失败的天主教徒，而且不想再回到那里去！"显然，是时候解决这个问题了。

规范是中立的吗

人权领域的社会活动家经常要面临对他们将外来的价值强加到其他文化中的指责，他们辩称，联合国认可

---

1 / Duncan Green, *From Poverty to Power: How Active Citizens and Effective States Can Change the World*（Oxford：Oxfam International, 2008），p.67.

的任何事情，因其全球性的本质，必是普适的规范。我从来没有发现这个理由能够完全说服人。新规范建立的过程必然反映了在场各方势力的相关权力（可见权力、隐藏权力和不可见权力）。在联合国和其他各种国际体系中，大多是西方规范向下滴流，反向过程很少发生。有多少西方的领袖对于权力的理解能够受到与非洲、亚洲和拉丁美洲人谈话的影响？

在讨论规范的时候，我们也需要有自我意识。你如何描述你自己的那个形塑着你所思、所行、所言的规范框架？假如一定要说我自己，我想我是"混乱的，被西方自由主义所撕裂的，一方面我认同西方有关权利的规范是最好的，同时又在民主和道德方面深深陷入相对主义"。

美国智库通过一些比较粗暴的形式支持民主化和市场自由化，这引起了指责，认为西方势力用规范变革服务于其外交政策。在前苏联国家所谓的"颜色革命"就是这样的例子。[1] 在许多国家，此类经验被用来佐证压制草根组织的正当性，我们将在第九章考察这个问题。

规范的作用也像复杂系统一样：其进化的道路很少是线性或被外力强制的。它们往往经过激烈的争论，会有大幅度的妥协，以及修正。对规范转换的前景展望可

---

1 / Susan Stewart, ed., Democracy Promotion and the 'Colour Revolutions' (online eBook, London: Taylor & Francis, 2013), http: // www.tandfebooks.com/doi/book/10.4324/9780203722985.

能会引发强烈的抵制。当妇女第一次获得工作收入，她们可能面临更大的家庭暴力；在非洲的许多国家，从事同性恋权利保护的社会活动家会受到野蛮的迫害，有些甚至面临谋杀以及"矫正强奸"（corrective rape）的危险。

此外，随着权力的平衡转变到国际体系中，规范的变化越来越不是"单行线"。对 2005 年通过的"可持续发展目标"有过长时间的讨论，在这个过程中，发展中国家有能力对抗西方权势的反对，将减少不平等纳入目标之中。同样，地区集团在制定规范中地位的不断提升有助于修正权力不平衡，比如非洲联盟 2003 年制定的"妇女公约"[1]。

女性割礼

反对女性割礼的运动是一个很好的例子，展示了社会活动家如何转变有害的规范。女性割礼是将女孩的外生殖器全部或部分切除，这种习俗没有任何医学作用，而且有害健康。当然，这个习俗流传很广。联合国估计，全球有 1.25 亿妇女和女孩现在承受着女性割礼的后果。

---

1 / *Protocol to the African Charter on Human and Peoples' Rights on the Rights of Women in Africa*，African Commission on Human and Peoples' Rights，http: //www.achpr. org/files/instruments/women-protocol/achpr_instr_proto_women_eng.pdf.

我们知道非洲和中东有 29 个国家有这个习俗，在这些国家中，有 3000 万女孩会在今后 10 年中面临被实施割礼的危险。[1]

这个有着数百年历史的习惯正在面临巨大的规范变化，而其推动力量是一些在国家和草根层面的抗议先驱。如义福娥·朵可侬（Efua Dorkenoo），一位加纳裔的英国学者和助产士。1980 年她写作并发表了最早的有关女性割礼的报告。直到 2014 年去世，她一直没有停止其抗议活动。[2]

1958 年，世界卫生组织拒绝了联合国关于对女性割礼进行调查的请求，认为这是文化，而不是医疗问题。但是在数十年后，抗议者将这个问题重新定位成健康权利的问题，他们得到了许多医生的支持，这是一批有影响力且"中立"的支持者。1997 年，世界卫生组织、联合国儿童基金会和联合国人口基金会发表了一个有影响力的联合宣言，称女性割礼侵害了妇女和女孩"享受可达到的最高健康标准"的权利，帮助至少 14 个国家宣布其不合法。然而在五六个国家中，这个习俗仍然比较流

变革如何发生

1 / This figure underestimates the real number of girls affected，because other countries（e.g. Indonesia）are not included.'What is FGC?'Orchid Project website，http：//orchidproject.org/category/about-fgc/what-is-fgc/.

2 / Stella Efua Graham and Scilla MacLean，eds.，*Female Circumcision*，*Excision*，*and Infibulation*：*The Facts and Proposals for Change*（London：Minority Rights Group Report 47，1980）.

行，超过 90% 的妇女仍然受到残害。[1]

研究人员格里·麦基（Gerry Mackie）和约翰·勒琼（John LeJeune）[2] 研究了埃及、埃塞俄比亚、塞内加尔和苏丹的全国反对女性割礼运动，并把它们与中国早期反对妇女缠足的运动进行比较。中国妇女缠足是通过限制妇女的物理移动能力来迫使其保持贞洁。

与女性割礼一样，缠足在医学上是不合理的，但在 20 世纪之初的中国城市和沿海地区就已经根深蒂固。改革者首先宣传，世界其他地方的妇女都是不缠足的，从而让大家觉得放足是可能的选择。其次，他们解释不缠足的好处和缠足的危害。最后，他们建立了"不缠足协会"，协会成员承诺他们的儿子不娶缠足的妇女，而且他们也不给女儿缠足。这些改革者的策略使这一延续千年的习俗在一代之内就被终结了。

非洲的反对女性割礼运动面临着相似的障碍：家庭之所以实施割礼是因为他们要保障有人娶他们的女儿并

---

1 / Alison Brysk, 'Changing Hearts and Minds: Sexual Politics and Human Rights', in *The Persistent Power of Human Rights: From Commitment to Compliance*, edited by Thomas Risse, Stephen Ropp, and Kathryn Sikkink (Cambridge: Cambridge University Press, 2013), pp. 259 - 74.

2 / Gerry Mackie and John LeJeune, 'Social Dynamics of Abandonment of Harmful Practices: A New Look at the Theory', Special Series on Social Norms and Harmful Practices, *Innocenti Working Paper* No. 2009 - 06 (Florence: UNICEF Innocenti Research Centre, 2009), http://www.unicef-irc.org/publications/pdf/iwp_2009_06.pdf.

且保持相应的社会地位，因此家庭的选择取决于社区中其他家庭的选择。如果只有一个家庭不再实施割礼，那么他们的女儿就嫁不出去。换句话说，女性割礼是一个典型的集体行动问题，所有的人必须共同行动才能最终解决问题（与气候变化需要所有国家减少碳排放并无二致）。

在塞内加尔，改革者发现了解决问题的办法。只要一小群重要的人物有条件地决定放弃女性割礼，这些家庭就强烈倾向于招揽其他社区成员参加，参加的成员数量增加到一个转折点以后，整个社区就会全部改变这种习俗。已经有 4000 个塞内加尔的村庄宣布放弃了女性割礼。[1]

在埃及，抗议者采用了我们在第一章中讨论过的"正向偏差"模式。他们没有只盯住那 97% 将被实行女性割礼的埃及妇女，相反，他们的"翻转问题"是：我们从那 3% 没有被实施割礼的妇女那里可以学习到什么？让她们对着摄像机直接宣讲引发了一轮反抗女性割礼的巨大浪潮，而且其效果比"专家"和外人的讲座效果好很多。[2]

发挥公众承诺的作用。2000 年，埃塞俄比亚的发展

1 / Alison Brysk, 'Changing Hearts and Minds: Sexual Politics and Human Rights', in *The Persistent Power of Human Rights: From Commitment to Compliance*, edited by Thomas Risse, Stephen Ropp, and Kathryn Sikkink (Cambridge: Cambridge University Press, 2013).

2 / Richard Pascale, Jerry Sternin, and Monique Sternin, *The Power of Positive Deviance: How Unlikely Innovators Solve the World's Toughest Problems* (Boston, MA: Harvard Business Press, 2010).

机构 KMG 开始为那些打破传统的青年男女举办集体婚礼。有 2000 人参加了第一次的集体婚礼，其中 317 位没有按照传统方式实施割礼的年轻姑娘作为伴娘。在整个婚礼过程中，新娘和伴娘都带着标语，写着："我不要割礼，向我学习！"而新郎身上也带着标语："娶个没有实施割礼的女人，我很幸福。"感谢这个抗议活动，以及政府的支持，在埃塞俄比亚，年轻一代妈妈中还要给女儿实施割礼的比上一代减少了将近 80%。调查表明，支持实施割礼的人从 2000 年的 60% 减少到 2005 年的 31%，降低了一半。[1]

有趣的是，当社会活动家强调国际层面上更容易引人关注的健康问题时，有些父母却到从业医生那里寻找"更安全的女性割礼"。父母完全丢掉了社会活动家所关注的人权（不管是在塞内加尔还是在埃塞俄比亚）。

研究表明，父母之所以接受女性割礼是因为不这样做会给女孩及其家庭带来羞辱，并被社会所排斥。一旦觉察到另有可行的选项，并且认识到没有女性割礼社区会更美好，那么关于对孩子最好的做法是什么的基本规范就会发生变化，社区就会放弃这个有害的习俗。

---

1 / Alison Brysk, 'Changing Hearts and Minds: Sexual Politics and Human Rights', in *The Persistent Power of Human Rights: From Commitment to Compliance*, edited by Thomas Risse, Stephen Ropp, and Kathryn Sikkink（Cambridge: Cambridge University Press, 2013）.

反对女性割礼的运动为社会活动家提供了几点重要的启示：建立女孩和妇女，以及她们的家庭和朋友的内在权力非常重要；正向偏差和社会学习（眼见为实）具有重要价值；需要找到替代的价值，如女儿的健康；此外共同权力，也就是集体行动一如既往是很重要的。

结　论

为了验证这些意见，我们来思考一下当今最引人注目的气候变化议题的有关规范是如何转换的。开车或个人每年超量排放二氧化碳，这些是如何与吸烟和虐待儿童一样，变成了社会所不能接受的？科学研究和联合国磋商的结合可以影响公众对个人责任的理解，并对政府行动施压。从体育明星到知识分子，公众人物可以站出来做出承诺。国家领导者可以在法律法规、信息公开、推动学校对气候变化和环境责任的教育等方面做出回应。政府规章可以囊括能推动可再生能源技术突破的碳价事项。宗教团体可以强调现代管理和个人责任。2015年，气候变化议题出现了巨大的进展，这一年，发布了《教皇环境通谕》（*Papal Encyclical on the Environment*）[1]，伊斯兰

---

1 / Jimmy Akin，'Pope Francis's Environmental Encyclical：13 Things to Know and Share'，Catholic Answers website，18 June 2015，http：//www.catholic.com/blog/jimmy-akin/popefrancis%E2%80%99s-environmental-encyclical-13-things-to-know-and-share.

学者网络也强烈呼吁采取行动。[1]

所有这些都可以得到社会活动家组织的支持，这些组织采取了广泛的策略，包括对碳污染者提起诉讼，利用文化传播理念，以及像"我们可以"一样的人际传播网络。那些重大的天气事件提供了明显的和可以半明确预期的"关键节点"，这对公众和决策者都有较强的吸引力。宗教团体、企业家、学者、市民社会组织可以放弃独自前行的纯粹主义，组成更广泛的联盟。到目前为止，纯粹主义是有害的。

有些牵强附会吗？这里比较清楚地描述了那些重要的规范在一般情况下是如何改变的。任何一位希望推动变革的人都要关注规范是通过什么途径建立起来的，以及随着时间如何进化。抗议者和游说者往往只关注那些有形的东西，如法律、政策、支付承诺、关于各种事务的公开声明等。这是可以理解的，我们希望清楚地测量我们的影响（并因此证明我们的有效性），对有关权利和规范的空谈感到失望，或对规范变迁的缓慢感到不耐烦，我们被这些希望、失望和不耐烦所驱动。不管是什么原因，忽视"不可见权力"是一个巨大的错误。我们现在仍然可以集中在那些看得见摸得着的沟通和抗议上，但是我们必须把规范放到我们深入理解变迁何以发生的核

---

1 / The Economist, 'Islam and ecology: In almost perfect harmony', http://www.economist.com/blogs/erasmus/2015/08/islam-and-ecology.

心。我们所促成的规范变革很可能是我们这些社会活动家最重要的遗产。

扩展阅读：

P. Ariès, *Centuries of Childhood: A Social History of Family Life*（New York: Random House USA, 1965）.

A. Betts and P. Orchard, *Implementation and World Politics: How International Norms Change Practice*（Oxford: Oxford University Press, 2014）.

J.W.Busby, 'Bono Made Jesse Helms Cry: Jubilee 2000, Debt Relief, and Moral Action in *International Politics*', *International Studies Quarterly*, vol. 51（2007）: 247 – 75.

J.W.Busby, *Moral Movements and Foreign Policy*（Cambridge: Cambridge University Press, 2010）.

T.Risse, S. Ropp, and K. Sikkink（eds.）, *The Persistent Power of Human Rights: From Commitment to Compliance*（Cambridge: Cambridge University Press, 2013）.

案例研究：玻利维亚的齐卡塔诺斯

2007 年 7 月 3 日，经过 12 年持续不断且经常挫败的斗争，差不多有 9000 人的齐卡塔诺斯族赢得了圣克鲁斯东部蒙特韦尔德（Monteverde）100 万公顷（240 万英亩）土著保护区的合法权利。该国家第一任土著总统埃沃·莫拉莱斯（Evo Morales）携几位部长出席了庆祝仪式。从齐卡塔诺斯人中共产生了 3 位民选的市长，10 位地方议员（6 位女性，4 位男性），1 位参议员，1 位众议员和 2 位人民代表大会成员。

这种事情在一个代际之前是不可思议的。直到 1980 年代，齐卡塔诺斯人还生活在类似封建制度之下，他们必须无偿地为地方首领、地主、教堂工作，而且不允许拥有土地。用齐卡塔诺斯的社会活动家杰若尼玛·曲韦曲韦（Jeronima Quiviquivi）的话说，[1]"我父亲从来不知道我们的权利，我们只是按照白人的指令去做。只有他们才能掌权，才能做总统。我们甚至不能到城镇中心，人们骂我们。但是后来我们建立我们自己的组织并选举我们自己的领导，这个时候我们才认识到我们有权利"。[2]

为了验证权力与系统方法，让我们来分析一下这一变革是如何产生的。

系统、权力和规范 这一变革的发生是更广泛变革的其中一部分，包括当地本土族群认同的进化、玻利维亚政治和经济的发展。在 1980 年代，受齐卡塔诺斯语的电台广播的激发，齐卡塔诺斯人第一次对自己作为本土族群产生认同。本土族群认同开始取代 1952 年革命后由国家主义形塑的基于阶级的农民认同。

"内在权力"一旦产生，很快导致了以文化协会为表现的"共同权力"的产生，后者很快获得了明确的政治地位。齐卡塔诺斯本土组织（OICH）代表了 450 多个社区。正像一个老年妇女所表达的，"我们只是在不久之前

1 / Author interview 2008, quoted in Duncan Green, *From Poverty to Power* (Oxford: Oxfam International, 2008).

2 / Sources: Eduardo Caceres (2007) 'Territories and Citizenship, the revolution of the Chiquitanos', input paper for Oxfam; Diakonia, La Paz (2006) Género, etnicidad y participación política; García Linera. For a short chronology of the Original Community Territory legal process up to 2001, see *Artículo Primero*, vol. V, no.19 (2001): pp. 37–41.

才开始称呼自己是齐卡塔诺斯印第安人……我们的长相相似，我们所有人被别人统治……直到不久之前他们还称我们为坎巴斯（cambas）或农民"。

1980 年代的政策结构调整意料之外地推动了齐卡塔诺斯运动的迅速兴起。政策结构调整彻底逆转了过去 30 年国家干预和人权改善状况，因而激起了整个玻利维亚的抗议活动。来自高地的下岗矿工遍布全国，他们建立新的组织，传播其行动和抗议的惯例。1990 年代，在强硬的"华盛顿共识"的政策框架内也出现了一些非正统的措施，包括一部鼓励和支持参与地方政府的新的法律、不断加速的农政改革，所有这些都促进了本土运动的爆发。

齐卡塔诺斯的重新被认识和对本土认同的庆祝使他们参与到整个大陆的联盟中，一起抗议庆祝克里斯托弗·哥伦布到达美洲 500 周年的活动。[1] 本土意识的兴起反映在 1994 年修改的宪法中，这部宪法将国家重新定义为"众多族群和多元文化的"。

随着 2005 年选举埃沃·莫拉莱斯为玻利维亚第一位本土总统，事情发生了根本性转折。包括齐卡塔诺斯人在内的玻利维亚本土族群的命运发生了巨大的变化。许多微小的"关键时刻"促成了群众运动，包括在首都拉巴斯举行的一连串的游行。直到有一天，抗议者强行进

---

1 / Phillip Wearne, *Return of the Indian: Conquest and Revival in the Americas* (Philadelphia, PA: Temple University Press, 1996).

入了市长办公室，发现文件显示玻利维亚早已经禁止了强制劳动，但是齐卡塔诺斯人至今仍然在承担这些义务。他们的结论是什么呢？当然是我们需要自己的市长。

另外的两个因素也为变革铺平了道路。首先，从1980年代末往后发现的大量天然气，促成了一个共识——这个国家正迈入历史机遇期；其次，这个国家本土族群的历史记忆使他们可以从深厚的认同和反抗的传统中汲取力量。

正式的政治 2003 年 10 月，桑切斯·德洛萨德（Sánchez de Lozada）总统被推翻以后，身份证件更容易获得，独立于传统政党之外的候选资格也被允许，这使得本土族群在 2005 年的城市选举中取得重大收获。因为埃沃·莫拉莱斯的社会主义运动党（MAS）在基层并不知名（基层主要是被人数更多的高地本土族群所控制），因此社会活动家作为齐卡塔诺斯本土组织（OICH）的候选人参加选举。

法律 除了游行和抗议之外，齐卡塔诺斯人还尝试在体制内部做工作，尽管对手不择手段并拖延判决，但是他们坚持采取法律程序。1995 年 1 月，齐卡塔诺斯人第一次在"社区原初领域"这样一个新的概念下提出对蒙特韦尔德的权属法律诉求。一年半以后，第二次本土人的游行使议会对这个概念有了认识。接下来冗长的法律程序持续了多年，不断地前进倒退，但是他们铺平了道路，从而使他们领地诉求最终得到了法律的承认。

国际制度 国际劳工组织对于本土认同的提高发挥了

重要作用，并且也成为齐卡塔诺斯运动的一个诉讼渠道。

私营部门　当地私营部门，特别是地主和林业公司，构成了土地改革的主要反对方，但是最终也不能阻止齐卡塔诺斯运动的前进。

变革动力　这场戏剧的主角当然是齐卡塔诺斯人。在其他社会运动的指引下，低地族群在 1990 年组织了向首都拉巴斯的游行，正像一个参加游行的人所说，游行"表明东部本土族群的存在"。不管是在字面上还是在政治领域，本土族群都在行动。

联盟　转折点发生在齐卡塔诺斯人决定与人数众多的玻利维亚高地印第安人联合。"我们遇到了高地的领袖，"现在已经成为参议员的齐卡塔诺斯族领袖卡洛斯·高萨斯（Carlos Cuasase）回忆说，"我们当时说：'你看，兄弟，我们有共同的问题和共同的需求。'我们的一致意见是我们不能只依赖（法律国有化）石油资源，而要同时保护高地和低地本土族群的权利。"[1] 罗马天主教会在关于社会正义议题上产生了分裂，一派是传统主义者（"穷人是有福的，因为神的国是他们的"）；另外一派则是地方神父中一批比较激进的自由主义教士，他们也成为齐卡塔诺斯人的重要联盟。

乐施会的角色　齐卡塔诺斯运动是一个高度"内生"

---

1 / Eduardo Caceres（2007）'Territories and Citizenship, the revolution of the Chiquitanos', input paper for Oxfam.

的运动，外来的支持者，如 NGOs，所发挥的作用很小。其中发挥了一点作用的就是乐施会。乐施会提供了少量的资金支持，幸运的是当地的乐施会工作人员用富有创造力的方式绕开了乐施会内部的官僚体制。当一位评估专家询问我们所资助的"流动研讨会"是什么的时候，那位腼腆的项目官员承认，实际上是支持了前往首都的游行。在我看来这的确是个流动的研讨会。

第二部分　**制度及历史的重要性**

　　制度既是变革过程的客体，也是变革过程的主体。大部分社会活动家或从属于这些制度，或与之结成联盟，或寻求影响这些制度，在接下来的五章中，我将运用体制、权力、规范的概念框架来深入分析这些制度。

　　寻求变革的人常常缺乏耐性，一心想解决社会上出现的各种问题。援引一位杰出的社会活动家的话，这些人被"当下的极度紧迫感"所困扰。[1]从"当下"的角度而言，制度看似一成不变；但事实上，这些制度往往依靠这种一成不变的表象来维持自己的威信。然而，"当下"仅仅是历史长河中的片刻，而历史告诉我们，当下的状况远非看起来那样一成不变。的确，制度拥有一种内在的保守性，但其正常的运作本身便会引发社会发生各种改变，而这些改变具有积极或消极的作用，随着时间的推移，让这些制度或是不断进步，或是衰败灭亡。

1 / Martin Luther King, Jr. 'I Have a Dream', 28 August, 1963.

　　回顾历史能帮助我们更好地质疑我们原本认为理所当然的这个世界，帮助我们理解那些形成制度的长期趋势。通过了解当今世界是如何构建的，我们能够更加客观地看待世界是如何发生改变的。最近，我把亚当·霍赫希尔德（Adam Hochschild）的一本关于废奴运动历史的书《把枷锁埋葬》（*Bury the Chains*）[1] 借给了我的儿子芬利阅读。芬利发现这本书具有很大的启发性，这让我更加确信，这是一本值得每位社会活动者阅读的书。"气候变化、收入不公和贫困之于我们，犹如奴隶制度之于奴隶——这种客观存在广泛盛行、难以改变。然而，即便是社会这台大型机械中的小零件，在受到各种意外的不可控因素的推动后，也能够产生影响。因此，尽管我们很难看到运用什么样的方式才能减少社会不公这类现象，但我们要谨记，世上的事前人都已做过，并不新鲜。"芬利开始以不同的方式看待一切，无论是在大街上从身旁经过的形形色色的人们（不管白人还是有色人种），还是社会活动家行动的目的和影响。

　　回顾历史能使我们对前辈所做出的个人牺牲以及他们在运动中表现出的智慧深表尊敬。地球之友（Friends of the Earth）正在英国举办一场别开生面的历史学家与

---

1 / Adam Hochschild, *Bury the Chains*: *The British Struggle to Abolish Slavery*（London: Pan Macmillan, 2012）.

抗议者的交流会，以此向过去的社会活动家学习。[1] 我惊讶地发现，宪章运动者（19世纪民主抗议者）曾经递交的请愿书，铺开后长达六英里，在没有任何社会媒体参与的情况下，竟有三分之一的英国民众在上签名。

回顾历史能给予我们智慧上的启发，从而挑战当下狭义上的正统观念。20世纪90年代，我第一次参加国际贸易运动时，出现的那种犹如"灵光一闪"的灵感，至今仍记忆犹新。这一灵感源自于韩国经济学家张夏准（Ha-Joon Chang）写的《富国的伪善》（*Kicking Away the Ladder*）这本历史书籍。张夏准在书中指出，富国当时试图迫使贫国接受的快速自由化政策，与富国自己腾飞发展期间所采用的政策完全相反。富国过去采用保护主义建立起各种产业，直到后来才开放了自己的市场；但反观现在，这些富国却试图迫使贫国直接开放自己的市场。

这种双重标准令人咋舌，而张夏准这本书具有深远的影响。我在世界贸易组织日内瓦总部看到，他对历史的简明介绍如何让发展中国家的政府和社会活动家们更加坚定地抵抗富国的施压，如何在自由主义者的思想里

---

1 / Duncan Green, 'What can today's activists learn from the history of campaigning?', From Poverty to Power blog, 26 November 2015, http://oxfamblogs.org/fp2p/what-can-todays-activists-learn-from-the-history-of-campaigning/.

种下无可非议的怀疑的种子。

从系统的角度而言，回顾历史可以让我们看到，不同的制度如何出现并演变，形成了我们今天所看到的社会结构、社会文化和社会习俗；回顾历史还帮助我们洞悉如何主动影响这些制度。因为制度的形成所走的道路不尽相同，回顾历史还能激发我们以合理的方式接受多元主义。

回顾历史为我们提供了一种时间上的正向偏差：从历史的角度看待某一特定问题，我们可以获得新见解和新观点。我下一步发起的一个项目，将考察再分配的政治和政策，这些政治和政策让数十个国家在过去的十年或更长时间内成功减少了不公平的现象。[1]社会不公的现象越来越受到社会活动家和决策者们的关切，就好似开裂的煤层值得好好挖掘一番。

回顾历史能激发我们的求知欲，同时让我们更加谦逊，高傲自大有时会助长社会活动家的妄想，而谦逊正是治愈高傲自大的一剂良药。回顾历史提醒着我们，社会活动家自觉付出的努力往往不如偶然的、政治和经济的变化，以及"不寻常的时点"带来的影响深刻。

历史给予我们的教训并非全是积极的。冲突和战争在推动变革时所扮演的核心角色常常令我沮丧不已。幸

1 / http://oxfamblogs.org/fp2p/what-do-we-know-about-the-politics-of-reducing-inequality-not-much-its-time-to-nd-out/.

运的是，历史不是一件束身衣，不具有约束性。随着时代的改变，制度也在发生着变迁。与气候变化等新的风险一样，诸如技术、女权和教育普及等新因素的出现以及气候变化等带来的新威胁恰似晃动了权力的万花筒，令其千变万化，同时也释放了无限可能。历史是激发我们想象的驱动力。

接下来的五个章节中，我将运用权力与系统方法探讨历史演变，以及国家、法律机器、政党、国际体系、跨国公司当前所扮演的角色。我认为这些机构在推动变革发生的过程中具有举足轻重的作用。

第四章　国家如何演变

2015 年，我与一位来自太平洋岛国的工厂主管有过一次谈话，他表示自己已经受够了，希望我不提及他的真实姓名，对此我深表理解。他是一位精明干练的工程师，一心想着为自己的国家建造急需的公路；然而，他不得不与贪污成风的政治体系做斗争。从他的话中可以明显感受到他的挫折感。

在一个成熟的体系下，一切都井然有序——各种规则、各种流程。但在这里，竞争环境会始终处于变化之中。发展在这里就是政治。我们知道自己想要的发展方向，也就是 2020 年愿景。但我们的政府对权力极度渴望，政治家们长期占据官位。因此我的工厂被迫搬迁过、停产过，被驱逐过，还被点名警告过。我们原本在一个岛屿上有一个成本效益不错的道路修建项目。然后一位新的国家部长走马上任，而他手下的一位顾问正是来自这个岛屿，这位部长许下承诺，表示希望花费高昂费用修建一条道路。我告诉他这是不可能的。之后我被告知，"我是国家部长，我说话算话，我要你下午 5 点前滚出这里。"

这位主管最后熬了过来，他是那些身处社会发展过程中名不见经传的英雄的典型代表。这些英雄们是人们的公仆，面对种种障碍仍迎难而上，因为他们的作用如此之大——他们所工作服务的机构将会塑造人们的命运和未来。这些机构就是国家。

德国哲学家格奥尔格·威廉·弗里德里希·黑格尔（GWF Hegal）这样描述国家，他说"在上帝通过世界的进程中，国家的存在是必要的。"[1] 我怀疑这位备受挫折的太平洋岛屿上的工程师是否会同意国家的神圣起源，但的确国家或多或少地确保了健康、教育、饮水、卫生的供给；国家确保了人们的权利、安全、法规、社会经济的稳定；国家可以对个人和团体之间不可避免的冲突进行调节；国家促进了经济的规范、发展和升级；国家可以组织防守，保卫国家领土。更不易看到的是，国家是

---

1 / Shlomo Avineri, *Hegel's Theory of the Modern State*（New York: Cambridge University Press, 1974）, p. 176.

身份的基本来源——无论是好还是坏，民族主义和国家的崛起是同时发生的。

我自己对国家的看法也经过一个演变的历程，从一开始的冷漠到抱有敌意，然后再到钦佩。我在 20 世纪 70 年代的英国长大，身处一个遭受经济停滞、通货膨胀、行业动荡、历史性衰退的国家。一切令人兴奋不已的运动（反核抗议，不断高涨的环保和女权运动，朋克的无政府主义运动）都是通过非政府渠道发生的。当时的国家让人感到百无聊赖，我却认为是理所当然。我在 20 世纪 80 年代早期的智利和阿根廷看到了国家更加让人失望的一面：勋章满身、佩戴太阳镜的独裁者，以及在亲人逝去的地方久久徘徊而不能节哀的朋友们。在当时的拉丁美洲，乔治·奥威尔（George Orwell）在冷战爆发时写的《1984》再次受到人们的热捧，这本书的反乌托邦愿景将"老大哥国家"描述成为"永远践踏人类尊严的靴子"。[1]

20 世纪 80 年代后期，我移居到了尼加拉瓜，那时桑地诺革命（Sandinista Revolution）还未失去往日的光环。我看到了一个发展中国家在社会自由和经济自由方面取得的巨大进步。随后在 20 世纪 80~90 年代，拉丁美洲陷入了债务危机，并颁布了各项构想拙劣的市场自由化改革方案，而这个地区的经济停滞与同时发生的由

---

1 / George Orwell, *Nineteen Eighty-Four*（London: Secker and Warburg, 1949）.

国家推动的"亚洲奇迹"（Asian Miracle）形成了鲜明对比，让我深感震惊。与张夏准的合作更加让我坚信国家在发展中所扮演的积极角色。[1]马修·洛克伍德（Matthew Lockwood）写的一本关于非洲国家[2]的书让我确信，非洲所面对的各种问题，其根源在于非洲各个国家政府的软弱，而并非当时全球社会活动家所指责的国际体系。那时，我正专注于撰写我的《从贫困到权力》（*From Poverty to Power*）一书，我在书中把"高效的国家"描述为发展的中心支柱。

　　国家可能无处不在，但也远非静止不变。始终处于动态过程的冲突和谈判塑造了国家的发展轨迹和历史责任，权力的变迁决定了什么会发生改变，什么不会发生改变。社会活动家需要透过国家的表象，把国家理解成为各种复杂体系，而这种体系可能受到其他因素的影响。国家变革的发展态势体现出第一章中所讨论的系统的特点：平稳的改变与因重要人物和事件引发的不可预测的突变相结合。国家也同样存在惯性：思想、制度以及利益相互交织，阻碍着进步的发生，同时驱使意图善良的

---

1 / Duncan Green and Ha-Joon Chang, 'The Northern WTO Agenda on Investment: Do As We Say, Not As We Did', *South Centre*, 2003, www.ids.ac.uk/idspublication/the-northern-wto-agenda-on-investment-do-as-we-say-not-as-we-did.

2 / Matthew Lockwood, *The State They're in: An Agenda for International Action on Poverty in Africa*（London: ITDG Publishing, 2005）.

国家公务人员背离自己的初衷。

2005 年前后，我在英国政府的一个发展部门供职过很短一段时间。对于一位来自非政府组织的社会活动者而言，一个从外表看来单一而庞大的政府机构，实际分解成了很多部门和重要官员，他们组成了英国政府的庞大系统，并且每个部门都有自己的传统、行话和简称（有很多首字母缩略语）。权力就在这个系统里无休止地争论着，每个人运用各个地方的社会活动家一贯使用的策略——比如联合、寻找拥护者、抓住重要节点等策略，在这个系统里就自己偏爱的政策和预算进行游说。

政府官员，尤其是"满大人"（高级公务员），从不被人注意到以位高权重的角色出现在世人面前，甚至比他们之上的掌权政治人物显得更加地位稳固。英国讽刺性电视剧《是，大臣》(*Yes，Minister*)（据我所知，法国政府官员通过此剧了解英国政府官员的行事方式）之所以经久不衰、广受观众喜爱，是因为大家喜欢观看性格文雅的汉弗莱爵士（Sir Humphrey）的表演，他的能力远远高于他那倒霉的顶头上司。除了英国中央政府外，同样的情况还发生在英国其他层级的政府部门，直至在一些地方议会都会发现这种情况。

国家主要通过批准并实施法律、法规、政策，调整税收和支出，控制对规范和信仰产生影响的公共舆论，来影响民众的生活。国家最基本的角色是确保公民的人身安全，保护公民免受灾难，防止霍布斯（Hobbes）

所谓的"一切人反对一切人的战争"[1]的发生，在这种战争中，公民受到那些手持武器、心怀怨恨之人的摆布。从历史角度来看，正如奥威尔所描述的，国家这一角色是一把双刃剑。在 20 世纪，大约 1.7 亿人口遭到自己政府的屠杀，这是在国家之间发生的战争中死亡人数的四倍。[2] 这一情况如今看起来截然不同，人们遭受的最严重的剥夺和最大的痛苦往往与国家的软弱或缺失紧密相连。

意志自由和行动自由的获取需要收入和安全。国家帮助创造工作机会，规范并发展经济，实现全面增长，从而让人们从饥饿中解放出来，让人们学习知识和技能，拥有表达意见的权力，并获得工作机会，尤其是确保人们能够获得优质的健康保护、教育、饮用水、卫生设施，以及一些社会保护措施。

从政治层面来看，国家通过直接方式（比如选举权、享有司法公平权），并通过创造一个有利环境，比如通过对信息获取、媒体独立进行立法，或通过非集权化及其他参与式的管理改革，来确保被排斥的贫困群体拥有权利和发言权。

当然，国家理论上应该做的与他们实际上所做的存

---

1 / Thomas Hobbes，*De Cive*，1641，chapter 1，para 13.

2 / Geoff Mulgan，Good and Bad Power：*The Ideals and Betrayals of Government*（London：Allen Lane，2006）.

在着很大的差距。有些读者会觉得以上几段的描述简直太过天真了，因为他们根据自己的经历，认为国家是为精英们服务的工具，而并非为进步分子服务。国家怀疑论者对非国家机构在提供体面生活必需品方面所扮演的重要角色大加称赞。发展经济学家保罗·科利尔（Paul Collier）甚至赞成海地这样国家设立的"独立服务机构"，对于被认为腐败、无能、无可救药的国家却故意避之不谈。当我问起保罗，他的退出策略是什么——这些服务机构最终如何把权力交还给当选政府官员的时候，保罗没有给出答复。[1] 我认为，没有什么机构能够替代运转有效并有责任心的政府，而我们在短期内不管做什么都应当朝着有助于实现这个目标而努力。建立平行的竞争体系看似会破坏这一目标的实现进程。

把国家理解成系统而不是理解成一个单一政治机构，有助于我们避免把国家粗暴地定义为"成功"或"失败"。国家随时间的推移而出现，并且在与众多非国家机构和个体的互动中逐渐演变。对于寻求推动变革的社会活动家们而言，至关重要的正是这些互动。

---

1 / Duncan Green, 'Paul Collier on Post Conict Reconstruction, Independent Service Authorities, How to Manage Natural Resources and the Hidden Logic of the G20 London Summit', From Poverty to Power blog, 29 June 2009, http://oxfamblogs.org/fp2p/paul-collier-on-post-conict-reconstruction-independent-service-authorities-how-to-manage-natural-resources-and-the-hidden-logic-of-the-g20-london-summit/.

国家如何演变

从进化的角度而言，国家是家庭和血缘关系近期扩展的结果，而家庭和血缘关系自智人于十万年前在非洲出现后便成为人类社会的基本构成部分。中国是第一个在公元前 3 世纪以统一的、任人唯才的官僚体系形式创建现代国家的国度。相比而言，欧洲的现代国家直到两千年以后才出现，长达两个世纪的战争将欧洲的约 500 个政治实体削减为数十个民族国家。[1]

国家兴衰起伏，社会制度的长久惰性被各种危机和突变所打断。然而，随着时间的推移，国家在职责和大小上不断扩充。曾经只负责征兵入伍、收取税赋的国家，现在寻求影响民众生活的方方面面。1880 年，英国和美国的政府支出仅仅是 GDP 的 10%；[2] 到 2013 年，英国和美国的政府支出分别是 GDP 的 45% 和 39%。[3] 随着经济的发展，国家的政府支出往往不断增长：2012 年，低收入国家政府支出仅为 GDP 的 16.5%，而欧洲国家的政府

---

1 / Francis Fukuyama，*The Origins of Political Order: From Prehuman Times to the French Revolution*（New York：Farrar，Straus and Giroux，2011），p. 19 and p. 328.

2 / Ha-Joon Chang，*Economics：The User's Guide*（London：Pelican，2014）.

3 / Organisation for Economic Co-operation and Development（OECD），'General Government Spending'，https：//data.oecd.org/gga/general-government-spending.htm.

支出则是 38.3%，此外，低收入国家的 GDP 要远远低于欧洲国家。[1]

弗朗西斯·福山（Francis Fukuyama）在他的国家历史巨著中声称，[2]"现代政治的奇迹"源于它在三大支柱——有效的中央集权政府（行政机关）、法治（法院），以及问责机制（民选政府和议会监督）——之间实现了一种脆弱的平衡状态。按照这一框架，我将在本章就中央集权政府展开讨论，并在其后的章节中讨论法律机器和问责机制。

在这三大因素之间实现平衡可以说是一个奇迹，因为这三大因素常常相互冲突，处于矛盾状态。中央政府往往寻求权力的最大化，而法院和议会是为了限制权力。即使三者之间达成平衡，也很难持续：社会往往与游说者和既得利益者（"潜在权力"）相抗衡，而他们具有买通和影响决策者的能力。很多采用内部策略的社会活动家，即使他们获得的资金支持较少且目的不一，也会运用很多相同的策略来设法影响国家。

---

1 / Central Government Finances, 'Expense', *World Development Indicators* 2015.

2 / Francis Fukuyama, *The Origins of Political Order: From Prehuman Times to the French Revolution* (New York: Farrar, Straus and Giroux, 2011). Francis Fukuyama, *Political Order and Political Decay: From the Industrial Revolution to the Globalization of Democracy* (New York: Farrar, Straus and Giroux, 2014).

福山声称，19 世纪的英国是第一个在这三个因素之间实现平衡的国家。他还在美国的历史中寻到了慰藉。19 世纪的美国，官官相护，腐败成风，令人难以置信，然而仅仅在第二次世界大战前的 50 年间，美国政府就成功转变为运转相对有效的行政系统。

相继的欧洲殖民浪潮对当今的发展中国家的演变造成了决定性的影响。英国、法国、西班牙、荷兰，以及其他欧洲国家一度接管现存国家，或者在不存在国家的地方建立新的国家。西班牙人在拉丁美洲发现，阿兹特克和印加文明那种尚武的帝国主义结构与自己国家的社会结构区别不大，并将这一帝国主义结构用于统治被征服的臣民，最终遗留下来一个等级分明、反应迟钝的行政系统。

亚洲殖民地的财富和贸易为大英帝国的缔造和英国工业化的成功提供了经济保障。而在印度或新加坡这些利润丰厚的亚洲殖民地，殖民国家投入了大量财力打造国家军队和行政机关以服务于自己的目的，因此一些制度在这些殖民地获得独立后仍遗留了下来。中国和东亚一些强国遗留下来的制度从欧洲的侵略中幸存下来，并为殖民地独立后的重建提供了基础。然而，非洲是另一番景象：奴隶贩卖掠夺了非洲人口，而这无须任何国家制度。除南非以外，非洲大陆看似未能给殖民国家提供任何财富，但给殖民国家带来无尽的难题。因此，欧洲人选择只用少数移民和简单的制度对其进行间接统治。在当今世界上，最不发达的国家要么缺乏本土建立的强大的国家制度，要么搬用了移民者建立的国家制度。[1]

现代国家经历了数世纪曲折和血腥的历程才演变成今天的景象，而这些曲折和血腥在当今援助者所推崇的由技术型专家"建国"的古板世界中是不存在的。驱动力作为复杂体系演变的典型特征，属于一种渐变，时不时被突然的巨变所打断。从历史角度来看，战争是推进国家演变的重大因素之一，援引社会历史学家查尔斯·蒂利（Charles Tilly）的话，"战争造就了国家，而国家又引起了战争"。[2] 第一个真正意义上的国家是在中国无数个战场上的杀戮中形成的，类似的大屠杀造就了现代的欧洲国家以及全球范围内很多的国家。

战争对人类的存在造成了威胁，迫使社会精英们共同努力，乐于接受战争对自身个人权利的限制，并欣然拥抱改变。战争促进了税收制度的建立和扩展，进而要求国家的政府机构对收入进行征税和管理。这为公民和国家在安全的基础上签订社会契约奠定了基础：公民出力成为士兵，国家出钱作为报酬为公民提供保护。正如第一章所述，20 世纪的两次世界大战大大地扩大了公民

---

1 / Francis Fukuyama, *Political Order and Political Decay*: *From the Industrial Revolution to the Globalization of Democracy*（New York：Farrar, Straus and Giroux, 2014）, p. 33.

2 / Charles Tilly, *Oercion*, *Capital*, *and European States*, *AD* 990—1990（Oxford and Cam-bridge, MA: Basil Blackwell, 1990）, p. 54.

和国家对彼此履行的义务。

战争（或者战争造成的威胁）是"关键时刻"的最好例证，像战争这类的重大事件还包括金融危机和瘟疫（比如 14 世纪横扫欧洲的黑死病）。另外一种关键时刻是"资源供给冲击"，这种关键时刻有时会引起人们的疯狂抢购（比如在尼日利亚发现石油、天然气），有时会引起一段时间的繁荣昌盛（比如博茨瓦纳盛产钻石），有时则会引起过度支出、负债累累，甚至金融危机（就好像加纳在最近发现石油后发生的景象）。

每一次资源供给冲击都加速了国家结构和国家运行机制的改变，这证明了此类事件在引起变革运动方面起着的关键性作用。关键时刻是变革发生的催化剂，不仅会改变那些维护政治秩序的国家联盟和效忠对象，还会改变一切规范准则，从国家在提供社会福利所扮演的角色，到女性或非裔美国人的权力（这两个群体受到第二次世界大战的深刻影响）。社会活动家为支持对金融交易征收托宾税（Tobin Tax）而发起的运动，历时 30 年之久仍未成功，但终于在 2008 年发生全球经济危机之后取得成果。这一事例将在第十一章中进行探讨。

那些比战争时间更长、进展更加缓慢的事件也会对国家的演变造成压力。经济增长会产生新的权力极。经济增长让新进入者成为行业精英，他们进而要求优惠政策；经济增长为新的社会运动奠定基础，中产阶级通过这些社会运动要求公民权利和言论自由，而工会和城市贫民窟居民通过这些社会运动争取更完善的国家福利以及更公平的财富分配。社会活动家需要从进展缓慢的事件中跳出来,参与到这些新的社会运动中,同时对这些社会运动保持警觉,为迎接随时出现的突破性进展做好准备。

近年来,那些具有强大影响力和凝聚力的非暴力公民联盟,用一系列行动和勇气证明了自己在政治过渡时期的重要性,而政治过渡是国家发生改变的前兆。自 20 世纪 80 年代起,一波又一波的公民社团抗议活动相继发生,对拉丁美洲军事政府的倒台、东欧和中亚独裁政权的垮塌、菲律宾和印度尼西亚独裁者的罢黜、南非种族隔离的终结,以及"阿拉伯之春"的爆发,都起到了推波助澜的作用。发起联合抵制、举行群众性抗议和罢工、实行封锁、进行非暴力反抗等,都是社会活动家可以运用的有效策略。

即使那些遭受压迫最为深重的国家也不可能长期漠视这些运动。孔子答子贡问政时曰:足食,足兵,民信,于斯三者必不得已而去,可去兵,去食,唯民信不可去。即使那些非民选政府也需要一定程度的民信来开展日常工作。如果失去民信,逃避法律和违反法律的现象则更会频频发生,税款征收更是难上加难,信息搜集也会困难重重。当公民认同国家具有权力对自己进行统治时,这种"合法性"的核心就在于统治者和被统治者之间的社会契约。[1] 国家希望保持或重获这种合法性,这就为社

---

1 / Claire Mcloughlin,'State Legitimacy',DLP Concept Brief 02(转下页注)

会活动家们提供了很多推动改变的途径，即使在封闭的政治体系中也是如此。

在利比里亚，数年根深蒂固的腐败现象深深侵蚀着公民的信任，以至政府针对埃博拉病毒致命性的传播发布的恐怖警报，都被民众看作为了博得国际社会的捐赠。[1]当然，腐败和政治体系的僵化不仅仅发生在发展中国家。弗朗西斯·福山慷慨激昂地谴责当今美国的"否决制"（vetocracy）因既得利益阶层的干预而几近瘫痪，并以此表达了国家历史走向终结的观点。这种由内而外的溃烂，就好像地壳内部的压力不断积累然后爆发地震。

当然，每一次"阿拉伯之春"常常伴随着"阿拉伯之冬"的发生，因为凝聚力和瓦解力在相互博弈，并最终一决雌雄。系统处于不断变化之中，而变革又具有明显的非线性特征。政治学家乔纳森·福克斯（Jonathan Fox）通过对几个墨西哥城市的观察，发现国家政策是经过一轮轮的冲突和合作而不断演变的。冲突爆发之后，

（转上页注1）（Birmingham: Developmental Leadership Program, 2014），http://publications.dlprog.org/Statelegit.pdf.

1 / Ashoka Mukpo, 'Ebola Terried Us a Year Ago. What Did It Teach Us About West Africa?', Monkey Cage blog, *The Washington Post*, 7 August 2015, www.washingtonpost. com/blogs/monkey-cage/wp/2015/08/07/ebolas-rapid-spread-terried-us-a-year-ago-what-did-it-teach-us-about-west-africa/.

都会有更加进步的当地政府官员与那些更容易接近的抗议运动领袖们进行洽谈，随后一轮改革也就接踵而至。当这一轮改革失去前进动力的时候，或者新的问题开始滋生之时，冲突再次爆发，新一轮的改革会重新开始。[1]另一位政治学家西德尼·塔罗（Sidney Tarrow）也发现，在过去的两个世纪里，类似的反复也在欧洲发生：政府先采取镇压，在取得局部胜利后实行变革，然后撤离军队，之后这种历史重新上演。[2]

我常常使用这种理论模式，因为这种模式巧妙地解释了为什么斗争会在冲突和合作之间来回转换。这种模式也充分体现了，虽然抗议运动和冲突更容易引起我们的关注，但大多数的政治变革是闭门之后交易的结果，而这些交易是为了适应改变，避免大规模暴乱。这种"政治和解"结束了南非的种族隔离，让南非转变成一个不分种族的民主国家，它包含了主要政治力量、强大的经济利益、工人运动和公民社团之间达成的一系列协定、交易和协议。这种交易有时彰显着权力，有时暗含着权力，社会活动家需要保持清醒，了解自己的影响力，同时还需要参与其中，在关键时刻接触决策者，即使决

---

1 / Jonathan Fox, *Accountability Politics: Power and Voice in Rural Mexico* (New York: Oxford University Press Inc., 2007).

2 / Sidney Tarrow, *Power in Movement: Social Movements and Contentious Politics*, 2nd edition (Cambridge: Cambridge University Press, 1998).

策在秘密中进行也应如此。以这种方式参与其中，会招致把反民主或非透明进程合法化的指责，但如果拒绝参与则会失去很多机会。这一问题在采用"内部策略"和"外部策略"的社会活动家之间引发了很多争论，我将在第十一章中进行讨论。

当今的发展中国家

几乎在所有的发展中国家，古老的传统政治体系与欧洲殖民者强制建立的现代政治体系相互作用，相互影响。每一个国家都具有自己的独特性，试图对国家进行分类必然会不尽人意。对于一些特殊国家，仅在一个框中对其进行分类是不够的，因为随着时间的推移，它们的类别也在来回变化。此外，一个国家存在着各种各样的因素，它们以不同的方式发挥着作用。即使如此，我发现，把当今的发展中国家分为三大类别——发展型国家，世袭制国家、脆弱型／饱受冲突型国家——还是大有益处的。

发展型国家拥有一套有效的中央集权式国家机器，主要是为了推动经济的发展。很多这样的发展型国家在欧洲殖民者接管之前，就拥有了自己的国家机构和制度。过去的五十年间，韩国、新加坡、马来西亚等发展型国家在经济增长和消除贫困方面取得了巨大进步。张夏准曾说，对于一位发展经济学家而言，成长在 20 世纪 60 年代的韩国，就好似一位物理学家身处宇宙大爆炸时代。

"亚洲四小龙"非常接近德国社会学家马克斯·韦伯提出的关于国家或地区的经典描述，即高效的、任人唯才的政府行政机关能够摆脱既得利益集团的控制，能够在持续发展的进程中引领国家经济实现增长。一些观察家把博茨瓦纳、卢旺达、埃塞俄比亚、智利这些国家归入这一类别。

这一类别的国家也表现出一个问题。尽管援助机构对发展型国家成功地使自己的人民摆脱贫困表示称赞，但人权倡导者谴责这些国家压迫反对势力，限制言论自由。根据阿玛蒂亚·森的定义，发展型国家仅仅为一些人提供了"行为自由和意志自由"，而对其他人进行强力压制。

在人们开始呼吁一位坚强的领导者颁布命令、实现发展之前，我们应该铭记，尽管一些独裁国家属于发展型国家，但大多数这样的国家则不属于这一类别。如果对各个国家进行对比，我们就会发现，一般而言，独裁统治看起来在促进发展方面没有优势（或劣势）。独裁统治的确解释了部分国家成功发展的原因，但独裁统治也让一些国家遭受了无尽的惨败。我目睹了20世纪80年代拉丁美洲在军事统治下所遭受的恶性通货膨胀，以及随之而来的对人权的严重践踏。

不同发展型国家的发展质量也同样千差万别。独裁国家作为系统而言，因缺少反馈回路和制约机制而有别于民主国家——毕竟，发号施令的是一位独裁者。一位权力不受任何限制的领导者，在必要时能够实行改革，并常常会促进爆发性增长，但如果情况发生改变，或改革发生偏离，就没有人能够让改革再次回到正常的轨道上来。独裁国家的经济往往在繁荣与萧条之间交替循环，而民主国家虽然拥有常常令人恼火的反馈和约束机制，但历史证明，民主国家能够更加有效地避免极端情况的发生，实现更加平稳的发展。[1]

我所谓的"世袭制"国家与韦伯式的国家观截然不同。世袭制国家运转效率低下，官官相护和腐败现象盛行，官员和领导者把自己和亲属的利益放在民众和国家的利益之上。那位太平洋岛国的市政工程主管回忆：曾有一位部长在岛国举办的大会上进行演讲，因此让他无论如何都要确保挖掘机在演讲过程中到场。虽然未进行道路施工，但这位部长要求大型黄色挖掘机到场装装样子。这位主管甚至为了这类毫无意义的活动拨出小额款项，为的只是能够在政治上获得空间，继续开展真正的工作。

世袭制国家构成了从"吸血鬼"到"反刍动物"的广泛谱系。在这个谱系的一端，腐败的政府从经济发展中吸取血液，却毫无回馈；在谱系的另一端，这种政府并没有完全吃干喝净，还产生了一些副产品。

属于第三种类别的"脆弱型／饱受冲突型国家"几

---

1 / Tim Kelsall, 'State of the Art: Authoritarianism, Democracy and Development', The Developmental Leadership Program, 2014.

乎对自己的国土没有掌控权，或者饱受冲突和暴乱的摧残。在这类国家，所有机制处于停滞状态，政府提供的公共服务微乎其微，法制体系几近缺失。公民甚至被抢劫团伙枪杀，毫无基本权利可言。在 21 世纪的发展进程中，这些国家的贫困人口数量在全球的占比将不断增加，因此越来越受到援助机构的关注。

社会活动家可能会发现，这种分类方法对于制定合适的变革策略大有益处。在脆弱型国家，权力常常游走于国家之外，社会活动家最好在地方范围内，与类似传统领导者的市政官员及类似宗教团体的非国家机构共同开展工作。在发展型国家，活动家们可直接与高效的政府行政机关接洽，利用研究调查和辩论说服的方法，而不是街头抗议，这种影响策略往往会比质疑政治家们效果更佳（也更加安全）。以我个人经验而言，闭合的政治体系往往比盛行政治交易的民主国家更易对事实证据做出反应。在世袭制国家，可能最佳的影响策略是直接与拥有权力的人士建立关系，甚至可以加入当地的高尔夫俱乐部，与政府官员和政治家们接近攀谈。这种策略是乐施会在西非的一位乡村理事所推崇的。

如今，各国所在的世界也同样瞬息万变。在某些方面可以说，传统上的民族国家面对大事件时变得过于渺小，但面对小事件时又变得过大。这里所谓的"大事件"——是指不分国界的问题，比如气候变化、移民、国际犯罪、逃税漏税——已经上升至像欧盟、非洲联盟、联合国等区域性和全球性机构考虑的范围内。对于社会活动家，这意味着他们需要在国际范围内和／或国际组织内开展工作。2015年巴黎气候变化大会的成功召开，部分原因是众多具有影响力的非政府组织和科学家以及各国代表团积极参与、共同努力。我将在第241页至第247页的《巴黎协定》案例研究中对此进行讨论。

而所谓的"小事件"包括公共服务、公共治安等问题，已经下放到市政和省或州的级别。哥伦比亚或南非的一些城市已开始显现"市政发展型国家"的特征。[1] 正如我们在第三章中讨论玻利维亚土著居民时所看到的，权力分散为变革的发生开启了巨大的可能性。在地区范围内，社会运动、社会活动家组织和国家之间的权力可能就没有那么均衡了。

经济援助下的国家改革

在过去的三十年间，援助机构和国际金融机构对实行改革的发展中国家给予高度重视。这些机构为了给这些国家打造"善治模式"做出了种种努力，因此也调整了这些国家的经费预算和政府部门，重写了他们的法律，

---

1 / Hugh Cole，'Are Progressive Cities the Key to Solving Our Toughest Global Challenges?', From Poverty to Power blog, 2 September 2014, http：//oxfamblogs.org/fp2p/are-progressive-cities-the-key-to-solving-our-toughest-global-challenges/.

甚至孵化出了新的社会制度。但总的来说，这些机构所做的努力未对这些国家的运作机制产生太大改变。经济学家兰特·普里切特（Lant Pritchett）提到，政府的治理技能通过"同构模仿"（isomorphic mimicry）不断增长——这一从生物学中借用的术语，描述了不同的生物体实际上没有任何关联，却进化成相似的模样。[1]

针对援助失败而未能确保国家持续改革的问题，援助者、研究人员、社会活动家进行了生动有趣的对话，而这是我撰写本书的主要动机之一。这些人员当中，其中两位是《以不同的方式推动发展》[2]和《以政治思维思考和工作》[3]的作者，而与他们的讨论却令我喜忧参半：喜的是我从这些智慧集大成者身上学到了很多，了解了国家体系和援助体系如何发挥作用，又缘何不起作用；忧的是一些让我深切关心的问题（比如"内在权力"、公

---

1 / Lant Pritchett, Michael Woolcock, and Matt Andrews, 'Capability Traps? The Mechanisms of Persistent Implementation Failure', CGD Working Paper No. 234（Washington DC：Center for Global Development，2010）.

2 / The DDD Manifesto Community, Doing Development Differently website，http：//doingdevelopmentdifferently.com/.

3 / Adrian Leftwich, 'Thinking and Working Politically：What Does It Mean，Why Is It Important and How Do You Do It?' Document prepared for the Developmental Leadership Program（DLP）Research Policy Workshop，10–11 March，2011，in Frankfurt，http：// www.gsdrc.org/document-library/thinking-and-working-politically-what-does-it-mean- why-is-it-important-and-how-do-you-do-it/.

民的社会活动、性别权力）常常被搁置一旁，而他们更愿意剖析顶层的政治交易。（我与《以政治思维思考和工作》的作者以及澳大利亚外交事务和贸易部官员进行的讨论也让我直接地受益匪浅，部分讨论内容对该书的撰写起到了很大的支持作用。）

这些讨论常常围绕的一个主题是，经济援助下的经济改革之所以失败，究其原因是西方援助者们努力将自由民主式、自由市场式的制度和机构嫁接到传统风俗迥然不同的国家。[1] 这些国家政府精于立法和制度建立，但这些纸上看起来不错的东西，实际上完全是为了粉饰。乌干达一度拥有世界上最完美的反腐法律，在一次排名上 100 分就获得了 99 分，然而在"透明国际组织"（Transparency International）发布的 2008 年全球清廉指数排名中，该国跌至第 126 位。

与之相反，那些在国家制度改革上取得成功的国家并未采用华盛顿或伦敦颁布的"最佳实践"，而是创立了混合型制度，将传统的、国家独有的制度基础与外界的良策妙计结合起来。在脆弱型国家，政府好似更没有能力或不愿从国外引进改革，而非国家机构相对具有更大

---

1 / David Booth and Diana Cammack, *Governance for Development in Africa：Solving Collective Action Problems*（London：Zed Books，2013），p. 123.

的权力，这一现象促进了当地混合型制度的创立。[1]

　　讲法语的西非便是一个例子。在这个国家，法式非宗教学校的穆斯林学生都转到私立宗教学校，转学率已经到了令人担忧的地步。马里、尼日尔、塞内加尔政府企图对繁荣的私人办学进行打压，但未取得任何成效，最后决定"顺势而为"，将民办学校直截了当地划入了正规的国家系统当中，同时还在国办学校中引入了宗教教育，对官方系统进行了改革。

　　这些初步迹象表明，混合型学校相比之前的教育体系，同样能够提供良好的教育。[2]哈佛大学的玛特·安德鲁斯（Matt Andrews）表示，这种混合型解决方案由当地的利益相关者设计而成，因为他们对问题的理解最为深刻。外来者不应以发号施令的姿态提供解决方案，而应创造机遇，让当地的参与者找到自己的方法。[3]

1 / Michael Woolcock, 'Engaging with Fragile and Conict-Affected States', CID Working Paper No. 286（Cambridge, MA: Center for International Development, Harvard University, 2014）, www.hks.harvard.edu/centers/cid/publications/faculty-working-papers/engaging-with- fragile-and-conict-affected-states.

2 / Duncan Green, 'Harnessing Religion to Improve Education in Africa', From Poverty to Power blog, 6 July 2012, http://oxfamblogs.org/fp2p/harnessing-religion-to-improve-education-in-africa/. 这些改革并未加剧学生性别比例的失衡。比如，在小学，女生人数有时大大超过男生的人数。

3 / Matt Andrews, *The Limits of Institutional Reform in Development: Changing Rules for Realistic Solutions*（New York: Cambridge University Press, 2013）.

混合型制度取得的成功，社会活动家能够从系统的角度窥见一二。系统具有路径依赖性——系统演变的每个阶段都为下个阶段创造了种种可能性。社会活动家按照这些系统的发展趋势，需要进行灵活的调整，以适应自发形成（正向偏差）的新型制度变体，同时需要运用自己的历史知识或其他经验，在制度生态体系中播下新型变体的种子。相比之下，尝试把别处的"最佳实践"强加于人，则不会奏效。

总　结

国家是一个复杂的系统，由各种各样的制度和机构组合而成，每种制度都拥有自己的历史、流程和规范。如果进一步观察，即使最为明显的单一独裁政权也并非表象那么简单。看似坚不可摧的总统府邸和国民会堂，实际上会随着其合法性的丧失以及各种事件的发生而转瞬即逝。我在阿根廷生活的时候，其军事独裁看似颠扑不破，然而仅仅两年的时间，因为两次"关键时刻"就迅速瓦解垮台——恶性通货膨胀吞噬了中产阶级的支持，而在福克兰群岛（又称"马尔维纳斯群岛"）的战败摧毁了它军工强国的光环。

国家也体现出这种复杂性所带来的挑战。政治家和政府人员之间，各个政府部门之间，以及不同阶层的政府之间或相互影响，或组建联盟，或产生争端，此外每个人员或部门对于公民要求和其他外部压力的反应方式，这些都会导致不同政治格局的产生，而决策就是基于这些政治格局而制定的。学会与"系统共舞"——理解一个国家的演变方式，决策的制定方式，官方与非官方权力的分配方式，以及这种权力分配随时间推移的改变方式——是每位致力于让变革发生的社会活动家的基本功课。

对于社会活动家而言，除了组成行政国家的政府官员和政府部门之外，制度层面上还有另外两个切入点：司法机构和问责机构。接下来我们对这两方面进行详细讨论。

延伸阅读：

M. Andrews, *The Limits of Institutional Reform in Development: Changing Rules for Realistic Solutions* (New York: Cambridge University Press, 2013).

P. Chabal and J.P. Daloz, *Africa Works: Disorder as Political Instrument* (London: James Currey, 1989).

F. Fukuyama, *The Origins of Political Order: From Prehuman Times to the French Revolution* (New York: Farrar, Straus and Giroux, 2011).

F. Fukuyama, *Political Order and Political Decay: From the Industrial Revolution to the Globalization of Democracy* (New York: Farrar, Straus and Giroux, 2014).

T. Hobbes, *Leviathan* (1651, published Oxford: Oxford University Press, 1996).

A. Leftwich, *States of Development: On the Primacy of Politics in Development* (Cambridge: Polity, 2000).

B. Levy, *Working with the Grain: Integrating Governance and Growth in Development Strategies* (Oxford: Oxford University Press, 2014) .

M. Lockwood, *The State They're In: An Agenda for International Action on Poverty in Africa* (London: ITDG Publishing, 2005) .

第五章　法律机器

几年前，我去过一家位于印度首都新德里中心区的收容所。这家收容所坐落在污染严重的亚穆纳河沿岸，紧邻着尼咖母博得·加特（Nigambodh Ghat）火葬场，因焚烧尸体从露天的柴堆中散发出的滚滚浓烟，周边的居民都纷纷远离此处。这些焚尸的火焰也点亮了漆黑的夜空，一百位各个年龄段的男人们在草席上盘腿而坐，纷纷向一位极具号召力的社会活动家哈什·曼德（Harsh Mander）讲述着自己的悲惨生活以及戒毒的艰难历程。他们所有人看似醉醺醺的，或像享受着毒品带来的极度快感，与他们谈话会让人胆战心惊。

尽管这家收容所看起来不适合居住，但至少为这些无家可归的男人们提供了一处睡眠之所，让他们拥有了一个固定地址。作为印度最高法院的特派员哈什·曼德在谈话结束后，提出收容所也应该享有食物权，还拉着我给大家分发户籍证明。第二天，这些人抓起自己的地址证明（即使这些证明上写着"收容所"的字眼），直奔银行开立账户。一个月的时间，他们就拿到了自己的生物识别身份证，而身份证是他们获取食物配给，进行汇款转账，以及证明官方身份的数字通道。

之所以设立这处收容所，是因为2011年法院颁布了每十万名居民应设立一家收容所的法令。根据哈什·曼德所言，最高法院在制定社会政策方面是政府最有效的分支部门。"我代表那些无家可归的人们与政府交涉多年，均沟通无果。后来我写信给最高法院，告诉他们新德里在冬天时会冻死人，最后他们就颁布了这道法令。"[1]

这件在印度发生的事情让我开始重新审视自己对法律（和绝大部分律师）的态度。以前，法律看似无非就是死记硬背的案例，单调乏味的诉讼程序，令人费解的行业术语，让人的思维混淆，神志不清。在见到哈什·曼德之前，一位从事食品安全行业的西班牙年轻律师向我解释道，"你应该明白，国家是通过法律的眼光来看待世界的"，这让我茅塞顿开。这位女性律师的话深深印刻在我的脑海里，给那些对司法审查、示范诉讼、最高法院裁决进行源源不断的新闻报道赋予了新的意义：国家至少在部分情况下是通过法律机器来看待世界、进行学

---

1 / Author Interview, November 2012.

习并演化的。社会活动家对此应谨记于心。

法治除了通过诉讼、警察和法院实施一套法律之外，还包含对国家政府官员工作方式以及法律实施方式进行规定的法律程序。法律还拥有一个更为广义的角色：法律囊括了我们对社会的期待，同时为实现我们的期待而所做出了贡献。

法律对国家的发展至关重要。因为随着社会、政治、经济的改变，资源和权力也会发生变化，这一过程中有人胜出，有人失败，而冲突就贯穿于整个发展过程之中。一个具有偏见的法律体系会增加暴乱和排斥事件的爆发概率，相反，一个公正高效的法律体系能利用不同人群的参与和呼声，让冲突以更加广泛接受的方式得到解决，让社会更加平稳地渡过演变。

当法治缺失时，就会出现灾难性的后果。没有人比托马斯·霍布斯（Thomas Hobbes）在 1651 年出版的《利维坦》（*Leviathan*）中对这灾难性的后果描述得更加准确了：[1]

> 没有法律，就没有地方劳作，因为劳作的果实不能确保；于是，这世界上也就没有文化；没有航海，没有可以通过海路进口的商品供人们使用；没

---

1 / Thomas Hobbes, *Leviathan*（Oxford: Oxford University Press, 1996），p. 84.

有宽敞方便的建筑物；没有运载重物的工具；没有关于地球表面的知识，没有历史的记录，没有艺术，没有文字，没有社会；最糟的是，人们会总是处于持续的惊恐和暴死的危险之中；人的生活将是孤独、贫困、肮脏、野蛮和短暂的。

法律推动变革的发生

理论上，法律的作用是为每项社会活动、政治活动、经济活动提供权利保护，进行责任和准则制定，并不偏不倚地惩罚违法者，赔偿受害者，执行各种协议。此外，法律还竭力确保公平公正，促进自由，提供安全。

然而，法国作家阿纳托尔·法朗士（Anatole France）评论法律时讥讽地说："法律大公无私，不论富人还是穷人，都禁止睡在桥下、行乞街头和偷拿面包。"[1] 实际上，法律反映了财富和权力的差距：富人可以用金钱雇用最好的律师，白领犯罪好像往往比蓝领犯罪更易免受惩罚，潜在无形的权力具有魔力般的效果。

权力所赋予的公平，在国家与国家之间千差万别。印度虽然面临着僵化的立法机构和冷漠的政府，但在利用官方法律体系推进发展方面堪称世界之最。这个国家高度活跃的法律体系往往在紧急关头挺身而出代行其他职务。哈

1 / Anatole France, *The Red Lily*, 1894, chapter 7.

什·曼德等社会活动家们尝试定期说服最高法院颁布法令，命令政府必须有所作为，然后再调用人员，确保法治的执行。例如，对于获取食物权或受教育权，最高法院就推动印度政府制定了一些最广为人知的具有进步意义的法律。

这种文化已经渗透到了社会基层。社会活动家在谈话中，时而会穿插着谈起公益诉讼。生活在贫民窟的女性们告诉我，他们依据印度《知情权法案》提出种种要求，提出要求查明自己孩子所在的学校应该提供什么教育，以及已经关闭七年的社区卫生间实际上由谁来管理。

但并非所有的社会活动家都像哈什·曼德这样具有广泛的人际关系，并非所有的公益诉讼都具有进步意义。许多产业说客也都运用这一策略，导致形成了一种政策变动突发且不可预测的大环境。司法能动性（Judicial Activism）并非以其案件处理速度闻名。20 世纪 90 年代的一项印度财政部调查显示，印度法院处理积压的 2500 万例案件，以目前的处理速度，将需要 324 年。[1] 这种情况自那以后是否有任何改观，我持怀疑态度。从系统角度来看，印度的司法能动性可能很好地弥补了国家和政治系统的功能失效，但这也牺牲了法律作为中立仲裁者的能力。

当法律体系为贫困人民服务的时候，便能够让大多

---

1 / Gurcharan Das, *India Grows at Night: A Liberal Case for a Strong State* (New Delhi: Penguin Books India, 2012).

数人们的生活发生改善。2008 年，孟加拉国最高法院做出的一项裁决，让数千万 1971 年孟加拉国独立战争之后仍生活在集中营里的讲乌尔都语的人们获得了公民权，让他们获得了身份证明，从而能凭此寻找正式工作，进行投票，申请护照。

英国海外发展研究院（Overseas Development Institute）[1]在对这一案例的分析中，指出了产生这种积极影响的六个因素：具有进步意义的法律框架；具有同情心或社会活动家精神的法官（像帮助哈什·曼德那样的法官）；法律赋权的支持结构（凭此，贫困的人们可以获得金钱、法律援助和社会关系）；具有积极性的政府（尤其是对法院裁决积极执行，而非抱有漠视的态度）；具有合作动机和合作能力的潜在受益人和支持者；能够将内部策略和外部策略合理结合的社会活动家，他们既能发现机遇之窗，又能建立有效联盟。因为许多法律诉讼持续数年，所以另外一个要求是保持长久掌权。据说，前英国首相戈登·布朗（Gordon Brown）曾经开玩笑说道："建立法治的前五个世纪是最为艰难的时期。"

法院是几个抵抗独裁统治的机构之一。实施种族隔离的南非，直到 1994 年才基本上拥有了成文宪法和人权

---

1 / Tam O'Neil, Craig Valters, and Cynthia Farid, *Doing Legal Empowerment Differently*: *Learning from Pro-Poor Litigation in Bangladesh*（London：Overseas Development Institute，2015）.

法案。在这个国家，由白人统治的议会是最高机构，而议会制定的法律，无论有多么不公，法院都没有权力驳回。但南非的法院却拥有立法解释的权力，并运用这一权力打击部分臭名昭著的种族隔离法。"法律资源中心"（Legal Resources Center）是一家公益性法律事务所，赢得了南非最高法院的裁决，从而能够修改阻止城市黑人工人的家庭成员加入"白人"城区的政策。另一家人权组织"人权律师"（Lawyers for Human Rights）为数百位因违反种族隔离制度的压迫性法律而被起诉的文盲，提供了免费的律师辩护。[1]

南非也用例证说明了法律的另外一面：虽然法律受到社会精英的影响（我所知的大部分情况都是如此），但法律也会受到社会运动的影响（共同权力）。我曾看到一些女性组织在约翰内斯堡（Johannesburg）一家法院外载歌载舞，并深深地被她们的举动所吸引，而这家法院当时正在审判好几个家庭暴力案件。她们告诉我，举行这种抗议活动大大提高了成功的概率。

"法律资源中心"是全球数千家专业的小型法律援助和法律权利组织之一。我承认，一些社会活动家拿着厚厚的、陈旧的、术语令人费解的法令全书，到工厂和城

1 / United Nations Development Programme, *Human Development Report 2002: Deepening Democracy in a Fragmented World* (New York: Oxford University Press, 2002).

市棚户区中进行讲解，对于这种举动我曾怀疑过，但贫困者们的法律权利的确非常重要。厄瓜多尔 2002 年进行的一项调查发现，女性如果就分居和离婚问题向法律援助事务所求助，那么分居之后遭受严重身体暴力的概率可降低 7%，寻求法律援助的顾客获取儿童抚养金的概率可提高 20%。[1]

世界银行一项研究发现，巴西、印度尼西亚、南非、尼日利亚[2]借助法院让公民享有健康和教育的权利，也引出了一个令人深省的问题：借助法律体系是增强了政府的责任心（因为政府被迫履行自己的诺言），还是削弱了政府的责任心（因为法院常常保护富人）？在这两者之间做出权衡可能复杂而棘手：哥斯达黎加最高法院的宪法法庭（这也许是拉丁美洲最有权力的宪法法庭）做出的一项决议，让艾滋病患者的死亡率降低了 80%，但也迫使国家的保健体系拨出 8% 的药物预算，来治疗仅仅占总患者人数 0.012% 的艾滋病患者。

世界银行的这项研究给出了整体乐观的结论。法官们往往不会迫使政府为不可能之事（即使政府为之，也

1 / World Bank, World Development Report 2006.*Equity and Development* (New York: Oxford University Press, 2005).

2 / Varun Gauri and Daniel Brinks, eds., *Courting Social Justice*: *Judicial Enforcement of Social and Economic Rights in the Developing World* (New York: Cambridge University Press, 2008).

很难取得成功）。相反，法官们已成为政策制定过程中的一部分，而在政策制定的过程中，"诉讼颠覆了现状，为共同寻找新的问题解决方案创造了环境"，而这些问题人们以前从未意识到（比如获得新型疾病的治疗药物）。此外，这种颠覆还反映了公众舆论的转变（比如对获取食物权或工作权的观点）。这项研究总结道："当法院在国会当中与国家其他分支机构合作时，合法化就是民主的另一种表现形式。"[1]

公民在享有公正审判方面出现的不平等现象仍然具有深刻的影响。2008 年，联合国下设的一个委员会发现，四十亿人口（超过一半的世界人口）因被排除在法治之外而被剥夺了摆脱贫困、改善生活水平的机会（即使这一数字存在争论）。[2]对于法律面前不平等的现象，最令人痛心疾首的事例之一，是通过警察之手粗暴对待贫困的人们，而这些警察常常在贫困的社区扮演着占领军的角色。

在一些地方，社会活动家通过努力让警察的行为

---

1 / Varun Gauri and Daniel Brinks, eds., *Courting Social Justice*: *Judicial Enforcement of Social and Economic Rights in the Developing World*（New York：Cambridge University Press，2008）.

2 / 'Making the Law Work for Everyone. Volume 1. Report of the Commission on Legal Empowerment of the Poor'（New York：Commission on Legal Empowerment of the poor/United Nations Development Programme，2008）.

大大改观，正如我们在第一章讨论的印度蒂卡姆加尔案例中看到的。社区警务（Community Policing），一种将警察融入社区生活的方式，已经在很多国家初步站稳了脚跟。例如，巴西的警察曾一度被看成暗杀分队，将街头的流浪儿童和其他"不受欢迎的人"杀害，臭名昭著。[1]20世纪80年代，巴西警察带头变革，成立了女性警察局。这些警察局通常负责解决家庭暴力，配有经过特殊训练的女性警察，目的是提高警察响应女性独特需求的能力。她们取得了巨大的成功，现在这些女性警察局已推广到了拉丁美洲、非洲、亚洲的15个国家。印度的一项研究发现，随着188所女性警察局的建立，对女性和儿童的实施犯罪的报案数量提升了23%，定罪率也大大提高。[2]

习惯法

在一些国家，法院和律师是富人精英群体的囊中之物，法律制定的本身就是为了保护特权阶层。因此，这些国家的穷人和贫困社区往往会通过"习惯法"来寻求救济。作为一种社区范围内的司法体系，国家并没有把

---

1 / Gilberto Dimenstein, *Brazil: War on Children* (London: Latin America Bureau, 1991).

2 / UN Women website, 'Women's Police Stations/Units', www.endvawnow.org/en/articles/1093-womens-police-stations-units.html.

"习惯法"编纂成法规条款。

习惯法对人们日常生活当中重要的方方面面以及家庭问题进行了规定，比如因土地使用和水源获取产生的争端，财产继承，迎婚嫁娶等。习惯法从地方的风俗习惯、价值观念和文化传统获得合法性。此外，习惯法在经济上还负担得起。一位来自巴基斯坦偏远地区的社会活动家表示："世界上大部分人们都呼吁设立伊斯兰法庭和施行伊斯兰教法，认为这能让他们终生免遭不公平的诉讼结果，节省昂贵的律师费用。这与信仰伊斯兰教和实施严厉的惩罚没有太大关系。人们仅仅是希望让一切变得简单。"[1]

在许多贫穷国家，习惯法毫无例外是一种规则。根据世界银行的研究，自 2003 年起，塞拉利昂大约 85% 的人口受到习惯法的影响，而莫桑比克和加纳按照习惯法对土地的拥有权影响了 90% 的土地交易。[2] 如果社会活动家们想要体会边缘化的穷人过着怎样的生活，并帮助他们改善生活，那么这些数据会让社会活动家们明白，理解习惯法体系与官方体系（并加以运用开展工作）是同样重要的。

2015 年，我访问过位于太平洋的瓦努阿图共和国，

1 / Masood Ul Mulk，personal communication，4 January 2016.

2 / World Bank, *World Development Report* 2006. *Equity and Development*（New York：Oxford University Press，2005）.

尤其当我们离开首都维拉港前往伊帕（Epau）村时，我很快了解了习惯法的工作方式。访问首都维拉港期间，我们讨论着关于政府、议会、援助的话题；在伊帕村，这些话题看似遥远而毫不相干。这个村庄由酋长们管辖，所有的这些酋长——大酋长、副酋长、村庄的四个部落酋长——都根据血统选举而出（与瓦努阿图的大部分酋长选举如出一辙）。当我问起，如果其中一位酋长行为不端，他们会怎么做，这些村民们显得不知所措。"我们访问期间没有遇到任何问题，但我猜想，这个村庄将来会需要召集会议，讨论如何解决一些问题。"当援助资金从外部机构到达这里时，酋长们往往请求志愿者管理资金，而不是亲自管理。

在国土资源部前部长拉尔夫·雷根瓦努（Ralph Regenvanu）看来，官方体系和习惯法体系之间的平衡正在不断演变："这种平衡自然发展，具有动态性。酋长们已达成一致意见，严重的或外地人实施的强奸、谋杀、乱伦、盗窃事件，应交由警察处理，一是因为这些事件很容易引起酋长们的意见不合，二是因为酋长们不能再使用传统的惩罚方式（比如杀掉罪犯）。"[1] 相对而言，酋长们对土地管理好似拥有更多的掌控权，很大程度上是因为拉尔夫·雷根瓦努通过立法加强了习惯法体系的建设。

---

1 / Author Interview, November 2015.

由警察、法院、政府、议会组成的官方系统与传统的酋长制紧密交织在一起。例如，当民众针对瓦努阿图国家福利基金的管理问题产生分歧而即将发动暴乱时，警察会派当地的酋长安抚民众。但每位酋长都是根据自己的世界观进行管理的：酋长制关注集体，而官方系统推崇个人权利。习惯法强调促成和平，达成和解，而不是判定过失，确定赔偿。

外部人士往往把习惯法过度浪漫化，但实际上习惯法与其他任何法律一样，容易受到权力失衡的影响。有人告诉我，一些"政治色彩更加浓厚的酋长"现在利用土地改革霸占更多土地，女性权利照样会遭受侵犯。来自瓦努阿图女性中心的玛丽莲·陶希（Merilyn Tahi）表示，在处理家庭暴力案件的和解过程中，赔偿"常常会支付给整个家庭，而非遭受虐待的女性……我们应该促进社区间的和平，但女性受害者需要（官方）法院"。[1]

将习惯法体系和官方系统相结合

我从秘鲁经济学家赫南多·迪索托（Hernando de Soto）编著的《资本的神秘性》（*The Mystery of Capital*）[2]

---

1 / Author Interview, November 2015.

2 / Hernando de Soto, *The Mystery of Capital*: *Why Capitalism Triumphs in the West and Fails Everywhere Else*（New York: Basic Books, 2000）.

一书中，第一次知道了"现代"法律体系和"习惯"法律体系之间相互渗透的关系。这本书还有小标题"为什么资本主义在西方成功，却在其他地方失败"，而且玛格丽特·撒切尔（Margaret Thatcher）还在该书封底进行了题跋。但在我看来，该书的核心争论之一是具有进步意义的（对系统的思考很少是非左即右那样简单）。在经济最发达的国家，产权的出现源自社会实践和习惯法，并非专家或中央政府强制推行的产物。赫南多·迪索托提出，当今美国的产权法基本上是基于早期移民和非法矿工超越法律之外的习惯做法制定而成的，这种植根于人们日常生活的法律说明了为何产权法如此经久不衰。

赫南多·迪索托从更广义的角度指出，英国的法律传统，虽然现在用于讲英语的国家和地区，却是从习惯法体系（就是人们所熟知的"普通法"）演变而来的。相比之下，西班牙和法国的法律传统（用于他们的前殖民地）是自上而下强制实行的，忽视了地方的习惯法或其他传统。总体上，赫南多·迪索托的意思是说，我们应该把法律看成一种不断演变的复杂体系，而不是一成不变的实体。

这种以系统的方式看待法律的方法开始显现效果。肯尼亚北部干旱的牧场地区饱受暴乱之苦，为了让该地区获得和平，援助机构做出了种种努力，通过成立"和平委员会"，以混合的方式把官方法律和习惯法相结合，解决当地因官方法律体系失效而引起的武装冲突。在许多这样的牧民群体中，解决个人之间的冲突被看作大家族的责任，他们感觉有责任亲手处理问题。支付赔偿作为一种常用手段，用于重获和平，加强家族内和家族之间的社会契约，处理官方法院忽略的其他事宜。

在非政府组织和援助机构支持下成立的"和平委员会"（Peace Committees），力图把这种习惯方式形成制度并加以规范，来解决冲突。在当地政府的参与下，该委员会详细拟定的宣言书，起着地方法规体系的作用——本质上就是本地产生的法律。事实证明，该委员会具有显著作用，并快速推广到各个地区，但在瓦努阿图，因权力差异仍存在负面影响：其中一个宣言书声称，对于一个死去的男人应赔偿 100 头牛或骆驼，而一个死去的女人仅值 50 头牛或骆驼。[1]

混合型方法拥有巨大的改变潜力，但期望推动变革发生的社会活动家应谨记，那个发生在肯尼亚的故事具有正反两面性，既应抛开"西方世界是最好的"的偏见，又应摒弃过于浪漫地看待习惯法所发挥的作用的看法。不管是两种体系的哪一种，或是混合型体系，关键是要理解权力是以怎样的方式运转的，以及以怎样的方式重新分配权力才能让当前边缘化的群体受益。

---

1 / Caroline Sage, Nicholas Menzies, and Michael Woolcock, *Taking the Rules of the Game Seriously: Mainstreaming Justice in Development-the World Bank's Justice for the Poor Program*, Justice & Development Working Paper Series, 7/2009（Washington DC: The World Bank, 2009）.

国际法

我一直有点怀疑"国际法"一词在措辞上的严谨性，因为它容易引起误解，好似存在一个实在的法律。当国际体系很少能把像警察、法院、制裁等机构召集到一起迫使各国遵守国际体系规则时，它用来规定国家行为（而不是个人行为）的一套规则和协议怎么能够被视为"法律"？国际法看起来极度缺乏行动权力和权力控制。

然而，国际法虽然时常缺乏支持的力量，但的确塑造着、约束着国家的行为，在更加广泛的意义上改善着国家的行为方式。民族国家之间每天进行数千次往来，开展贸易，毫无阻碍，合同得到履行，权利得到尊重，所有这一切都得益于国际法。

一些国际法属于"硬法"，通过罚款或判刑在法院强制执行。国际刑事法院（International Criminal Court）和（相较影响力较弱的）世界贸易组织都拥有通过罚款和判刑来执行判决的权力。其他国际义务以协定和条约的形式进行规定，而协定和条约随后能纳入强制执行的国家法律之中。硬法中最具软性的法律当属一些展示雄心壮志的声明和承诺，比如 2015 年联合国通过的可持续发展目标（Sustainable Development Goals）。这一目标也有强硬的"齿牙"，如要求提供报告，但不要求对国家立法进行修改。

与国家法律一样，国际法的制定往往是为有权势之人服务，供有权势之人使用的。投资者与国家争端解决机制

（Investor-State Dispute Settlement，ISDS）便是其中一个例子。[1] 2016 年 1 月，横加能源公司（TransCanada）于法庭上起诉，声称奥巴马政府否决基石输油管计划（Keystone XL），未履行《北美自由贸易协定》（*North America Free Trade Agreement*，NAFTA）下的美国责任。这家公司要求美国纳税人支付 150 亿美元作为赔偿。[2]

实际上，美国从未在北美自由贸易协定的官司中败诉，这说明了权力如何影响着国际法的工作方式。美国不仅能够雇佣大批顶级律师，还能利用其他手段对贫弱国家和国际法庭施压。国际法规虽然不无意义，但也并非完全中立。在最近的自由贸易谈判中，像《跨太平洋伙伴关系协定》（*Transpacific Partnership*，TPP）和美国与欧盟的《跨大西洋贸易与投资伙伴协定》（*Transatlantic Trade and Investment Partnership*，TTIP），投资者与国家争端解决机制（Investor-State Dispute Settlement，ISDS）成为一个颇有争议的问题。[3]

---

1 / 参见 http：//investmentpolicyhub.unctad.org/ISDS，通过交互式地图查找 ISDS 案例。

2 / Todd Tucker，'TransCanada is suing the U.S. over Obama's rejection of the Keystone XL pipeline. The U.S. might lose'，Monkey Cage blog，*Washington Post*，8 January，2016.

3 / Todd Tucker，'TransCanada is Suing the U.S. Over Obama's Rejection of the Keystone XL Pipeline. The U.S. Might Lose'，Monkey Cage blog，*The Washington Post*，8 January 2016.

社会活动家还可以用各种更为激进的方式利用国际法，或支持诉讼，或促进国家立法和公众舆论的改变。正如第三章所述，当基层民众在运动中拿起国际法的武器时，国际法便有助于促进规范的改变。

第三章讨论的 1989 年《儿童权利公约》(*Convention on the Rights of the Child*，CRC) 规定政府必须保护儿童不受歧视，确保制定政策时优先考虑儿童的最大利益，确保儿童的生存和发展，更重要的是"确保有能力表达自己观点的儿童在关乎自身事宜上享有言论自由权"。《儿童权利公约》很快在国际法中证明存在的意义，成为历史上最广受关注、获批最快的人权协议。仅索马里、南苏丹和美国三个国家没有批准该公约。[1]

数年之后，我去了拉丁美洲和加勒比海地区，一轮新的"儿童法规"和儿童权益保护机构开启了审批程序，有巴西的《儿童与青少年保护法规》(*Child and Adolescent Statute*，ECA)，秘鲁的《儿童与青少年权益市政监察法》(*Municipal Ombudsman for Children and Adolescents, Demunas*)。他们（在儿童权益法律上，更重要的是在儿童生活水平上）取得了很大的进步，因为儿童和儿童支持者发起的国内运动影响力巨大，从基层

---

1 / Human Rights Watch, '25th Anniversary of the Convention on the Rights of the Child', 17 November 2014, www.hrw.org/news/2014/11/17/25th-anniversary-convention-rights-child.

开始对政府造成了很大的压力，这与《儿童权利公约》的通过对政府造成的压力相辅相成。在拉丁美洲和加勒比海地区，我与包括儿童在内的社会活动者们进行了数百次沟通，这些活动者都把《儿童权利公约》作为发起运动的基本依据。

2015年12月，关于气候变化的《巴黎协定》审批通过，这引起人们对国际法是否有能力解决低碳排放等复杂问题，进行了颇具吸引力的探讨。一些人认为，该协定缺乏具有法律约束力的目标，缺乏影响力，因为只有具有法律约束力的文件才能通过法院和仲裁法庭执行。相反，在美国国务院任职期间担任希拉里·克林顿（Hilary Clinton）得力助手的安妮-玛丽·斯洛特（Anne-Marie Slaughter）则认为，《巴黎协定》是"21世纪全球有效治理的典范"。[1]

安妮-玛丽·斯洛特认为，《巴黎协定》"填补了合规的透明性"，是一件有益的事。在具有法律约束力的协定中做出的承诺，才具有永久性意义，才能在实际上被社会大众所接受。《巴黎协定》通过了审查流程，不仅为逐步提高减排目标开启了大门，而且能够适应新情况、

---

1 / Anne-Marie Slaughter, 'The Paris Approach to Global Governance', Project Syndicate website, 28 December 2015, www.project-syndicate.org/commentary/paris-agreement-model-for-global-governance-by-anne-marie-slaughter-2015-12.

新观点和国家新环境。对此，我会在第 241 页至第 247 页的《巴黎协定》案例研究中进行详细讨论，进而阐明改变发生的过程。

一些法律学者把国际法在规模及问题覆盖范围上的不断扩张视为"国际政府出现的前兆"。[1] 如同格列佛被小人国的利立浦特人用绳子捆绑住一样，[2] 国际法正在不断扩大其巨大的织网，开始对各个国家政府产生令人惊讶的约束力。实际上，国际法已经以迪索托（de Soto）的方式开始产生影响，一开始在战争和外交中生根，然后不断扩大演变，把贸易、环境、人权纳入其中。未来的国际法不仅会受到掌权者的影响，还会受到社会活动家的影响，而这些社会活动家千方百计借助国际法推动社会的进步和改变。

法律即系统

如同很多社会制度，乍看起来坚如磐石、一成不变，而实际上处于不断变化之中，法律作为一种系统也是如此。不仅旧法被新法所代替，而且人们对法律的解读也在逐渐变化，比如对习惯法体系的重视程度。引用美国

---

1 / Joel Trachtman, *The Future of International Law*: *Global Government* (New York: Cambridge University Press, 2013).

2 / Jonathan Swift, *Gulliver's Travels* (London: Benjamin Motte, 1726).

最高法院著名大法官奥利弗·温德尔·霍姆斯（Oliver Wendell Holmes）的话："法律显示了国家几个世纪以来的发展故事，它不能被视为仅仅包含数学课本中的定律及推算方式。"[1]

有时，进步的浪潮好像不受国界的限制。在非洲和拉丁美洲的很多地方，国家掌控大权，基本不受法律约束，但这种情况持续了二十年后在 20 世纪 90 年代走向终结，部分得益于注重人权的国际浪潮和国际人权法的制定。

一些国家实行了新一轮基于权利的宪法改革，比如哥斯达黎加 1989 年给国际人权协定赋予了与国内法律同等的效力。南非、哥伦比亚和其他国家都设立了宪法法庭来监督新制定的宪法章程，而宪法法庭对于在法律领域内的社会活动而言仿佛成了一只避雷针。哥伦比亚宪法法庭自 1999 年至 2009 年审讯的医疗保健权案件达 80 余万例，最终命令对国家的保健体系实行系统性改革。这是因为，尽管政府以前也通过立法呼吁保健体系实行全民覆盖并进行其他改善，但却没有什么作为。[2]

一些法律体系仍然僵化，缺乏灵活性，暴露出阶段

---

1 / Oliver Wendell Holmes, *The Common Law*（Boston：Little，Brown and Company，1881），p. 1.

2 / Alicia Ely Yamin and Siri Gloppen, *Litigating Health Rights*（Cambridge，MA：Harvard University Press，2011），p. 343.

性的硬化症状，时而穿插着严重的混乱和剧变，这与第一章所探讨的古老的森林系统一样。然而，越来越多的这样的法律体系也彰显出了可塑性，在社会变迁中能够适应不断变化的权益分配和规范。全球那些具有远见卓识的律师们通过某些律师所谓的"推动社会正义的法律革命"，认识到法律制度并非一成不变，因此开启了漫长的革命之路，利用法律推动人权发展，促进社会公平，消除偏见和歧视。因此，法律从最初社会现状（尤其是加强集权、加剧不平等现象）的守卫者，转变成当今社会的缔造者和再创者，从墨守成规转变成别创新格。

总　结

莎士比亚在《亨利六世》（*Henry Ⅵ*）当中描述了这样一个人物，他宣称："我们首先要做的事情，就是一起杀掉所有的律师。"[1] 不管这个人物多么诙谐有趣，我都认为他大错特错。但现在我明白了，为什么有那么多的社会活动家是律师（或希望成为律师），尤其是美国社会活动家。

法律体系与任何制度一样，并非用一个公平的竞争之地。那些有钱有势的人可以雇用更优秀的律师，可以说服法律制定者，通常能够获得更好的交易。但情况并

---

1 / William Shakespeare, *Henry The Sixth*, *Part* 2, Act 4, scene 2, 71-8.

非总是如此——如果人们组建合适的联盟，采用正确的辩论方式和手段策略，法律和律师们就能够起到反击作用，政府和位高权重之人就可能败诉。

法律仍将会是全球社会活动家发起运动的必备武器。随着国家法和国际法的适用范围不断扩大，之前未曾尝试过的手段、途径就会涌现而出。乐施会的律师目前正在调查气候变化的诉讼能否沿用烟草诉讼的方式。我猜想，有一天，他们也会对肥胖症和道路交通事故相关的诉讼进行调查。他们面对的挑战是能否把在法律领域内的社会活动与其他旨在影响法律体系的活动联系起来，目前这两个方面因为耐心的缺乏、变革理论的不同或语言障碍而常常被分割开来。

我们刚刚回顾了行政管理和法律体系，在下一章中，我们将采用弗朗西斯·福山的模式探讨国家的第三个方面——问责机制。

延伸阅读：

T. Bingham, *The Rule of Law*（London: Allen Lane, 2010）.

T. Carothers, ed., *Promoting the Rule of Law Abroad: In Search of Knowledge*（Washington DC, Carnegie Endowment for International Peace, 2006）.

V. Gauri and D. Brinks, eds., *Courting Social Justice: Judicial Enforcement of Social and Economic Rights in the Developing World*（New York: Cambridge University Press, 2008）.

R. Kleinfeld, *Advancing the Rule of Law Abroad: Next Generation Reform* (Washington DC, Carnegie Endowment for International Peace, 2012).

B. Tamanaha, *On the Rule of Law: History, Politics, Theory* (Cambridge: Cambridge University Press, 2005).

UNDP, *Making the Law Work for Everyone*. Volume 1. Report of the Commission on Legal Empowerment of the Poor (New York: Commission on Legal Empowerment of the poor/United Nations Development Programme, 2008).

J.A. Widner, *Building the Rule of Law: Francis Nyalali and the Road to Judicial Independence in Africa* (New York: WW Norton, 2001).

第六章 问责制、政党和媒体

我们很难想象，在政治家们的日程安排当中，还有哪个时间段比大选之前的最后三天安排得更加精准，然而，2015 年 5 月在伦敦一座大教堂里召开的公民联盟大会，吸引了英国三大政党领导人中的两位前来参加，同时执政的保守党推举了一位高级别官员替代了戴维·卡梅伦（David Cameron）来参会。政治家们出席此次大会，接受 2500 名来自"英国公民联盟"（Citizens UK）这一社区组织的社会活动家的盘问。观众来自各个宗教组织、学校、避难者和难民群体，以及其他基层机构，体现了英国社会的多元文化。大会公平公正，毫无偏祖：每位政治家仅有四分钟的宣讲时间，然后观众对他们进行详细盘问。无论是模糊性的答复，还是逃避性的作答，都会受到观众们的质问，并迫使他们做出承诺，政治家们最终在群众的压力下做出更多的承诺。[1]

在弗朗西斯·福山看来，问责制就是"统治者认为自己应该向人民汇报，把人民利益放在自己利益之上"。[2]我对这个定义做出补充，问责制还指：市民社会的公民和机构拥有巨大的权力，当统治者未履行自己的责任和诺言时，能够督促统治者进行矫正。[3]问责制如同一种黏合剂，将公民和国家连在一起，构成社会契约。这种社会契约本身令人期待和向往，因为拥有话语权可以给公民带来福祉，而且注重实践意味着能推动具有进步意义的变革。

然而，在政府开发援助方面，人们对问责制的界定往往更加狭义，仅对在某一特别项目中所承诺的结果负责，或对援助机构的"向上问责"。这种"向上问责"常常优先于对公民的"向下问责"。

一些观察者把问责制等同于民主选举，但无论是在民主体系还是非民主体系，把两者等同起来对待是一个

---

1 / Duncan Green, 'Active Citizens Holding Britain's Politicians to Account—Why Can't the Rest of the UK Election Campaign be More Like This?', From Poverty to Power blog, 6 May 2015, http://oxfamblogs.org/fp2p/active-citizens-holding-britains-politicians-to-account-why-isnt-the-rest-of-the-uk-election-campaign-more-like-this/.

2 / Francis Fukuyama, *The Origins of Political Order: From Prehuman Times to the French Revolution* (New York: Farrar, Straus and Giroux, 2011), p. 321.

3 / Transparency Initiative website, 'Accountability—Denitions', www.transparency-initiative.org/about/denitions.

急待解决的问题。本章将讨论政党和媒体。无论是对于民选政府还是对于非民选政府，这两个重要的系统都为问责制提供了途径，为迅速发展的"社会问责制"提供了途径。问责制、政党和媒体为社会活动家们提供了有价值的渠道，让掌权者为自己的决策负责。

政党推动改变

英国公民联盟积极与政党建立联系，尤其与右翼政党建立联系，这对于社会活动家组织而言是相对罕见的。发展领域的思想家很少关注政党，而且援助组织往往对政党缺乏重视。很少有社会活动家愿意花时间去了解各色各样的委员会、活动组织和辩论会并与之接触，但政党恰恰是通过这些组织和会议影响着掌权者的决策。

我对此颇有共鸣，因为凭我的经验而言，即使再开明的政党也可能没有什么吸引力。20 世纪 80 年代，我曾是一位工党成员，虽然时间很短，但我发现工党注重流程和结构，大部分成员是地方政府职员，而他们关心的仅仅是保住自己的工作。在我的第一个孩子出生后，我悄然退出了无聊而沉闷的政党会议。

如今在我看来，这种做法有些目光短浅，因为熟悉政党历史、政党文化、政党结构、政党的策略制定这个复杂的领域，是我们了解（并影响）改变发生方式的必要组成部分。不论政党多么索然寡味，仍是政治引擎的离合器，是政党把公民和政府联系了起来。这些政党相互妥协，代表了无数社会个体和群体的利益和观点；政党招募并培养未来的领导人；最重要的，政党让政府负有责任感，并组成政府的对抗力量。[1] 在国家议会、省级议会和城镇议会上，政党参与提议和辩论，并审查中央政府的立法和行动。此外，政党还在大选期间大展身手，推举候选人并组织投票。

基于普选制度和政党制度而建立的民主国家直到近代才出现。美国宪法未对政党制定条款，很多政党创立人对于国家应由他们来管理的观点都表示反对。乔治·华盛顿（George Washington）在自己的告别演讲中警告人们要注意"党派精神的有害影响；党派之间的冲突会分裂新建国家，并很可能毁掉这个国家"。乔治·华盛顿的后继者约翰·亚当斯（John Adam）提出："将共和国分裂成两个大的政党……将被视为我们宪法框架下最大的政治罪行。"[2]

1900 年，新西兰是世界上唯一的政府是由全国成年公民选举的国家。自那时起，尤其是最近在柏林墙倒塌之后，民选政府如雨后春笋般不断涌现。截至 2014 年，

---

1 / Vicky Randall, 'Political Parties and Democratic Developmental States', *Development Policy Review* 25, no. 5（2007）：pp. 633-52，http：//onlinelibrary.wiley.com/doi/10.1111/j.1467-7679.2007.00389.x/pdf.

2 / Francis Fukuyama, *Political Order and Political Decay*：*From the Industrial Revolution to the Globalization of Democracy*（New York：Farrar, Straus and Giroux，2014），p. 140.

美国保守派智囊团"美国自由之家"（Freedom House）把世界上的 196 个国家当中的 125 个国家划为民主选举制国家，而在 1990 年，民主选举制国家只有 69 个。[1] 在 20 世纪的前 20 年，选举仅仅在 5 个人口总数只有 50 余万人的国家举行（抵制民主选举的国家有厄立特里亚、卡塔尔、沙特阿拉伯、阿拉伯联合酋长国）。[2]

当今，在民主国家，争夺权力的各个政党规模不同，形式各异，令人眼花缭乱。有些政党属于"丰田式"党，领导人和追随者能够挤进一辆汽车；另外一些政党属于群众性组织，拥有数千位组织者。有些政党仅仅代表少数富商们的利益，而另外一些政党则为数百个贫困的边缘群体代言。[3] 一些政党从社会运动中成长起来，不论是宗教性质的政党 [印度人民党（Bharatiya Janata Party, BJP）、欧洲基督教民主党 、中东的伊斯兰政党]，还是社会性质的政党（玻利维亚社会主义运动党、巴西劳工党）。而其他政党则由执政政府建立而成（墨西哥革命制

1 / Arch Puddington, 'Discarding Democracy: A Return to the Iron Fist', Freedom House website, https://freedomhouse.org/report/freedom-world-2015/discarding-democracy-return-iron-st.

2 / Duncan Green, '10 Killer Facts on Democracy and Elections', From Poverty to Power blog, 12 July 2013, https://oxfamblogs.org/fp2p/10-killer-facts-on-democracy-and-elections/.

3 / Thomas Carothers, *Confronting the Weakest Link: Aiding Political Parties in New Democracies*（Washington DC: Carnegie Endowment for International Peace, 2006）.

度党以及由其创立的各种各样的有名无实的在野党）。一些政党利用民族或地域依附关系（比如肯尼亚的许多政党），还有一些成为具有号召力的领导人的个人工具（阿根廷正义党、泰国泰爱泰党）。[1]

南非、巴西、玻利维亚和印度等国家之所以能够取得一些令人鼓舞的突破性发展，诞生于社会运动、工会和其他穷人组织的政党是主要原因。印度"普通人党"（AAP）就是最近发生的一则事例。2011 年，著名的甘地主义抗议者安纳·哈扎尔（Anna Hazare）自觉发起绝食抗议，这激发了一次反腐抗议运动，而印度"普通人党"便是这次运动的产物。[2] 安纳·哈扎尔的行动促进了反腐法律的出台，但随着这次反腐抗议运动失去了势头，媒体也不再对复杂而消耗精力的议会流程感兴趣。随后，其他领导人在这次运动后重新组建一个政党，动员人们支持长期而艰难的政治改革。2013 年，印度"普通人党"仅在成立后一年，就在新德里议会选举中名列第二；

---

1 / Vicky Randall, 'Political Parties and Democratic Developmental States', *Development Policy Review* 25, no. 5（2007）: pp. 633−52, http: // onlinelibrary.wiley.com/doi/10.1111/j.1467−7679.2007.00389.x/pdf.

2 / Prashant Sharma, 'From India Against Corruption to the Aam Aadmi Party: Social Movements, Political Parties and Citizen Engagement in India', in *Political Parties and Citizen Movements in Asia and Europe*, edited by Raul Cordenillo and Sam van der Staak（Singapore: Asia-Europe Foundation, Hanns Seidel Foundation and International Institute for Democracy and Electoral Assistance, 2014）.

2015 年，该党就占据了议会 70 个席位中的 67 个席位。

　　社会运动演变为组建政党，究其缘由是，这些运动往往在突然爆发的抗议中的起起落落，很难号召人们长期与国家接触，从而实现持续改变。此外，市民社会组织发现，提出代表人们意志的合法要求极为困难，因为没人推选自己。然而，很多社会活动家表示，参与大选就必须做出让步，这必然会让清晰的信息变得模糊，让抗议运动的正义形象受损，同时参与大选还很容易因政治机会主义的引诱而遭到领导人的背叛。这种紧张的关系迫使领导人与安纳·哈扎尔绝交而建立印度"普通人党"，并同样困扰着南非非洲人国民大会（African National Congress，ANC）、巴西劳工党（Workers Party，PT）和玻利维亚社会主义运动党（Movement to Socialism，MAS），所有这些政党都诞生于社会运动联盟，并最终掌权统治国家。

　　政党常常经历出生、成长、衰败的生命周期。一位极具号召力的新晋领袖崭露头角，或者一次社会运动演变成一个清廉而鼓舞人心的新建政党，而其支持者们则拥护一种新型政治制度。印度"普通人党"与西班牙"我们可以党"（Podemos）和希腊激进左翼联盟（Syriza）类似，都展示出了巨大的号召力以及寻求新型从政方式的决心：这种新型方式不分阶层、内部民主、财政透明、不受高薪或王朝政治所左右。但事实证明，确保这种新型方式的连贯性和动力性极为困难。大多数政党不得不做出艰难的抉择，做出让步，最终导致支持率的下降。

巴西劳工党由独立工会、社会运动和其他组织于1980年组建而成，起初为了反抗军事统治，后来转为将民间社会的需求融入长期的政治计划。巴西劳工党在魅力非凡的工会领袖乔斯·伊格纳西奥·达·席尔瓦（Jos Ignacio da Silva，大众所熟知的Lula）的领导下，赢得了市政选举，之后经过几次微弱的胜利，在2003年终于赢得国家大选。

巴西劳工党给原本死气沉沉的政治体系注入了一股令人欢欣鼓舞的活力，让其更具合法性。该党执政数年之后，巴西贫困人民的生活得到了真正的改善，饥荒、贫穷和不平等现象得到大幅减少。[1]但在接下来的十年间，巴西劳工党为了通过立法（比如，通过反对党占多数席位的国会利用"激励制度"控制法律[2]），做出了一些妥协，最终不可避免地失去了权力，不再一呼百应。该党执政时仍沿用发起抗议和团体运动时的逻辑，这让自己与众不同的优势慢慢褪去。2014年，Lula走下政坛，民众举行抗议游行反对巴西劳工党政府，民众对该党的支

---

1 / Sue Branford and Jan Rocha, *Brazil Under the Workers' Party: From Euphoria to Despair*（Rugby, UK: Practical Action Publishing, 2015）.

2 / Mathew M. Taylor, 'Police detained Brazil's ex-president on Friday. Here's what you need to know', *Washington Post*, Monkey Cage blog, 5 March 2016.

持率骤然下降。

政党体系中，各个政党的沉浮俯仰对于社会活动家及其组织而言，既是机遇又是挑战。了解这种体系并融入其中，社会活动家便能够影响当前和未来的政府，影响到更多的人，而这是一个社会活动组织靠单打独斗所不能企及的。政党可以说是制定政策和提出思想的主要机构，具有长久性和稳定性，这与社会运动的高潮和低谷形成鲜明的对比。但是也会出现交易现象。如果选举的是开明的政党，社会运动往往会在更广泛的范围内减少。开明的政府和政党会把非政府组织和社会运动的领袖和社会活动家拉拢到他们之中，同时敦促这些领袖和活动家们把"事情交给他们"。这种行为往往具有风险，因为面对再开明的政党，社会活动家们也需要保持真诚，以免妥协或屈从引诱而动摇自己最初的坚定决心。如同英国公民联盟在伦敦议会的做法，社会活动家如果想要为贫穷的人们和被排斥的人们伸张正义，就需要保持自己的批判能力和反抗能力。

庇护与腐败

在巴西劳工党走向权力中心的早期，巴西橡胶采集工的带头人奇科·曼德斯（Chico Mendes）成为一名全球环保英雄，他于1986年被推选为候选人参加国家副总统大选。在一部纪录片中，他沿着家乡小镇沙普里（Xapuri）的大街散步，与来来往往的朋友们打着招呼。

很多当地居民走向前去，询问他愿意支付多少钱来拉选票。当他回答说自己没钱的时候，这些当地居民一散而去，让他一脸茫然。最终奇科·曼德斯在大选中失败。[1]

既得利益集团所掌控的潜在而无形的权力，以及强大的思想理念和社会规范，都具有自己的运作方式，这意味着代表某种政治、经济、社会倡议的政党，都有责任在各大势力所掌控的世界中发挥作用。政党的建立旨在获得权力，影响一位或多位伟大的人物，而这些伟大的人物利用资助回馈支持者，把他们与领导者牢牢联系在一起。当然，所有政党在某种程度上都具有个人主义和实用主义色彩，但这些政党之间的差异仍大有益处。

具有个人主义色彩的政党无处不在，这在弗朗西斯·福山的观点中可窥见一二，从进化论角度来看，宗族和家族常常比个人忠诚的其他形式更为重要。[2]很多选民的种族身份、部落身份、地域身份或者宗教身份所具有的力量，比他们的思想观念更具有影响力。[3]具有个人主义

---

1 / Duncan Green, *Faces of Latin America* (London: Latin America Bureau, 1991), p. 104.

2 / Francis Fukuyama, The Origins of Political Order: *From Prehuman Times to the French Revolution* (New York: Farrar, Straus and Giroux, 2011).

3 / 然而，马修·洛克伍德（Matthew Lockwood）认为，殖民地独立的速度之快，让新一代独立运动的领袖没有时间按计划建立政党。Matthew Lockwood, *The State They're in: An Agenda for International Action on Poverty in Africa* (London: ITDG Publishing, 2005).

色彩、依靠资助建立的政党对政治纲领和政策主张不屑一顾，而是到处寻找最好的政治交易。对肯尼亚的一项研究表明："几乎所有的政党宣言都看起来一样，常常使用同样的措辞，甚至整段都完全相同。"[1]

阿根廷正义党的主席好像能够说服自己的跟随者支持各种完全矛盾的政策，比如卡洛斯·梅内姆（Carlos Menem）制定的市场自由政策与奈斯托尔·基什内尔（Nestor Kirchner）和克里斯蒂娜·基什内尔（Cristina Kirchner）制定的政府干预政策。巴西众议院（Chamber of Deputies）大约有 1/3 的立法人员任满四年一届后，便会替换成另外政党的立法人员，目的是寻求个人的经济或政治优势。[2] 在庇护政治（patronage politics）环境下，新进入者如果拥有足够的财富和权力购买支持，则更容易创建政党。尤其在发展中国家，政党"流失"的速度在逐渐加快：新建政党与某些候选人在每次竞选中的起起落落有着密切的联系，而与相对稳定的政党体系却没有太大关联，这种现象的发生源于人们普遍对更为正统的竞选对手不再抱有幻想。

1 / Vicky Randall, 'Political Parties and Democratic Developmental States', *Development Policy Review 25*, no. 5（2007）: pp. 633−52, http: // onlinelibrary.wiley.com/doi/10.1111/j.1467−7679.2007.00389.x/pdf.

2 / Vicky Randall, 'Political Parties and Democratic Developmental States', *Development Policy Review 25*, no. 5（2007）: pp. 633−52, http: // onlinelibrary.wiley.com/doi/10.1111/j.1467−7679.2007.00389.x/pdf.

米歇尔·朗（Micheal Wrong）在她的《轮到我们吃了》（*It's Our Turn to Eat*）一书中总结道，候选人获得庇护所使用的货币是官职和现金，这一总结令人难忘。[1]一次大选会让一批人对政府部门垂涎欲滴，因为候选人给予支持者的资金来自政府预算，候选人的全力支持者会得到政府工作作为回报。

我发现，普遍存在的腐败和庇护问题因为一件令人困惑的事件而更加严重：那就是国家显然缺乏能力给政党和竞选建立一个公平透明的资助体系。美国 2012 年竞选拉选票花掉了 60 亿美元（每票 51 美元），是英国 2010 年拉选票费用（共 5000 万美元，每票 1.68 美元）的 120 倍。肯尼亚 2007 年的竞选虽饱受暴乱之苦，也花费了 1000 万美元（每票 1.01 美元）。据估计，在 2009 年的印度国家大选中，所有政党的总共花销达 30 亿美元（每票 7.20 美元）。[2]面对这笔巨额花销，政党或竞选运动在没有国家资助的情况下，面对竞选前景，会拼命筹

---

1 / Michela Wrong, *It's Our Turn to Eat: The Story of a Kenyan Whistleblower*（London：Harper Collins Publishers，2009）.

2 / Prashant Sharma, 'From India Against Corruption to the Aam Aadmi Party: Social Movements, Political Parties and Citizen Engagement in India', in *Political Parties and Citizen Movements in Asia and Europe*, edited by Raul Cordenillo and Sam van der Staak（Singapore：Asia–Europe Foundation, Hanns Seidel Foundation and International Institute for Democracy and Electoral Assistance，2014）.

集资金。这种情况下，花费相对较少的一笔钱款，就能购买无限的政治影响力。

在一些国家，领导人显然能够完美地组织一场表面竞争激烈的竞选，同时还不会让权力旁落他人。[1] 这一点上，有些国家比其他国家更加大张旗鼓：2015年，哈萨克斯坦总统努尔苏坦·纳扎尔巴耶夫（Nursultan Nazarbayev）在大选中获得97.7%的选票再次当选，投票率达95%。在这个选票数中加上"7个点"（point 7）在我看来堪称点睛之笔。[2]

自2000年起，非洲撒哈拉以南地区的51个国家中，仅有14个国家的权力在各个政党之间移交。[3] 你可能会想，一看到那些手握大权牢牢不放的政党和领导人，就会激发民众对反对党的支持。事实上，反对党看起来也同样如此。舆论研究公司"非洲民主动态调查"（Afrobarometer）发现，来自18个国家的56%的受访者

---

1 / Vera Songwe, 'From Strong Men to Strong Institutions: An Assessment of Africa's Transition Towards More Political Contestability', *Africa in Focus*, *Brookings*, 4 August 2015, www.brookings.edu/blogs/africa-in-focus/posts/2015/08/04-africa-transitions-songwe.

2 / Aditya Tejas, 'Kazakhstan President Nursultan Nazarbayev Reelected with 98% Majority Vote', *International Business Times*, 27 April 2015, www.ibtimes.com/kazakhstan-president-nursultan-nazarbayev-reelected-98-majority-vote-1897642.

3 / Alina Rocha Menocal, 'Ten things to know about democracy and elections', ODI, 2013.

表示，他们"在某种程度上"或"大体上"信任执政党，仅有 36% 的受访者表示会以同样程度信任反对党。实际上，在非洲民主动态调查所调查的 13 个机构里，反对党是受信任程度最低的组织。

此外，71% 的受访者认同，新闻媒体"应该持续调查并报道政府的腐败和过失"，但他们拒绝接受反对党扮演这一角色。绝大多数受访者（60%）表示，反对党在竞选后应该求同存异，"集中配合政府，共同致力国家发展"。仅仅 35% 的受访者认为，反对党应该"定期检查并批判政府的政策和措施"，而且将其记录在案。

非洲民主动态调查总结道：

> 调查发现一个问题：非洲人民应该如何理解"反对党"这一概念。对此，他们好像存在一种自相矛盾的心理。非洲人民显然支持竞选，把竞选当成一种推选自己领导人的方式，他们希望参加投票时做出一个真正的选择。然而，竞选究竟在人们日常生活中具有什么样的意义，非洲人民好像对此又感到忐忑不安，而政治中出现的推推拉拉、相互角逐，是充满竞争的政党体系不可或缺的一部分。[1]

---

1 / Carolyn Logan, 'What Ails the Opposition in Africa?', Afrobarometer blog, 4 September 2015, http://afrobarometer.org/blogs/blog-what-ails-opposition-africa.

政党和女性

为了能够很好地代表民众，政党需要反映出他们的社会，然而由于社会规范和"不可见权力"，政党很难做到这一点。这在女性群体的体现方面尤为显著，无论在政党内部的权力结构上，还是在议会的席位上，女性在传统上始终处于边缘的地位。截至 2016 年，女性在全球范围内仅占 22% 的议会席位。全球只有两个国家（卢旺达和玻利维亚），女性在议会占有大多数席位。[1, 2]

随着社会对女性角色和其权力的规范的不断变化，以及人们对社会行动的热衷，女性的政治地位在最近数十年内开始发生改变。全球半数的国家已经采取选票配额措施，以期让男女选票配额达到均衡，许多政党内部的流程已开始发生连锁反应。[3]

印度是率先采取该措施的几个国家之一。1992 年，印度中央政府颁布法令：所有地方议会至少有 1/3 的席位（村务委员），以及村务委员会有至少 1/3 的领导职务，将留给女性担任。十年后，有研究显示，由女性领导的

1 / 'Women in National Parliaments', Situation as of 1 December 2015, Inter-Parliamentary Union website, www.ipu.org/wmn-e/classif.htm.

2 / 'Latest News', Inter-Parliamentary Union website, www.ipu.org/wmn-e/world.htm.

3 / Quota Project, 'About Quotas', Global Database of Quotas for Women, www.quotaproject.org/aboutQuotas.cfm.

村务委员会在女性认为应优先解决的问题上投入更多的精力,比如饮用水问题。[1]

一旦当选,女性代表能够在男性主导的体系中面对孤立和排斥,能够获得其他担任同样职务女性的支持,与她们建立关系网。乐施会在柬埔寨说服了一家手机运营商为女性团体领导人配备了手机,以方便她们之间进行联系(少数女性领导人感到处于孤立状态)。这款整洁的触屏手机的外观为粉色,这样男性就不会"借用"了。[2]

巴基斯坦奥瑞特基金会(Aurat Foundation)在全国的 30 个行政区组建了"女性领导力团体",总会员人数达 1500 名,均为女性社会活动者。该基金会的一部分工作内容是鼓励这些女性积极参与政党事务。2013 年 5 月,共有六位"女性领导力团体"成员当选为省级议会会员(五名在旁遮普省,一名在信德省),同时有一名成员当选为国家议会会员。"女性领导力团体"和奥瑞特基金会携手其他民间社会组织,为这些竞选共同制定了"女性

1 / Lori Beaman, Raghabendra Chattopadhyay, Esther Duo, Rohini Pande and Petia Topalova, *The Impact of Women Policy Makers on Public Goods in India* (Cambridge, MA: J-PAL, Abdul Latif Jameel Poverty Action Lab), www.povertyactionlab.org/evaluation/impact-women-policy-makers-public-goods-india.

2 / The Pink Phone Project, 'Empowering Cambodian Women Through Mobile Technology', 14 September 2011, www.youtube.com/watch?v=MPEmDXsakBk.

宣言"，列出了允许女性参与政党事务的最低要求。该宣言与其相关的竞选活动，在国内媒体和业界产生了广泛的影响，也让女性会员在政党中的"话语权"达到了新高度。[1]

非民主体系中的政党

在一党制国家，政党不仅是政府掌控权力的工具，还是政府的耳目，因为没有公开大选，政府需要其他反馈机制，了解自己管理的高效性（或其他方面）以及危害社会团结和政治合法性的潜在威胁。

越南共产党（Communist Party of Vietnam，CPV）于 1954 年在越南北部执政，是 1976 年越南实现统一后该国唯一的掌权政党。

然而，政党改革让社会活动家们有机会发挥作用，产生影响，即使在一党统治下的越南仍然如此。

越南地方政府的表现通过省级管理和公共行政绩效指数（Provincial Governance and Public Administration Performance Index，PAPI）[2]进行排名，利用当地研究员对一批精挑细选的受访者进行调查，对他们在保健和教

---

1 / Duncan Green, 'The Raising Her Voice Pakistan Programme'（Oxford：Oxfam Inter-national，2015）.

2 / The Viet Nam Provincial Governance and Public Administration Performance Index，http：//papi.vn/en/index.html.

育等领域的体验、轻度腐败的程度以及参与管理等方面进行采访。正如此次调查行动的一位组织者江荡（Giang Dang）所说："当越南对外开放之后，首先进入越南的两件东西是选美和可口可乐。因此我们决定举行（政府）选美。但我们遭到的大部分反对意见都来自（政府）选美的参赛选手——公务员。"[1]

江荡表示："排名靠前的省份急于保持自己的位置，在所有文件中写明自己的排名。相比，一些排名靠后的省份开始建立工作小组，咨询我们如何提高绩效。"

省级管理和公共行政绩效指数取得成功的秘诀在于它积极吸收体系内的杰出人物。该组织的顾问团成员均是来自国家议会、国家部委、政府检查机构、学术机构的代表。越南共产党的群众组织"越南祖国阵线"（Vietnam Fatherland Front，VFF）支持该民意选举，并向下至社区基层在内的全社会全面开放。

越南共产党对省级管理和公共行政绩效指数的态度，突出了一党制体系下社会团结和政府合法性的重要性。跟大部分政府一样，独裁政府同样敏锐地感觉到自己的合法性在民众眼中的起起伏伏，在经济精英的眼中更是如此。因此，当独裁政府失去合法性，自己的生存受到

---

1 / Presentation to seminar on 'Active Citizenship in Asia', Bangkok, September 2012, http://oxfamblogs.org/fp2p/building-active-citizenship-and-accountability-in-asia-case-studies-from-vietnam-and-india/.

威胁时，便愿意考虑做出改变。就越南共产党所面临的情况而言，该党知道地方政府的欠佳表现会威胁到自己的权威，因此即使该指数属于党外渠道，也选择了通过该指数对提升问责制给予支持。

把政党平台作为变革发生的渠道

社会活动家常常试图把自己的问题纳入政党平台上来，这样，如果该党当选，社会活动家就可以强烈要求政府采取行动。采用权力与系统方法陈述各种各样的问题，并探讨关于权力、先例、可能的政策和关键时刻的问题，这都有益于我们做出努力，形成影响力。印度的例子便能证明这一点。

印度于 2005 年通过了具有标志性意义的《国家农村就业保障条例》(*National Rural Employee Guarantee Act*，NREGA)，确保了农村所有人口每年能够在公共工程项目的非技术岗位上工作 100 天，这项成就的取得得力于两者的相互结合，一方面是印度公民坚决的社会行动，另一方面也是国大党的运气。

面对农村的干旱和贫穷，印度拉贾斯坦邦的市民社会组织在 2001 年联合给最高法院递呈了一份关于"食物权"的请愿书，并赢得了临时的肯定性批示。他们备受鼓舞，即使在没有获得国民大会党和其他政党的支持下，也于 2003 年拟定了《拉贾斯坦邦就业保障条例》。

2003 年立法议会的竞选带来了一次政治上的机会窗

口。印度国民大会党在拉贾斯坦邦和其他各邦遭受了一次沉重的败选，很多人也因此认为国民大会党没有机会赢得2004年的大选。面对即将来临的政治失败，党内领导人中的财政保守派在反抗中开始变得温和，并把就业保障纳入了2004年的国民大会党国家宣言。

那一年，在印度国民大会党令人惊讶地赢得大选之后，党内领导人需要快速制定一项计划。就业保障条例不仅已经准备实施，而且取消该条例将会危及与左翼政党的联盟。尽管如此，为了让这样一个影响深远的倡议获得政府的同意，市民社会组织更是发起了意志坚定的运动，他们开展了为期50天的游行，走遍了国家最穷困的地区，举行静坐抗议，与政治家直接接洽，还进行公众听证。[1]

尽管印度国民大会党随后在2014年大权旁落，但这一计划继续扩大。2015年，"国家农村就业保障条例"网站显示，该条例让印度全国的1.22亿贫困人口拥有了工作机会。[2]

《国家农村就业保障条例》的事例给社会活动家提供

---

1 / Ian MacAuslan, 'India's National Rural Employment Guarantee Act: A Case Study for *How Change Happens*' (Oxford: Oxfam International, 2008).

2 / Mahatma Gandhi National Rural Employment Guarantee Act website, http://mnregaweb4.nic.in/netnrega/dynamic2/ReportGenerated.aspx.

了与政党一起开展工作、通过政党开展工作的经验和榜样。社会活动家看到，他们在政治上的艰苦努力让印度国民大会党愿意敞开心扉接受新的思想。他们恰好在关键时刻提出建议，将内部策略和外部策略结合起来，放到政党平台进行讨论并最终得到了实施。这一事例也展示了意外和幸运的重要性：如果 2004 年的竞选与人们预想的一样未能取得成功，印度国民大会党最终失败，《国家农村就业保障条例》很可能与其他倡议一样，只是一个良好的但最后以失败而告终的公民社会倡议。

媒体和问责制

国家也许是通过法律的眼光来看待世界的，但政治家往往是通过媒体的眼光看待世界，但不是仅仅限于通过某一家媒体。我曾任职于英国援助部门英国国际发展部（DFID），主要从事贸易政策的研究。在这段短暂的任职期间，我发现，每当《英国金融时报》（*Financial Times*）刊登关于世界贸易组织谈判的报道时，英国国际发展部部长都会派自己的特别顾问查明谈判的进展情况。据说，另外一位部长给英国国际发展部长期饱受折磨的媒体部门设定了一个绩效目标，让他们监测媒体能够把多少张他的照片放到他最满意的（与政党一致的）报纸上。相比之下托马斯·杰斐逊（Thomas Jefferson）更值得尊敬，他曾经说过（即使他多次被媒体贬低）："如果我不得不在没有报纸的政府和没有政府的报纸之间进行选择，我会毫不犹疑地选择后者。"[1]

媒体能够与公民的呼声产生共鸣，能够扩大公民的呼声，还可以替代公民的呼声发声。政府监测（常常热衷于此）自己是否受到欢迎，侦查是否有社会动乱和对自己的合法性造成影响，乃至最终掌握大权进行统治的威胁。当然如果蜷缩在权贵的走廊上，实现这一点可能比较困难，但媒体为"人们思考的问题"提供了一种反馈回路（当然，不断滋生的为政府决策提供信息的民意调查和焦点小组就是这类回路）。英国国际发展部部长在一定程度上把《英国金融时报》作为一种途径，了解报道中的全球贸易谈判所具有的意义。这对我产生了很大的启发，作为一位社会活动家，我需要提升"媒体的使用"（这也是 20 世纪 80 年代的社会活动家必备的一部指南手册的标题[2]）。换言之，你需要查明这位部长读的什么报纸，设法拿到这个报纸，然后在上面投放自己的新闻稿。

政府和政治家往往比社会活动家更擅长利用媒体，因为他们掌握着更多的政治权力和金钱，没有什么太多顾虑。20 世纪 90 年代，秘鲁秘密警察头子伊凡·蒙特西诺斯（Ivan Montesinos）有组织有计划地贿赂了全国所

---

1 / Thomas Jefferson，letter to Edward Carrington，Paris，16 January 1787.

2 / Denis MacShane, *Using the Media: How to Deal with the Press, Television and Radio*（London：Pluto Press，1979）.

有相互制衡的政府机构——包括反对党、司法系统和言论自由的出版社。在他失去权位之后，一些进步学者掌握了那些针对不同目标送出的贿赂，并对这些贿赂进行比较。他们发现，给予电视台台长的贿赂是法官、政治家的 100 倍。送给一个电视台的贿赂是所有反对党政治家的 5 倍。从上述贿赂时的偏好可见新闻媒体最能强有力地核查政府权力的运用（并且能彼此之间保持一段距离）。[1]

自伊凡·蒙特西诺斯时代起，媒体环境随着技术的发展以及媒体在问责制中扮演的角色而发生了巨大改变。在大部分国家（仍有少数特殊国家，比如厄立特里亚和津巴布韦），传统媒体已经四分五裂，并不再是赤裸裸地直接为国家所有。在脆弱型国家，"军阀电台"不断涌现，这种媒体由特殊的政治、种族、宗教或军事领导人掌控，用于达到分裂国家的目的。在其他分裂的国家，地方电台煽动仇恨，肯尼亚 2008 年大选之后的暴乱夺去了 1200 人的生命，14 年前发生在卢旺达的种族大屠杀，便是典型事例。[2]

很多社会活动家对"新媒体"以及它们在建立问责

---

1 / John McMillan and Pablo Zoido, 'How to Subvert Democracy: Montesinos in Peru', *Journal of Economic Perspectives* 18, no. 4（2004）: pp. 69-92.

2 / James Deane, *Fragile States: The Role of Media and Communication*, BBC Media Action Policy Brieng No. 10（London: BBC Media Action, 2013）.

制方面所扮演的角色抱有很大的期望。对于乐观主义者而言，信息本身"希望获得自由"，而且将激起民众发起一波社会行动，从而在透明化和网络运动的浪潮下，让制度和财富摆脱社会精英的控制。但是精通技术的社会活动家往往高估社交媒体的重要性，传统的老式无线广播仍然是肯尼亚成年人获得信息的主要渠道。例如，89% 的肯尼亚成年人每周都通过无线广播来获取新闻和信息。[1]

然而，一些行径可耻的社会精英和充满压迫的国家却极其善于监督社交媒体的活动，并借此掌握异己分子的一举一动。[2] 此外，新媒体与传统媒体的分裂造成了回声室效应，使得各类信息、新闻和分析处于各自分离而又互相平行的环境，这导致了偏见的增加，不同群体之间的对话减少，并使得媒体沦为一些心怀叵测之人手中的工具，而这些人利用仇恨和分裂来加强自己的权力。

我或许是一位对技术持怀疑态度的人，但我也是一

---

1 / Paddy Coulter and Cathy Baldwin, 'Digital Deprivation: New Media, Civil Society and Sustainability', in *Civil Society in the Age of Monitory Democracy*, edited by Lars Trgrdh, Nina Witoszek, and Bron Taylor（New York and Oxford: Berghahn Books, 2013）.

2 / Evgeny Morozov, *The Net Delusion: How Not to Liberate the World*（London: Allen Lane, 2011）. Malcolm Gladwell, 'Small Change: Why the Revolution Will Not be Tweeted', *The New Yorker*, 4 October 2010, www.newyorker.com/magazine/2010/10/04/small-change-malcolm-gladwell.

位带有强迫症的博客和推特写手，亲眼看到了社交媒体的优点和缺点。我自己的微博"从贫穷到权力"[1]每年吸引大约 30 万"独立访客"。这对于一个博客而言，已经是不错的点击量，但与传统媒体的受众数量相比，仍是寥寥可数。博客和推特是一种必不可少的社交工具，可以让你与"像你一样的人"进行深刻而精辟的对话，同时还能产生影响，通过读者数量直接影响（读者主要来自政府、政党、学术界和社会活动组织）或间接影响传统媒体记者，这些传统媒体记者在博客和推特文章中寻找观点，为撰写他们的下一篇报道做准备。对于社会活动家而言，社交媒体在问责制网络中提供了另外一种全新环节。

　　总而言之，无论乐观主义者还是怀疑论者都能找到支持自己的论据。有一项研究对媒体在四个国家——肯尼亚、索马里、阿富汗、伊拉克——所扮演的角色进行了调查，结果显示，在这四个国家，部分媒体强化了民族和宗派的身份，尤其在竞选这样的关键时刻尤为如此。但是一些肯尼亚的地方媒体，虽然参与了煽动 2007 年和 2008 年的暴乱，但在暴乱升级时也呼吁人们保持冷静。索马里民众仅仅重视自己信任的媒体，并相应地对媒体进行禁止和允许。索马里激进组织青年党（al-Shabab）

---

1 / Duncan Green, From Poverty to Power blog, http://oxfamblogs.org/fp2p/.

夺取政权后，通过操控无线电台，或者对电台进行恐吓，让他们播放自己的思想主张，努力吸引大量的听众。[1]

媒体是一个复杂的体系，媒体的行为会根据政治、历史、文化、技术和个体，随着时间和地点的变化，呈现千差万别的形式。对于那些学着与这种体系"共舞"的社会活动家而言，他们需要试着查明媒体是如何在既定环境下运转的，并学习媒体的语言风格、报道的日程安排和激励方式。（我非常钦佩乐施会的媒体团队，他们能够在一年一度的达沃斯世界经济论坛召开之际这样的全球重大时刻，将自己的故事放到公共领域。[2]）

正如在第三章探讨的一样，社会活动家利用传统媒体的真人秀节目和肥皂剧设法影响态度和规范的潜在体系，而不是停留在眼前的问责问题上。在坦桑尼亚，一档电视真人秀节目"粮食女英雄"（Female Food Heroes）进一步让人们意识到女性粮食生产者的重要性，而她们却往往被人们所忽略。参加节目的选手会花掉三个星期的时间录制这档不可能在全国热播的节目，目的是看看

---

1 / James Deane, *Fragile States: The Role of Media and Communication*, BBC Media Action Policy Brieng No. 10, （London: BBC Media Action, 2013）.

2 / Oxfam press release, '62 people own same as half world – Oxfam', 16 January 2016, www.oxfam.org.uk/media-centre/press-releases/2016/01/62-people-own-same-as-half-world-says-oxfam-inequality-report-davos-world-economic-forum.

哪位女农场主会成为观众和其他人眼中的赢家。据报道，连国家农业部部长都是这档节目的粉丝。[1]

通过理解媒体在改善问责制方面所扮演的角色，就可以理解权力。所有制的模式以及对政党的忠诚深深影响着很多传统媒体的报道。新媒体受到这种偏见的影响则不太明显，但也几乎很难完全摆脱权力的影响。绝大多数广受欢迎的关于援助和发展主题的博客，其作者几乎清一色都是西方白人男性（很抱歉我也是其中之一）。

透明化和问责制倡议

在本章节中，大部分内容探讨了世界银行所谓的"长距离"（long route）问责制：[2]通常情况下，公民通过政党把权力授予政治代表，然后政治代表负责管理政府机构，政府机构再给公民提供各种服务。长距离问责制的建立归功于那些设法让政治家为人民服务的公民。但也有"短距离"问责制：与其让国会议员或地方议员改善你孩子所在学校的教育水平，为什么不直接说

---

1 / Oxfam website，'Bahati Muriga Jacob：Female Food Hero 2014，Tanzania'，www.oxfam.org/en/tanzania/bahati-muriga-jacob-female-food-hero-2014.

2 / World Bank，'World Development Report 2004. Making Services Work for Poor People'（Washington DC：The World Bank，2003）.

服校长呢?

这种为建立短距离问责制而做出的种种尝试在近些年犹如野火般蔓延，而背后的推动因素是新技术的出现，以及在国家衰弱或反应迟钝的情况下人们对解决方案的需要。这种问责制常常被称为"社会问责制"。这些努力，就是广为人知的"透明化和主动问责"，主要依靠信息的获取、公民对政府表现的监督，以及公民发起的社会运动，迫使官员承担责任。

在南非，"公共部门问责监督"(public sector accountability monitor)分析并公布了东开普省卫生厅提供的预算和服务信息，东开普省是南非最贫困的省份之一。这种问责监督最初做出的种种努力虽然只产生了有限的影响，却引起了国家中央政府的注意，并介入了进来。结果，东开普省主管卫生的部长和卫生厅厅长被革职，31名官员被指控违法，另有 800 位官员被开除。[1] 毋庸置疑，财政管理得到了大幅提升。

政府官员承诺采取这样的举措是诚心诚意的，却对这种承诺进行了过分宣传。一些人对此高谈阔论，"仿佛一个人所需要做的就是分发手机或安装网络，这样，那

---

1 / Duncan Green, 'Ups and Downs in the Struggle for Accountability-Four New Real Time Studies', From Poverty to Power blog, 5 September 2013, https://oxfamblogs.org/fp2p/watching-the-ups-and-downs-of-accountability-work-four-new-real-time-studies/.

些顽固存在、曾经困扰了我们数十年的结构失衡和权力不对称现象，将慢慢消失"，坦桑尼亚的拉凯什·拉贾尼（Rakesh Rajani）曾这样说道，他是此次运动中一位最具号召力的领袖。[1]

拉凯什创办了一家具有开拓意义的非政府组织图瓦维萨（Twaweza），他邀请我前去这个组织参与一次反思的活动。图瓦维萨认为，通过让贫困人民获取更多的信息，可以让政府对东非地区的贫困学校以及其他事情更负责任。[2]这家组织实施了这一想法，并实现了一定规模性，他们把素材提供给颇受欢迎的电视肥皂剧或广播评论节目，并在4000万册的教科书封底刊登了广告。这次行动上的创新极具挑战性，且范围较广，受到资助者的连连称赞。

但问题是，这样做并未奏效。没有任何一项全球著名学者主导的评估显示出，图瓦维萨发布的信息在民众心中留下任何深刻印象，此外也很少能激起民众

---

1 / Rakesh Rajani, 'Why Transparency and Technology Won't Drive Accountability', in Duncan Green, 'What are the Limits of Transparency and Technology? From Three Gurus of the Openness Movement（Eigen, Rajani, McGee）', From Poverty to Power blog, 7 April 2014, http://oxfamblogs. org/fp2p/what-are-the-limits-of-transparency-and-technology-the-thoughts-of-three-gurus-of-the-openness-movement/.

2 / http://oxfamblogs.org/fp2p/a-fascinating-conversation-with-twaweza-one-of-the-worlds-cutting-edge-accountability-ngos/.

采取进一步的行动。其中一位（被拉凯什所称道的）评估者认为从最初的概念来看，这种情况可以被称为"一桶冷水"。因为图瓦维萨态度颇为勇敢，发布了极具影响力的调查结果，并且还邀请人们前来对结果进行讨论。

随后三天的时间，让我明白了对所有变革理论的潜在的假设和条件进行考察的重要性，这些假设和条件就是"看看箭头所指的方向"。我至今特别喜欢一幅关于变革是如何发生的漫画[1]，画中两位研究人员站在黑板前，左手边和右手边写着方程式，而中间写着一句话"然后奇迹出现了"（参见图6.1）。图瓦维萨关于变革的理论是："民众获取与服务相关的信息→民众采取行动提升服务质量"，在两者之间所存在的就是尚未探讨的问责制的奇迹。

这个项目的一位评估者指出，在这个简单的从 a → b 的变革理论中，存在着一系列的假设和条件：我理解这条信息吗？→对我而言这是一条新信息吗？→我关心吗？→我认为有责任为此做些事情吗？→我拥有相关技能发挥自己的作用吗？→我认为通过自己的努力能产生影响吗？→我受到启发之后所采取的行动与我当前已经采取的行动是否存在不同？→我相信自己的个人行动会产生

---

1 / Sidney Harris, 2016, http://www.sciencecartoonsplus.com/pages/gallery.php.

影响吗→我是否希望志同道合的人跟我一起行动？[1] 权力是通过各种体系进行运转并实现问责的，如果我们没有对这些体系进行更加全面地分析，我们就只能十指交叉，被动地祈祷"奇迹的发生"。

"我认为你下一步在这里该更明晰一些。"

图 6.1　"然后奇迹出现了"

资料来源：Sidney Harris，Science Cartoons Plus.com。

图瓦维萨的开放程度可能令其成为一个特例，但是

1 / Duncan Green，'So What Should Twaweza Do Differently? How Accountability Work is Evolving'，From Poverty to Power blog, 9 October 2013, http://oxfamblogs.org/fp2p/so-what-should-twaweza-do-differently-how-accountability-work-is-evolving/.

这家组织所体现出的问题却并非个例。除非我们对权力运转实现问责的体系进行更加全面地分析，否则我们还是十指交叉，祈祷"奇迹的发生"。相反，我们需要观察整个系统，包括政党、媒体，以此把社会活动家的需求、信息获取，以及社会活动家对掌权者决策方式和结盟方式的深入理解结合起来——我将此称为权力与系统方法。[1] 目前，比起坐等奇迹发生，这个方法看起来好像是一个更好的选择，但如果我们数年之后回到达累斯萨拉姆，届时还将面对另一套令人沮丧的评估结果的话，对此我也不会感到惊讶，因为那就是在复杂系统里工作的特性。

总 结

掌权者和责任承担者们所说的话，往往与他们后来的行动之间存在很大的差距。究其原因，这种差距在一定程度上是思想、利益和制度运行方式的结果，也反映了权力在社会上的分配方式。掌权者的言行不一，让他们在公众面前眼中树立起玩世不恭的形象（"所有的政治家都如出一辙"）。

无论多么诱人，我都认为那些仅仅支持怀疑论的社

1 / Jonathan Fox, 'Social accountability: what does the evidence really say?', GPSA Working Paper Series No. 1, September 2014.

会活动家会失去改变的重要契机。政党、媒体、社会问责制举措是问责制体系中的重要部分，如果社会活动家能够加以利用和巩固，这种差距便可缩小。

面临政党体系停滞或存在腐败现象的国家不会一直处于这种状态中。相反，因为民众的压力、不断改变的规范、新领导人的上任，以及关键时刻的出现，这些国家不得不建立一个不断发展的系统。而社会活动家不仅需要学会与这一系统共舞，利用媒体和"短距离"方式，还可以通过建立联盟、支持运动、与运动并肩作战、抓住关键机遇等途径，与政党合作，因为政党拥有潜力，能让原本不可能发生的巨大变革成为现实。

延伸阅读：

R. Cordenillo and S. van der Staak（eds.）*Political Parties and Citizen Movements in Asia and Europe*（Singapore：Asia-Europe Foundation，Hanns Seidel Foundation and International Institute for Democracy and Electoral Assistance，2014）.

J. Deane，*Fragile States*：*The Role of Media and Communication*，BBC Media Action Policy Brieng No. 10（London：BBC Media Action，2013）.

F. Fukuyama，*The Origins of Political Order*：*From Prehuman Times to the French Revolution*（New York：Farrar，Straus and Giroux，2011）.

V. Randall，*Political Parties in the Third World*（London：

SAGE Publications, 1988) .

A. Rocha Menocal, *Ten things to know about democracy and elections* (London: Overseas Development Institute, 2013) .

第七章 国际体系如何形塑变革

　　我穿着一身西服，感觉很不自在，便从警察防线中慢慢地挤了过去，这时一位满脸胡须的社会活动者指着我怒吼道："不知羞耻！"以市民社会代表的身份参加一次国际贸易大会，被认为是加入天主教海外发展机构（CAFOD）并参与国际制度建立的常规做法。然而，世界贸易组织于 1999 年在西雅图举行的部长级会议（Ministerial Conference），却截然不同。我们这些来自于英国非政府组织机构的游说家，被夹在发射催泪弹的机械战警和愤怒的抗议者之间，不得不与英国政府代表们站在一起，聚集在他们豪华的会议中心办公室。此后证明这是一次建立关系和信任的极佳机遇。这种场面可能与那位挥动标语并指责我的社会活动者所期盼的情景不同，但结果证明，这位指责者帮了很大的忙。

　　对我而言，在西雅图参加部长级会议后，我便开启了数年的全球贸易规则的游说生涯。与来自巴基斯坦、菲律宾以及其他国家的政府代表团，还有其他非政府组织的政策分析者和学者们一起工作，让我深刻了解了国际体系变化的复杂性，还让我了解了社会行动如何与各种事件、长期趋势以及规范和思想的转变相互影响，相互作用的。

近些年发生的一次重大事件便是恐怖分子对纽约世界贸易中心发起的"9·11"恐怖袭击事件，而仅仅数周之后在西雅图举办的世界贸易组织部长级会议最后以失败告终。每当有飞机飞到会议中心附近，多哈的参会代表们都战战兢兢，纷纷退出了会议。我与穿着长袍的卡塔尔工作人员和参会代表一起聚在会议大厅，观看着电视屏幕，与此同时，美军已攻取喀布尔，以示对恐怖袭击的反击。在这种狂热的环境下，各国政府在国际体系下团结起来，启动了雄心勃勃的"多哈回合"贸易谈判。

然而，两年之后在坎昆召开的世界贸易组织部长级会议上，一些更为长远的趋势已经开始崭露头角。在美国和欧洲，人们日益增长的焦虑慢慢磨灭了富有国家的意志，更重要的是，新兴的发展中国家阵营拒绝同意富有国家关于农业和投资相关的议程安排，最终谈判破裂，令人惊讶。

此外，人们的思想在贸易讨论的进展中也扮演着关键角色，尤其是风靡于20世纪90年代晚期的"要前进就要自由化"的粗糙观念,受到了学院派的反击。[1] 随着富有国家撤出知识领域和政治领域的讨论,"多哈回合"贸易谈判在启动 15 年之后,仍处于维持状态,萎靡不振。

各种相互影响的事件、长期的经济和政治进程、个体人员以及各种思想组成的生态系统,是国际体系中变革发生的典型形态。

多边体系的演变

在很多方面,国际体系都是一个不同寻常的成功故事。每天,民族国家之间都会进行大量而稳定的贸易来往:人们穿梭于边境之间;电子邮件、信件和明信片送达到正确的目的地;货轮在全球贸易不断循环增长的趋势下,在外海港口装卸货物集装箱。当这些相对不受任何阻碍的贸易进程突然中断时,才会引起我们的注意,就好像欧洲移民危机,当时占据了各大新闻报道的头条。显然,这些运转稳定的交换在是相对宽松的管理体系下进行的——这种体系由规范、规则、流程、机构组合而成——并且没有任何公认的世界政府参与其中。

---

1 / See, for example, Dani Rodrik, *The Global Governance of Trade as if Development Really Mattered* (Cambridge, MA: Harvard University, 2001), www.sss.ias.edu/les/pdfs/Rodrik/Research/global-governance-of-trade.pdf. Or Ha-Joon Chang, *Kicking Away the Ladder: Development Strategy in Historical Perspective* (London: Anthem Press, 2003).

人们第一次尝试将国际关系进行秩序化管理，是于1815年拿破仑战败后在欧洲出现的。战胜国建立了"欧洲协调"（Concert for Europe）机制，虽然没有书面规定，没有永久性机构，但为各国通过谈判解决分歧提供了讨论场所。19世纪大部分时间里，这一机制成功阻止了欧洲战事的发生，造就了德国、意大利的统一和崛起，这两个国家直到第一次世界大战才崩塌瓦解。

自红十字会1863年成立以来，人们在管制暴力手段的运用上所付出的种种努力，便一直推动着关于国际管理的讨论，同时国际体系也在逐渐演变，从根本上应对战争的发生。第一次世界大战促成了国际联盟（League of Nations）的成立，这是人们为建立一个"世界国会"所做的一次尝试，因其过于理想化，最后注定以失败而告终。第二次世界大战后形成的一些基本制度，构成了当今的国际体系。与国际联盟不同，联合国将全球民主（联合国大会）与"强国"政治（安全理事会）融合在一起。为了促进国家之间的经济合作，同时为了防止曾经破坏国际联盟的经济民族主义的发生，战胜国建立了世界贸易组织的前身，以及我们所熟知的"布雷顿森林体系"（Bretton Woods Institutions）——国际复兴开发银行（更被大家所熟知的世界银行）和国际货币基金组织（International Monetary Fund，IMF）。

70年后，联合国、世界银行集团、国际货币基金组织以及1995年成立的世界贸易组织呈现越来越明显的僵化和极度紧张的迹象，如今却处于国际管理这个复杂而蓬勃的体系的顶端。我这里所谓的复杂是指：在 20 世纪的发展进程中，成立的国际组织达 38000 多家，其中，几乎一半的国际组织是在过去 20 年内成立的。[1]

联合国是一个自成一体并不断蔓延的体系，由三大核心机关组成，联合国大会、安全理事会和秘书处，均成立于 1945 年。随后，联合国又成立了一系列"专门机构"，比如世界卫生组织（WHO）（1948 年）、联合国难民署（1950 年）、联合国贸易和发展会议（1964 年）、联合国开发计划署（1965 年）以及联合国妇女署（2010 年）。[2]

为了应对突发事件（尤其是失败和危机事件）、政治体制的僵化以及现存制度改革的缓慢步伐，国际体系继续把新的元素移植到自己的基本框架之中。联合国维和部队试图制止 20 世纪 90 年代发生在波斯尼亚和卢旺达的大屠杀，均以失败告终。这促成了 2002 年海牙国际刑事法院（International Criminal Court）的成立，同时让人们对联合国维和部队在各种危机事件中所扮演的角色给予越来越多的肯定。2005 年通过的一项协议对这一角色给予了支持，该协议规定联合国有"责任保护"平民免遭大屠杀、战争犯罪、种族灭绝、反人道罪行的伤害。

---

1 / Thomas Weiss, *Global Governance: Why? What? Whither?* (Cambridge: Polity Press, 2013), p. 16.

2 / Anthony Payne, *The Global Politics of Unequal Development* (London and New York: Palgrave Macmillan, 2005), chapter 5.

而国际货币基金组织和世界银行在其治理结构中并没有反映出欧洲权力的长期衰落，这促使中国、印度、巴西和其他新兴经济体于 2014 年成立了亚洲基础设施投资银行（Asian Infrastructure Investment Bank）。

我亲身积极参与这些组织的外围活动，也证明了国际体系进行着另外一种演变，即非国家网络的崛起。国家仍是主要参与者，但他们日益被来自私营部门、非政府组织、像比尔及梅琳达·盖茨基金会的慈善机构以及精通政策的学院代表们所包围，并被迫与这些代表进行合作。这些新的参与者组成的网络促成了公私之间联合发起的各种倡议，比如致力于抗击艾滋病、结核病和疟疾的全球基金（The Global Fund to Fight AIDS, Tuberculosis and Malaria），以及全球疫苗免疫联盟（Global Alliance for Vaccines and Immunization）。

国际货币基金组织和世界银行本质上作为联合国体系的一部分，是以一种截然不同的方式成立的。联合国整体上按照"一国一票"的原则运转（安全理事会显然除外），而那些多边财政组织是基于"一美元一票"的原则来制定决策的，以此确保美国和其他主要援助机构的主导地位。[1]

---

1 / 国际开发协会（International Development Association，IDA）是一个例外，作为世界银行的附属机构，该协会的宗旨是为低收入国家提供贷款。从严格意义上而言，该协会的理事会结构与世界银行不同，在其制定的决策中，贫困国家拥有 41% 的投票。然而，仅有少数几个（转下页注）

在美国的一再坚持下，这些国际组织并未设在纽约联合国总部，而是坐落在华盛顿，离白宫仅几步之遥。大致来说，联合国体系倾向于青睐发展中国家（虽然发展中国家自身往往因为意识形态和国际地位而四分五裂），而布雷顿森林体系可能更加反映富有国家的观点。

这两种机构之间存在的差异不仅仅局限在意识形态和政治制度上。联合国办公室老旧不堪，官僚主义作风令人失望，而世界银行和国际货币基金组织的办公大楼前卫时尚，工作风格高效干练，他们之间形成的这种鲜明对比一直给我留下了深刻的印象。2013年，当我在联合国开发计划署和世界银行给官员们发表关于博文撰写的演讲时，就收到一份图表，展示了这两种机构之间的不同。在联合国，遭到恐吓的官员争论着是否可以撰写博文，唯恐这样会冒犯任何一个成员国。而在世界银行，当我要求见一见他们的博文作者时，官员们做出了自信而诙谐的回答，"真是凑巧，这里的300位官员都是博文作者"。[1]

（转上页注1）会参与协议制定，进而影响协会政策的方向，而这一协议制定的过程每三年才举行一次。而在国际金融机构（IFIs），真正制定重大决策的是大型援助机构。

1 / Duncan Green, 'Blogging in Big Bureaucracies Round Two: The View From the World Bank', From Poverty to Power blog, 10 May 2013, http://oxfamblogs.org/fp2p/blogging-in-big-bureaucracies-round-two-the-view-from-the-world-bank/.

每一家国际组织所拥有的特殊文化都扮演着非常重要的角色，因为非政府组织和其他组织发起的全球运动，常常需要与一家国际机构组成联盟，以此影响其他国际机构。与联合国体系建立联盟应该是一件很容易的事情，因为它以进步性改变为导向，并致力其中。可叹的是，它浓厚的官僚主义作风往往令人倍感挫折，犹如梦魇般无法摆脱。

但采用这种简化的"联合国好、世界银行坏"的世界观，难免太过于简单化。联合国体系和布雷顿森林体系之间不仅存在着无休止的势力争夺，他们内部以及他们之间还在意见和意识形态上存在着明显分歧。比如，1998 年亚洲金融危机爆发之后，国际货币基金组织希望迫使各国减少支出，而世界银行认为世界各国应该用通货再膨胀手段刺激消费。

"硬"实力与"软"实力

绝大部分对普通人民的生活产生重要影响的决策，最终都是由国家政府制定的，鉴于此，难怪会有很多国际机构的官员（以及相当数量的社会活动家），都期望国际体系能够获得"硬实力"，迫使各国政府采取行动。但能够产生这种影响的国际机构寥寥无几：联合国能够对高压政权实施制裁；国际货币基金组织可以设法强制实行某种经济政策，比如减少公共支出；世界贸易组织能够通过罚款实施贸易规则；海牙国际刑事法院能够检控双手沾满鲜血的国家领导人。

2003 年，乐施会、大赦国际（Amnesty International）、国际禁止小武器行动网（International Action Network on Small Arms），联合全球其他很多组织，成功发起了一次军备控制运动，而社会活动家通过这次运动成功利用了国际体系的硬实力。军备控制运动（Control Arms Campaign）的目的，是通过新签订的《武器贸易条约》（*Arms Trade Treaty*，ATT），减少武装暴力和武装冲突的发生。通过签订该条约，世界各国首次共同努力，对常规武器和军事装备在国家之间的转移进行管控。

军备控制运动发起之初，仅仅有三个国家的政府（马里、哥斯达黎加和柬埔寨）公开宣称参与其中，呼吁国际社会共同签订一份条约。但运动发起方并不气馁，很快运动便聚集了很多盟友，其中有国防工业领域的企业，他们认为自己应"以一种负责任的方式结束"军事工业，另外还有退役将军和前战地记者、金融投资者、被小型武器伤害过的人，等等。而站在另一面反对该运动的有美国（2009 年以前，美国是唯一公开反对签订条约的国家）和其他一些武器交易国（俄罗斯、中东国家），以及美国全国步枪协会（National Rifle Association）和主张公民有权持有枪械的团体。

起初的策略是在全球每个地区获得一个政府对《武器贸易条约》的拥护，然后再说服其他政府跟随其后，以此取得滚雪球式的效果。通过直接游说，政府内部的个别官员改变了自己的思想，但是只有通过民众请愿和发起其他公众运动，才让《武器贸易条约》获得政治上的支持成为可能。2005年年中，人们对该条约的支持如雪球般越滚越大：在两年举行一次的联合国轻小武器行动纲领（UN Programme of Action on Small Arms）大会上，55个国家表示给以支持；2006年底，多达153个国家投票支持签订条约；2014年圣诞节前夕，《武器贸易条约》通过并成为国际法。

《武器贸易条约》运动作为一个极好的研究案例，让我们了解了如何运用权力与系统方法来促进国际体系的改变。这些运动中的活动家善于与"不常涉及的人"（unusual suspects）建立联盟，对权力在国际体系中的运行方式具有深刻的理解，并且能够随着谈判的进展在外部运动和内部游说之间灵活转换。此外，他们充分利用了关键时刻，比如刚果（金）、达尔富尔和后来叙利亚暴力事件爆发之际，以及2008年就在被暴力中断的总统大选在津巴布韦举行之前。（南非的码头工人拒绝卸载装有军火货轮，并且这项运动及时强调了码头工人行动的有效性，并避免了人员损失。）[1]

但是，国际法的"硬实力"也有自己的局限性。强大的国家能够对国际机构的规定置之不理，或者是有选择性地采用这些规定，而弱小的国家往往点头赞同，但

---

1 / Duncan Green and Anna Macdonald, 'Power and Change: The Arms Trade Treaty'（Oxford: Oxfam GB for Oxfam International, 2015）.

却无所事事。

国际体系中被人们所低估的力量是它的"软实力"：也就是在国际体系下通过一轮又一轮的会议、集会和讨论，凝结下来的思想和规范。正如第三章所探讨的，联合国最深远的影响，很可能就是它在同意并推进不断演变的规范中所扮演的角色，而这些规范约束着人类社会的方方面面，从人们对待女性、儿童或原住居民的方式，到人们看待腐败和战争的态度。国际知识界（包括学者、决策者、国际机构的研究部门）能够产生巨大的影响力，正如联合国气候变化国际专门小组（International Panel on Climate Change，IPCC）在全球气候变化谈判中表现的那样。19世纪，人们坚信科学知识能够解决人类面临的最为紧迫的问题，在很多方面，联合国气候变化国际专门小组正是这种信仰在当下时代的体现，它的成功让像我这样一个转行的科学家欢欣鼓舞。

我喜欢把国际论坛上的辩论视为一种生态系统。在这种生态系统中，新思想以及旧思想中产生的新变化，不断涌现，并引发人们深思。其中一些思想开始流行，被一些体系化机构所采纳，而其他一些思想却渐渐消失。随着知识浪潮影响着人们对世界、对不同层次决策的理解，变动和改变将永不停息。

国际体系对一些社会活动家置若罔闻，这让他们深感绝望。对此，这些社会活动家需要保持耐心。20世纪80年代晚些时候，当我第一次偶然接触国际货币基金组织和世界银行时，这两家机构还属于“贫困的经纪人”，[1]它们利用 20 世纪 80 年代的债务危机在发展中国家施行财政紧缩措施，进行“结构性调整”。一切为了增长；然而国家始终在制造问题，而非解决问题；对市场解除管制是唯一的出路。

我一开始坚定地站在“反对”阵营，支持人们 1994 年发起的“受够了这 50 年”（50 Years is Enough）的抗议活动，该活动要求废除布雷顿森林体系。但随着我与世界银行和国际货币基金组织的官员接触越来越紧密，我的观念开始变得缓和。我更愿意相信，我的这种改变是源于这些机构的不断完善，但我不得不承认，随着年龄的不断增长，我的性格也变得越来越随和。最近，我甚至还为世界银行的治理类博客撰写博文。[2]即便如此，当国际货币基金组织总裁克里斯蒂娜·拉加德（Christine Lagarde）于 2015 年在乐施会华盛顿办公室发表了性别与不平等现象的最新报告后，[3]我不得不掐拧一下自己以示

1 / Martin Honeywell, *The Poverty Brokers: The IMF and Latin America* (London: Latin America Bureau, 1983).

2 / Duncan Green, World Bank blogs, http: //blogs.worldbank.org/team/duncan-green.

3 / Christine Lagarde, Managing Director, IMF, 'Catalyst for Change: Empowering Women and Tackling Income Inequality', speech to Oxfam America, 22 October 2015, Washington DC, www.imf.org/external/np/speeches/2015/102215.htm.

提醒。像"性别"与"不平等"这些词语，在 30 年前是不可能逃过国际货币基金组织内部的思想警察的。

单单讲述布雷顿森林体系的演变方式就可以撰写一本书，但它的演变过程展示了一个自适应复杂系统拥有的所有特点。每一个机构里，来自不同学科背景或意识形态背景的"派别"，都会就关键问题争论个输赢，比如国家应扮演什么样的角色、不平等的重要性和起源、保健和教育服务是否应该收取费用。[1]各种事件和现实生活会推动争论的进程：20 世纪 80 年代制定的结构性调整政策造成了高昂的人力成本，这让人们开始怀疑政治的"合法性"，并对此深感困惑，华盛顿共识（Washington Consensus）便是典型的例子。联合国体系中一些才华出众、具有远见卓识的评论家领导了这次反攻运动——联合国儿童基金会（UNICEF）发布的《以人性化的方式进行调整》（*Adjustment with a Human Face*）[2]一书，重点阐述了国际货币基金组织和世界银行制定的政策所产生

---

1 / 乐施会深入参与了此次辩论。比如，参阅 Anna Marriott and Jessica Hamer，'Investing for the Few: The IFC's Health in Africa Initiative'（Oxford: Oxfam GB for Oxfam International, 2014），http://policy-practice.oxfam.org.uk/publications/investing-for-the-few-the-ifcs-health-in-africa-initiative-325654。

2 / Giovanni Cornia, Richard Jolly, and Frances Stewart, *Adjustment with a Human Face: Protecting the Vulnerable and Promoting Growth*（Gloucestershire: Clarendon Press, 1987）.

的人力成本，而联合国开发计划署 1990 年首次发布的年度"人类发展报告"，率先抛开狭义上对收入和经济表现的定义，重新审视贫困和发展；该报告对小康生活和贫困生活的多个方面给予了更广泛关注，为当今大部分援助和发展部门的工作提供了指导。

这些评论家、其他很多社会活动家、联合国体系内部的知识分子以及与联合国体系紧密接触的知识分子，都明确表明旧思维已不再奏效，应该采用更具进步意义的新思维。张夏准便是他们中的一位，他把一群非正统经济学家比作《魔戒》(*The Lord of the Rings*) 中的英雄，他们在圣盔谷 (Helm's Deep) 中肩并肩，迎战一波又一波具有新古典风格的奥克斯兽人的进攻。而张夏准本人就是一位非正统经济学家。

很多事件以及长期的政治和经济进程正是被这些饱受批评的英雄们所拯救的：1998 年的亚洲金融危机和 2008 年的全球经济危机让国际货币基金组织不得不承认，迫使各国开放资本市场是愚蠢的做法。金砖四国（巴西、俄罗斯、印度和中国）的经济崛起削弱了美国和英国在全球的主导地位，世界银行于 2008 年和 2012 年任命中国和印度专家担任首席经济学家这一高级职位便证明了这一点。

随着这场战争的展开，我意识到作为一位非经济学社会活动家，自己所扮演的最有用的角色之一，就是利用非政府组织的能力，把圣盔谷的英雄们组织到一起，并通过沟通帮助他们清楚地表达自己的观点。在某种程度上，我好像成了非正统经济学家这支啦啦队的队长。

当然，其他社会活动家不会像我这样乐观，可能我太过于团结他人了。世界银行发展经济局（Development Economics Vice Presidency）的一项研究得出结论，它所扮演的角色就是"维护范式"，通过一套连锁的"惯性推动因素"保卫新古典经济学的正统形式，并让这种形式长存，这套连锁的"惯性推动因素"包括优先安置、提拔晋升以及规则的选择性实施。但持有不同结论的研究通常会经历更加严格的外部审查，偶尔会被驳回，或者被认为带有卡夫卡式荒谬怪诞的风格而被人遗忘，从不会签署出版。这些持有异议的人被贴上"另类"、"内心不满"的标签，并在其他方面被视为与环境格格不入，而世界银行外事局（External Affairs Department）支持的是"公正的人"（good guys），给他们提供备受瞩目的演讲和写作机会。[1]

然而，无论你是一位水杯半满的乐观主义游说家，还是水杯半空的悲观主义游说家，这场思想之战都会对全球的社会活动家和决策者产生深刻的影响，因为联合国、国际货币基金组织和世界银行都扮演着"知识经纪人"的关键角色。他们开展的研究，他们发布的研究成

---

1 / Duncan Green, 'Why is Economic Orthodoxy so Resistant to Change? The Art of Paradigm Maintenance', From Poverty to Power blog, 17 September 214, http://oxfamblogs.org/fp2p/the-art-of-paradigm-maintenance-has-anything-changed-at-the-world-bank/.

果，影响着每个国家对发展政策和经济政策的思考（也影响着社会活动家这对这些问题的思考）。

"软实力"如此重要，我们作为社会活动家就应该全力以赴支持光明的力量，提供平台，建立联盟，推崇捍卫者，扩大信息传播，开展我们自己的研究。如果世界银行和国际货币基金组织对权利和不平等的思想只停留在创造一些友好的华丽辞藻上，并与他们实际行为大相径庭，那我们就可获得一次绝佳的机会，揭露他们政策实施的差距和他们制定的双重标准。

可持续发展目标

经过各方三年的讨论，可持续发展目标（Sustainable Development Goals，SDG）替代了联合国千年发展目标（Millennium Development Goals），并最终确立下来。而在这个充满曲折的讨论过程中，我开始相信权力与系统方法在国际游说活动中的价值。就我所知，与脚踏实地地推动变革相比，众多参与讨论的技术专家们对标准和指标的辩论更感兴趣。大批非政府组织和其他游说家仅仅是竭力把"他们"的问题排上不断扩大的会议日程，但却忽略了一点，要想在实现任何全球性目标上取得进步，主要还得依赖国家决策者，而这些决策者却受到很多约束条件的限制。

人们对可持续发展目标的讨论起初并不顺利，可持续发展目标与其前身是相关关系还是因果关系，人们感到困惑不已。自 2000 年通过联合国千年发展目标起，贫困人口的数量确实已经减半，因此很多人表示联合国千年发展目取得了成功，却纷纷回避令他们尴尬不已的真相：全球在消灭贫困上取得进步的主要原因是中国经济实现了非凡增长。此外，也没人声称联合国千年发展目标是中国政府取得成功背后的推动力。

相对于国家政府的支出，经济援助的重要性越来越小。随着这种情况的发生，国际协议如何才能对国家的决策产生影响这一问题变得日益重要。在马修·洛克伍德（Matthew Lockwood）和斯蒂芬·哈尔（Stephen Hale）2012 年共同撰写的论文当中，[1] 我们可以看到不同类别的国际协议（比如，国际法、目的和目标、区域排行）对全球规范、国家政府的决策以及地方民间社会的授权等，都产生了什么样的影响。就可持续发展目标而言，我们的结论是："我们在联合国千年发展目标上，以及为这一目标寻找替代者所进行的全球性辩论上投入了巨大的财力和人力，但关于这类全球性组织对于那些重要事情——比如政府的表现、贫困国家的社区发展——所产生的影响，相关研究好像告诉我们的少之又少，这

---

1 / Duncan Green, Stephen Hale, and Matthew Lockwood, 'How Can a Post-2015 Agreement Drive Real Change? The Political Economy of Global Commitments', revised edition（Oxford: Oxfam GB for Oxfam International, 2012）, http://policy-practice.oxfam.org.uk/publications/how-can-a-post-2015-agreement-drive-real-change-revised-edition-the-political-e-250371.

真是令人羞愧难当、惊讶不已。”

后来，当哥伦比亚大学伊尔哈姆·赛义德（Elham Seyedsayamdost）对此进行研究时，调查了50个国家对联合国千年发展目标的实施情况，她发现这些目标对各国政府的资金花销情况没有显著影响。[1]

但是，正如我在第四章中所提到，研究和证据常常在民主体制下的政治交易中扮演着次要角色，因此，我们的调查报告与伊尔哈姆·赛义德的报告一样，最终被人们所遗忘。

可持续发展目标的进程让我非常怀疑任何以“我们能”这些字眼开头的句子，比如，“我们能消除贫困／消除饥饿／根除这种或那种疾病”。“我们”这个词语是一个虚构的概念，常用于“假如我统治世界”的技术专家治国的理念当中。但这种理念却忽略了那些为实现任何既定目标而需要制定并实施一些决策的国家官员和地方官员，更不用说他们所面对的各种约束条件了。[2]

---

1 / Duncan Green, 'Have the MDGs Affected Developing Country Policies and Spending? Findings of New 50 Country Study', From Poverty to Power blog, 24 July 2015, http://oxfamblogs.org/fp2p/have-the-mdgs-affected-developing-country-policies-and-spending-ndings-of-new-50-country-study/.

2 / Pierre Jacquet, 'Incantations, Inclusive Growth and the Illusory "We": Whatever Happened to Politics in the Post-2015 Process?', From Poverty to Power blog, 25 April 2013, http://oxfamblogs.org/fp2p/incantations-inclusive-growth-and-the-illusory-we-whatever-happened-to-politics-in-the-post-2015-process/.

为了公正起见，这种全球性讨论的价值在于这些讨论是否能够吸引人们关注发展的问题，尤其当这些讨论影响到规范时更是如此。正如我写道，关于如何实施可持续发展目标的讨论仍在持续进行，可能会产生一些影响国家政府的思想。但我担心，我们最后所得出的结果，只是在纽约定期发布关于社会进步的全球性最新动向的研究，而这些最新动向的研究却没有对政府对待自己民众的方式产生任何深刻的影响。

结 论

我们对国际体系的幻想很容易破灭，强权政治、条文主义、专家治国的现象混杂在一起，让这种体系失去了吸引力。我第一次加入致力于发展的非政府组织后，在参加峰会和国际会议时，被这些会议散发出的权力和名望所吸引，便悄悄溜进新闻发布室，观看这些会议的外围活动。这些峰会会产出一种斯德哥尔摩综合症，即使在我们这些边缘的非政府组织中也是如此：太多的会议需要参加，睡眠严重不足，对声明细枝末节的内容进行无休止的争论，可能会让你确信，世界的命运取决于把段落 2.b.iii 中的"应该"（should）改成"必须"（shall）。

我仍记着，当我终于在日内瓦召开的联合国大会上鼓起勇气"向权力说出真相"时，是多么令人沮丧不已，我看到自己认真打磨的演讲内容消失在空旷的会议大厅中，代表们交头接耳，相互交谈，偶尔才听一听同传翻译的内容。联合国感觉不像是一个充满活力、致力于改变世界的机构，这让我想起了联合国前秘书长达格·哈马舍尔德（Dag Hammarskjld）的著名言论："联合国的创立并不是要把人类送上天堂，而是要把人类从地狱中拯救出来。"[1]

那一年，也就是 2005 年，成为我个人思想的分水岭：我在写完《让贫穷成为历史》（*Make Poverty History*）一书，并参加另外两次在香港召开的世界贸易组织峰会之后，便退出了非政府组织发起的倡议活动前线。我转而深信，社会变革的真正舞台不是在国际层面上，而是在国家层面上。我撰写《从贫穷走向权力》一书，就是为了说明这一点。我倾向于认为，这本书让乐施会和其他组织投入了更多的时间和精力，采取更了广泛的行动，在国家层面上实施影响，而不是参加那些国际高峰会。

然而，现在回想起来，我又认为自己朝另外一个方向走得太远。国际体系在塑造社会规范和社会信仰方面扮演着关键角色。此外，很多人类面临的迫切需要解决的挑战，都属于"集体行动问题"，仅靠某一个国家是不可能解决的。

多半情况下，国内政治往往会惩罚那些致力解决人

---

1 / Quoted in Thomas Weiss, *Global Governance*：*Why? What? Whither?*
（Cambridge：Polity Press，2013），p. 3.

类面临的集体性问题的领导者，尤其当这些领导者通过参与国际体系来解决这些问题时，更是如此。联合国的忠实拥护者马克·马洛克·布朗（Mark Malloch Brown）把这种现象称为"戈登·布朗式问题"（Gordon Brown problem）。2008 年经济危机爆发时，这位英国前财政大臣（危机跟他关系不大）在七国集团峰会和二十国集团峰会上展示出了非凡的领导才能，他强烈要求公共投资以避免一次更严重的全球性灾难的爆发。然而，他在政治上获得的回报却微乎其微，因为他采取的行动是全球性的，但大选还是得在国内举行，与那些热衷参与对外政策制定的领导者一样，享有的声望不高（还会遭到很多谴责），即使他的行动也涉及拯救全球经济。[1]

社会活动家能够改变这个公式。我们在国内舞台和地方舞台开展的运动，能够让各国政府以及国际体系下开明的领导者解决气候变化、流行病、犯罪、武器扩散、移民、国家税收恶性竞争等问题，在政治层面上可行。承认国内政治的主导地位，我们在国际体系下的倡议活动就会变得更加有效。

我在英格兰的西部地区长大，曾生活在巴斯市（Bath），在这个选区举行的全国大选，因那些典型而行为古怪的英国人的参与，而变得生气勃勃。会有张贴的

---

1 / Mark Malloch-Brown, *The Unnished Global Revolution*: *The Road to International Cooperation*（New York：Penguin Press，2011），p. 199.

海报说道"投票给吉尔伯特·杨（Gilbert Young），给世界政府党"。（这个政党提出的其他提案包括把白金汉宫改造成一所老年公寓。）杨赢得的选票数从来没有超过几百张，他的政党也于1998年随着他的去世而一同消亡。但随着全球性的集体行动问题变得日益紧迫，可能最后证明吉尔伯特·杨是正确的。

完善国际体系，让其发挥更好的作用，对于我们人类的生存以及个人的幸福和社会的繁荣，是非常有必要的。当然，这可能最终需要我们从全球治理转向某种全球政府。也许有一天，吉尔伯特·杨会被誉为20世纪70年代政界外的一位预言家。

与此同时，我们这些社会活动家还有很多任务需要开展，比如加深我们对复杂而渐变的国际体系中的权力和流程的理解，竭力确保国际体系能够解决我们面临的很多迫切问题。

在下一章，我们将讨论国际体系中另外一个日益重要的参与者——跨国公司。

延伸阅读：

H.J. Chang, *Kicking Away the Ladder: Development Strategy in Historical Perspective*（London: Anthem Press, 2003）.

J. Gaventa and R. Tandon（eds.）*Globalizing Citizens: The New Dynamics of Inclusion and Exclusion*（London: Zed Books, 2010）.

Mark Malloch-Brown, *The Unnished Global Revolution: The Road to International Cooperation* (New York: Penguin Press, 2011).

S. Park, Owning Development: *Creating Policy Norms in The IMF and the World Bank* (Cambridge: Cambridge University Press, 2010).

A. Payne, *The Global Politics of Unequal Development* (Abingdon: Palgrave Macmillan, 2005).

Thomas Weiss, Global Governance: *Why? What? Whither?* (Cambridge: Polity Press, 2013), p. 16.

S. Woolcock and N. Bayne, *The New Economic Diplomacy: Decision-Making and Negotiation in International Economic Relations* (Abingdon: Routledge, 2011).

第八章　作为变革动力和对象的跨国公司

布莱恩（Brian）心情不错。在孟加拉国首都达卡，他闲适地用着餐，一边向我解释道为什么他作为一名移居国外的英国人放弃了在美国佛罗里达的退休生活，而来到这里开办了一家大型服装厂，这里大约有 2000 名女工为耐克品牌缝制运动服饰。"我这样做不是为了金钱，我不需要金钱"，他沉思着，说道："开办工厂给这些女性提供了工作机会，这是值得的。"

我当时处境有些尴尬。得益于布莱恩的帮助，我早些时候参观过这家服装厂（这对于大多数非政府组织都是禁止参观的），作为一位英国伙伴，他跟我现在建立了不错的关系。但布莱恩的话让我很难不再追究。我灵机一动，向布莱恩提出了一个坏坏的建议："这样的话，你为什么不把自己的薪水给那些女工呢？这样她们的工资就会翻倍——所有 2000 名女工！""这不可能"，他反驳道，"这一切都要符合记账要求。"他的意思是，一旦你到了他这个层次，薪水更多的是关乎社会地位和同行竞争，而不仅仅是收入。

我当天感到尴尬不仅仅是因为需要跟布莱恩保持朋友关系，还因为当时在为撰写一份社会运动的报告进行调研，而报告内容就是关于带有剥削性质的跨国公司。然而，无论是我现场采访的还是非现场采访的服装工人都告诉我，能够在达卡的出口加工区那整洁现代化的工厂工作，她们非常珍惜这样的工作机会。这些女工说道，这与那些位于达卡城区又暗又脏充满危险的本土工厂相比要强很多，与回到乡村过仆人的生活相比，就更不用说了。

像耐克这种全球性品牌处处可见，它们集中体现了人们对全球化的广泛担忧，并成为社会活动家偏爱的抨击对象。毋庸置疑，跨国公司拥有巨大的权力。如今，在跨国公司的世界里，总公司就有 103000 家左右，而海外分支机构就超过 886000 家。[1] 2014 年，这些跨国公司产生的附加值预计达到 7.9 万亿美元，[2] 雇佣员工约 7500 万名。跨国公司海外分支机构的年销售总额从 1990 年的

1 / United Nations Conference on Trade and Development（UNCTAD），
'Web Table 34. Number of Parent Corporations and Foreign Afliates，by
Region and Economy，2010'，www.unctad.org/sections/dite_dir/docs/
WIR11_web%20tab%2034.pdf.
2 / "附加值"是指产品在每个生产阶段在原有价值基础上增加的价值。

4.7 万亿美元增长到 2014 年的 36.4 万亿美元。[1]

这些跨国公司的庞大规模不禁让那些评论家提出，公司"主宰了世界"。[2] 在我开通的"从贫困到权力"（From Poverty to Power）的博客当中，访问量最大的博文之一就是世界银行发布的一张显示世界 100 强经济体的数据表格。[3] 其中，53 家经济体是国家（以 GDP 衡量），43 家经济体是城市（同上），13 家是公司（以营业额衡量[4]）。严格来说，这就好似把苹果和梨两个毫不相关的东西放在一起比较；相比营业额，附加值是一个效果更好（成本更低）的衡量标准。但有个事实不容忽视，很多公司在经济实力上堪比中型国家。

本章重点讨论跨国公司，它们不仅仅是举足轻重的经济巨头，在政治和社会改变过程中还是极具影响力的参与者（无论是带来有益还是有害的改变）。而中小型企业（SMEs）提供更多的是就业机会，很可能在贫困人

---

1 / United Nations Conference on Trade and Development（UNCTAD），*World Investment Report 2015.Reforming International Investment Governance*（Geneva：United Nations，2015），p. ix and p. 18.

2 / David Korten，*When Corporations Rule the World*，2nd edition（Bloomeld and San Francisco：Kumarian Press，Inc. and Berrett-Koehler Publishers Inc.，2001）.

3 / Duncan Green，'The World's Top 100 Economies：53 Countries，34 Cities and 13 Corporations'，From Poverty to Power blog，19 October 2011，http：//oxfamblogs.org/ fp2p/the-worlds-top-100-economies-53-countries-34-cities-and-13-corporations/.

4 / "营业额"是指一家企业在一段时期内获得的金钱数额。

们的日常生活中起着更重要的作用，但在有意识地寻求变革和阻止变革方面，这些中小型企业往往积极性不高。在我看来，中小型企业与通常意义上的市场一样，与其说是凭借自身实力跻身其中的参与者，不如说是为社会活动家开展运动营造了一部分环境。而跨国公司的表现则更像是社会活动家。

这一章节可能会给我带来麻烦，陷入与同行们的矛盾之中。与人们对其他发展主题的看法相比，很多人对跨国公司的看法更加两极分化。有人对跨国公司持蔑视态度，将其视为资本主义的突击部队，在他们疯狂而贪婪的商业行为中摧毁人们的生活和文化，而其他人对跨国公司的权力、规模和增长动力却有着布莱尔式的迷恋。或者是经历的原因，或者是年纪增长的原因，我有时会倾向前者的看法，但有时也会趋于后者的观点。但在这一章节中，我不会力图为此做出定论，而是阐述我们把企业视为一种系统、了解它们的历史和激励机制以及它们的行为范围时，还需要知道哪些方面。

跨国公司的历史

1600 年成立的东印度公司（The East India Company）堪称一个蔓延全球的贸易帝国，是现代跨国公司之母。[1]

---

1 / Nick Robins, *The Corporation that Changed the World: How* （转下页注）

该公司通过进口香料、纺织品和茶叶，给英国人的生活方式带来了革命性的变化，同时因拥有自己的私人军队，侵占其他民族国家，统治数百万人口，而成了公司不法行为和一般欺诈行为的代名词。当时，中国试图阻止该公司向自己的国家倾销走私毒品，随后发生了两次鸦片战争。

东印度公司最先经历了腐败成风、泡沫繁荣、政府资助的生命周期，而该周期是近些年公司发展过程中频繁显现的一大特色。而且，该公司还建立了股东权益的公司所有权模式，这一模式让很多公司的发展跳出家庭财富的限制，导致了 19 世纪后三十年间欧洲和美国新创公司数量的激增。[1]

当时，很多被人们熟知的现代跨国公司遍布发展中国家，起初致力于运输和铁路建设，后来促进原材料的获取和工业品的出售。不久，跨国公司开始向通信（电话、无线广播、电影）、能源（石油、天然气、电力）扩张，[2] 随

（转上页注 1）*the East India Company Shaped the Modern Multinational*, 2nd edition（London: Pluto Press, 2012）.

1 / Bruce Kogut, 'Multinational Corporations', in *International Encyclopedia of the Social & Behavioral Sciences*, edited by N. J. Smelser and Paul B. Baltes（Oxford: Pergamon）, pp.10197–204, https://www0.gsb.columbia.edu/faculty/bkogut/les/Chapter_in_smelser–Baltes_2001.pdf.

2 / Alfred Chandler and Bruce Mazlish, eds., *Leviathans: Multinational Corporations and the New Global History*（Cambridge and New York: Cambridge University Press, 2005）.

后进入制造业。[1]

全球市场在经济大萧条和第二次世界大战期间出现了破裂分化，在此之前，跨国公司扩张的第一波浪潮达到顶峰。在战后时期，尽管拉丁美洲和随后非洲较大的发展中国家对跨国公司的运营进行了限制，以保护本土初生的产业，跨国公司再度开始扩张。许多发展中国家把多个产业国有化，这让跨国公司在这些国家的投资变得更加小心谨慎。[2]

20 世纪 70 年代发生石油危机之后，债务危机随后爆发，发展中国家竞相吸引外商投资，开始放宽限制，引发了跨国公司新一轮的扩张。先是向制造业和采掘业扩张，但实际上在 20 世纪 90 年代，这次新的扩张浪潮才伸向金融、管理咨询、旅游、酒店和快餐等服务行业。截至 2014 年，服务业占全球外商直接投资总额的 63%，是制造业的两倍之多（26%），第一产业（农业、矿业、天然气和石油）的占比不到 10%。[3]

---

1 / Alfred Chandler and Bruce Mazlish, eds., *Leviathans: Multinational Corporations and the New Global History* (Cambridge and New York: Cambridge University Press, 2005), p. 20.

2 / Alfred Chandler and Bruce Mazlish, eds., *Leviathans: Multinational Corporations and the New Global History* (Cambridge and New York: Cambridge University Press, 2005), p. 40.

3 / United Nations Conference on Trade and Development (UNCTAD), World Investment Report 2015. Reforming International Investment Governance (Geneva: United Nations, 2015), p. 12.

过去的三十年间，东南亚和拉丁美洲等新兴经济体的新创跨国公司也相继崛起。2013年，发展中国家的跨国公司的总资产为4600亿美元，相比之下，发达国家的跨国公司的总资产达到8580亿美元。[1]

2011年，非洲前十强通信公司中，有九家公司来自发展中国家。[2]根据联合国的说法，目前"亚洲发展中国家"（不包括日本）与其他地区的国家相比，在海外的投资额更多。[3]与发达国家相比，更多发展中国家的跨国公司属于国有企业或家族式企业，并且多属于第一产业或资源型制造企业，比如钢铁制造和水泥生产企业。[4]发展中国家的跨国公司更多利用的是"中间"技术，这种技术更大程度上属于劳动密集型技术，因此可以创造更多

---

1 / UNCTAD，'Trends in outward investments by transnational corporations in 2013 and prospects for 2014–15'，28 April 2014，http：//unctad.org/en/pages/newsdetails.aspx?OriginalVersionID=729

2. / Top Ten largest telecoms companies in Africa，*IT News Africa*，21 August 2012，http：//www.itnewsafrica.com/2012/08/top-ten-largest-telecoms-companies-in-africa/.

3 / 其他像中国台湾和意大利北部的地区，虽经济发达，但更多地是依赖于中小型企业，于是没有创造出太多的全球性企业。United Nations Conference on Trade and Development（UNCTAD），*World Investment Report 2015.Reforming International Investment Governance*（Geneva：United Nations，2015），p. ix.

4 / United Nations Conference on Trade and Development（UNCTAD），*World Investment Report 2006.FDI from Developing and Transition Economies: Implications for Development*（Geneva：United Nations，2006）.

的就业机会。[1] 与发达国家的跨国公司相同，发展中国家的跨国公司履行企业社会责任和环境保护责任的表现参差不齐。

众所周知，中国在非洲采掘业的投资不断增长（中国在东南亚和拉丁美洲急剧上升的投资，却鲜为人知），但中国公司承担了很多规模重大，却被欧洲或美国公司视为极具冒险性的基础设施工程。[2]2005 年，塞拉利昂一场血腥的内战结束后，仅仅两年之内，中国就已经在当地的酒店建设和旅游业投资了 2.7 亿美元。[3]

发展中国家的跨国公司已经成为发达国家经济体的主要投资者。印度塔塔钢铁公司目前在英国拥有康力斯集团，而印度塔塔汽车公司在英国拥有捷豹汽车品牌。巴西矿业巨头淡水河谷公司于 2006 年收购了加拿大第二大矿业公司国际镍业。墨西哥强大的水泥公司西麦斯通过并购建立了全球企业网。中国公司为收购美国公司而做出的多次尝试和努力，好几次激发了美国民族主义分

---

1 / Dilek Aykut and Andrea Goldstein, 'Developing Country Multinationals: South-South Investment Comes of Age', in *Industrial Development for the 21st Century: Sustainable Development Perspectives* (New York: United Nations, Department of Economic and Social Affairs, 2007), pp. 85-116.

2 / Deborah Brautigam, 'China-Africa Post-Doctoral Fellowship Opportunity', The China-Africa Research Initiative blog, 19 January 2016, www.chinaafricarealstory.com/.

3 / Mark Doyle, 'Tourism Boost for Sierra Leone', BBC News website, 7 May 2004, http://news.bbc.co.uk/2/hi/africa/3694043.stm.

子的强烈抵制。

发展中国家的跨国公司的崛起也挑战着社会活动家传统的游说方式。这些公司的品牌好像更不易受到威胁的影响，而家族式企业不受股东压力的任何影响。这一章后半部分，我将探讨一种新型的影响模式，看看它是如何产生作用的。

绝大多数的现代跨国公司与以前垂直一体化公司不同，比如联合果品公司直接拥有并管理自己的香蕉种植园，福特直接拥有并管理自己的工厂。如今的跨国公司控制着复杂的"全球生产网络"，协调位于不同地区而又相互连接的公司，进行转包、外包、境外生产、合作、并购等业务，其复杂度令人惊讶。全球生产网络在2012年占国际贸易总量的80%。[1]

人们对跨国公司的政治意义存在着激烈的争论。跨国公司英文名称的首字母缩写是"TNC"，实际上这会产生误导，因为没有几家跨国公司真正跨越国界：大部分公司仍与自己的国家保持着高度紧密的联系，尤其是与决策机构以及高价值的研究设计机构保持着密切联系。这种母国身份形成了他们自己的企业文化，有时也导致他们形式上的混合性：日本跨国公司在欧洲建立工厂的

---

1 / United Nations Conference on Trade and Development（UNCTAD），
*World Investment Report 2013.Global Value Chains: Investment and Trade
for Development*（Geneva: United Nations，2013）.

时候，他们把日本和欧洲的工作方式结合了起来。[1] 但有时也会导致冲突：在我访问太平洋岛国瓦努阿图时，当地的人们对中国建设公司表达了不满，这些中国公司不仅带来自己的工人，而且中国工人还自己种植蔬菜，大大减少了了当地企业的收益。[2]

然而，跨国公司的高层职位（与大型非政府组织的高层职位不同）常常由国家精英人群担任，他们与当地的社会环境基本隔绝。这些精英们在豪华精品店购物，把他们的孩子送到国际学校接受教育，而且可以轻而易举地乘坐商务舱游遍全球各地（嫉妒？我？）。20世纪80年代，拉丁美洲的左翼分子经常热论的一个话题是，他们的国家是否仍然拥有真正意义上的"民族资产阶级"，他们国家的精英们是否已经被美国化，忘记自己的根源，宁可剥削同胞以满足他们在迈阿密的消费欲望，而不是在国内为经济的繁荣做出贡献。据我所知，这个问题在任何地方都尚无定论。

跨国公司如何驱动变革

跨国公司或通过正常的经营活动，或通过参与政治

---

1 / Peter Dicken, *Global Shift: Mapping the Changing Contours of the World Economy*, 6th edition（London：Sage Publications Ltd, 2011）, p. 122.

2 / Author eld trip, Vanuatu, November 2015.

的行为，来驱动变革的发生。乐施会采用"贫困足迹"的方法论，[1,2] 寻求衡量联合利华公司（一家拥有马麦酱和家净等品牌的生活消费品生产商）进入印度尼西亚后对当地经济产生的影响。这项研究最终得出一些意想不到的结论：联合利华在印度尼西亚的经营活动创造了 30 万个就业机会，其中有一多半工作岗位处于公司"下游"的分销和零售链上，仅仅 1/3 左右的工作岗位属于公司的产品生产环节（通常情况下是社会活动家关注的焦点）。[3] 虽然直接就业机会的待遇比大部分工作要优厚，但在公司相对较不正式的业务活动中，因缺乏相对有序的固定工作，人们的工作待遇最低，工作环境最差，组织管理权力最弱。

---

1 / Oxfam America, The Coca-Cola Company, and SABMiller, 'Exploring the Links Between International Business and Poverty Reduction: The Coca-Cola/SABMiller Value Chain Impacts in Zambia and El Salvador', www.oxfamamerica.org/static/oa3/les/coca-cola-sab-miller-poverty-footprint-dec-2011.pdf.

2 / Rachel Wilshaw, with Erinch Sahan, Gerry Boyle, Katie Knaggs, and Neil McGregor, *Exploring the Links Between International Business and Poverty Reduction: Bouquets and Beans from Kenya* (Oxford: Oxfam International, 2013), http://policy-practice.oxfam.org.uk/publications/exploring-the-links-between-international-business-and-poverty-reduction-bouque-290820.

3 / Jason Clay, 'Exploring the Links Between International Business and Poverty Reduction: A Case Study of Unilever in Indonesia' (Oxford: Oxfam GB, Novib Oxfam Netherlands, and Unilever, 2005).

公司除了能通过资本投资、提供就业机会和缴纳税收（如果公司缴税）产生直接影响外，还可能通过培训当地员工、引进新型技术对当地经济产生溢出效应，而员工培训和技术引进可能还会进而影响当地企业，当跨国公司从当地供应商寻找原材料和服务时尤为如此。

很多跨国公司提供的产品和服务，不但是生活贫困的人们所需要的，而且他们还可以利用这些产品和服务提高自己的生活水平。[1]发展中国家的公司已证明，他们善于制造并销售贫困消费者所青睐的产品。在坦桑尼亚，斯瓦希里人给价廉的摩托黄包车起的名字叫"百佳吉"（bajaji），也就是生产这些摩托黄包车的印度公司巴贾杰（Bajaj）的变体。在印度塔塔汽车公司于 2008 年推出售价为 2500 美元的"国民车"后，就开始效仿大众的甲壳虫或福特的 T 型车，承诺把汽车带给全球发展中国家的新生代消费者。[2]

跨国公司不仅满足消费者的需求，他们还塑造着消费者的需求，常常与过去的殖民大国如出一辙（试想一下麦当劳），并且塑造的方式有时存在争议。或许，最

1 / Coimbatore Prahalad and Stuart Hart, 'The Fortune at the Bottom of the Pyramid', strategy+business no. 26（2002）: pp. 1-14.

2 / 'World's Cheapest Car Goes on Show', BBC News website, 10 January 2008, http://news.bbc.co.uk/2/hi/business/7180396.stm.

臭名昭著的事件就属雀巢采用激进的方式，不惜代价和污水采用所造成的危险，企图说服贫困国家的妈妈们放弃母乳喂养而采用配方奶粉，全然不顾她们要额外开支，还要冒着用当地的脏水冲调奶粉的风险。雀巢公司的行为激起全球人们的抵制，[1]并对雀巢之前树立的良好声誉造成了持久性的损害。

很多公司都努力遵守法律，尊重自己的员工和顾客，但也有很多公司滥用自己的权力，对环境、公共卫生和地方政治造成了持久性的损害。还有一些公司以更为隐蔽的方式破坏着经济和社会发展的潜力，把业务活动从一个司法管辖区转移到另外一个司法管辖区，以此逃避税收和国家法规。像全球见证组织（Global Witness）这些非政府组织，会定期曝光企业公然采取的各式各样的不法行为。该组织于2016年1月[2]在官方网站刊登的主要新闻报道包括：指控跨国公司在尼日利亚声名狼藉的油气领域有贿赂行为，曝光跨国公司在刚果民主共和国收购"冲突地区矿产"，"东南亚第一大毒枭如何利用空壳公司成为翡翠业中的老大"。世界银行相关数据显示，跨国公司每年在贿赂中就花掉1万亿美元，来获得利润丰

---

1 / 'Nestlé-Free Zone', Baby Milk Action website, www.babymilkaction.org/nestlefree.

2 / 'Protecting Virunga National Park from Oil Companies', Global Witness website, www.globalwitness.org/en/.

厚的交易。[1]

跨国公司拥有巨大影响力

2016 年早些时候，我采访过联合利华的首席执行官
保罗·波尔曼（Paul Polman），讨论了他促进变革发生
的方法。波尔曼不仅仅局限于自己公司的业务范围，他
还积极参与社会问题和环保问题的探讨，这也是他抽出
时间与我交谈的原因。波尔曼对我说，联合利华的业务
模式呼吁每个独立品牌都实现自己的"使命目标"。他
还说："像家净这个品牌希望建造 2500 万个洗手间。我
们希望为 500 万人口提供生活用品。我们希望通过自己
的价值链改善 550 万位女性的生活质量。我们还希望为
10 亿人口提供卫生和福利——比如洗手洗得更干净。"

波尔曼关于变革如何发生的看法与他书中的很多论
点相一致：

> 首席执行官的工作已彻底改变。你必须能够与
> 国家政府和其他机关共同工作。我不再希望自己的

1 / Six Questions on the Cost of Corruption with World Bank Institute
Global Governance Director Daniel Kaufmann，World Bank News and
Broadcast，http：//web.worldbank.org/WBSITE/EXTERNAL/NEWS/0,,
contentMDK：20190295~menuPK：34457~pagePK：34370~piPK：
34424~theSitePK：4607，00.html.

工作只局限于业务管理。我们很快发现，我们不可能单独完成一切事情。我们需要利用联合利华的规模取得转型（系统性）变革。你如果想禁止全球滥伐森林，或者改变茶叶和棕榈油市场，就必须关注整整 30 个参与方。随着这些联盟的建立，其中一个参与方运转，[1] 就会将每个参与方——政府、企业和非政府组织——凝聚到一起。

波尔曼是一位天生的系统型思考者，他强调反馈回路和关键时刻的重要性：

> 如果聪明的话，你或许能预测到十件事情中的一件，但另外九件事情发生后，你需要做出应对，新的竞争对手、自然灾害、新通过的法律——这些事情都在你的控制范围之外。世界各地的局势越来越变化无常。而作为一家公司必须做的，就是拥有快速的市场反馈回路，获取这些信号，此外还需拥有一个非常灵活的、关注外部环境的组织结构。所以我们减少层级，把权力下放给各个国家的分公司。你在向前移动的同时，公司也在从一艘超级油轮转变为一艘高速游艇。

---

1 / Jim Collins, 'Good to Great', Fast Company, October 2001, www.jimcollins.com/article_topics/articles/good-to-great.html.

波尔曼的专注精神和理想主义与人们对"大型企业"普遍持有的怀疑思想形成反差。跨国公司在过去很长一段时间都企图阻挡进步性变革的发生，甚至极力追求倒退性的变革，以至于当一些公司的首席执行官声称期望解决世界性问题时，有很多社会活动家对此都表示嘲讽。跨国公司通常欢迎市场上出现小规模的"创造性破坏"，以及随着新思想、新产品和新公司的起起伏伏而出现的持续不断的动荡变迁，因为这会给他们提供原料，让他们能够成为全球帝国。（我仍记得第一次有人向我推荐谷歌搜索引擎干净而整洁的页面。）但跨国公司为了避免自己遭受破坏会想尽一切办法，引用乐施会报告的话，这包括大量依靠"操纵规则和双重标准"。[1]

跨国公司会到处进行游说，以此获得政府的救济、专利的过度保护、专项合同的签订、税收的减免、贸易规则的制定，以及其他有利于公司提高净收益（公司资产负债表上净收益或净亏损）的国家干预措施。一位公司的金融高管在 20 世纪 80 年代拉丁美洲的债务危机爆发时，向《华尔街日报》（*The Wall Street Journal*）坦白："我们这些国外的银行家挣钱的时候推崇自由贸易体

---

1 / Kevin Watkins and Penny Fowler, *Rigged Rules and Double Standards: Trade, Globalisation, and the Fight Against Poverty* (Oxford: Oxfam International, 2002).

系，在将要赔钱的时候就信仰政府。"[1]

这位银行家暗示，当具体的规定限制了他们的业务自由时，大多数跨国公司就会拼命阻止这项规定。从保护最低工资、卫生和安全、结社自由的法律，到产品质量、公司管理、消费者保护的法规，公司对这些法律法规的制定所造成的阻力几乎无处不在。2015 年，谷歌本来是一位勇气十足的局外人，却被曝光谋取美国国会议员的帮助（谷歌为这些议员的竞选活动提供资金支持），以此迫使欧盟撤回起诉谷歌的价值 60 亿欧元的反垄断案件。[2]

跨国公司常常选择保持低调，将不法行为留给商业协会处理（商业协会是企业创建并给予资金支持的、在某一行业内运行的组织）。引用联合利华首席执行官保罗·波尔曼的话，当谈及气候变化的问题时，"贸易协会和单个公司之间存在着巨大的意见分歧，公司表示同意，而贸易协会却表示反对。石油公司在这个方面臭名昭著"。[3]

相对议价能力塑造着政府与跨国公司之间交易的性质。如果东道国拥有跨国公司希望得到的东西（比如自然资源、市场、技术工人、进入出口市场的机会），那么

---

1 / *The Wall Street Journal*, 24 May 1985.

2 / Simon Marks and Harry Davies, 'Revealed: How Google Enlisted Members of US Congress it Bankrolled to Fight $6bn EU Antitrust Case', *The Guardian*, 17 December 2015, www.theguardian.com/world/2015/dec/17/google-lobbyists-congress-antitrust-brussels-eu.

3 / Author Interview with Paul Polman, CEO of Unilever, January 2016.

东道国政府的手腕就会更加强硬，便能够为当地人们和当地公司寻求福利。政府越是不顾一切，跨国公司推动议价的过程就越艰难。

跨国公司希望得到可靠的基础设施，一支健康、训练有素的员工团队，规模巨大的国内市场，因此这些公司的直接投资会大规模集中在比较富有的国家。也有一些国家能够更加有效地进行议价：2014年，在发展中国家的对外直接投资额中，巴西、中国、印度、墨西哥和俄罗斯联邦就占了52%。[1]相比而言，如果跨国公司以转移到其他地区投资为威胁，那些最贫穷的国家便很容易受到欺负。政府越是急需对外投资，就越是可能获得糟糕的交易，这种矛盾令人痛苦。然而，势力均衡的情况往往会随时间而改变：一家跨国公司在一开始谈判中非常强势，但一旦投资，而且撤资成本更加高昂时，态度就开始变得缓和一些。

国际机构（在第七章中讨论）常常介入并制定规则，让东道国与跨国公司之间实现势力均衡。尽管权力相对弱小的联合国机构提供培训和建议来支持国家的谈判和监督能力，但世界银行和国际货币组织会在他们的贷款合同中加入附加条款，以此保护跨国公司免遭他们认为的国家介入。这两个国际机构的贷款发放条件，是要求

---

1 / Calculated from UNCTAD, World Investment Report 2015, Annex table 1 http://unctad.org/en/PublicationsLibrary/wir2015_en.pdf.

政府采取一些措施,比如根除资本控制和出口税收、单边降低关税、私有化国有企业和公共服务。自 20 世纪 90 年代起,一系列双边投资协定以及区域和全球(世界贸易组织)贸易协议进一步限制了国家控制跨国公司行为的能力,比如,剥夺国家对产业政策基本因素的制定权。

公司私下进行的游说活动是贸易协议取得进展的主要推动力。我在第一次访问世界贸易组织时,一位身着商务装的男士与官员会面过程中介绍自己时说:"我来自英国无形贸易委员会(British Invisibles)。"我听后不禁大笑起来。但没想到的是,他代表了一个强大的金融公司协会进行演讲,而这家协会是一个非常高效的游说团体;正如它的名字所言,这个协会几乎被公众遗忘。

在全球和国家范围内,一些最有活力的游说人员来自制药行业。在美国,制药公司雇佣了 3000 名游说人员,并花掉数百万美元来影响国家法律的制定以及美国在贸易谈判中的地位。[1] 1995 年,在促成世界贸易组织成立的乌拉圭回合谈判中,制药游说团体强行通过了一项知识产权协议,而这项协议的含义对很多参与者而言都含糊不清。就在该协议生效之后,发展中国家意识到自己参与进了垄断公司的一次主要扩张行动,而这些

---

1 / Joseph Stiglitz, *Making Globalization Work* (London: Allen Lane, 2006).

公司的高价药品等于把数千位患病和行将就木之人判了死刑。

其中一次巨大的争议是关于艾滋病药物的获取渠道，尤其是在南非，这个国家在 21 世纪前十年早些时候是艾滋病的蔓延中心。当印度仿制药（generic drug）公司西普拉（CIPLA）主动提出以价格仅相当大公司要价的零头提供艾滋病药物时，南非的治疗行动运动（Treatment Action Campaign）、无国界医生组织（MSF）和乐施会迫切要求采取行动，最终通过了新的南非法律，允许进口更为便宜的仿制药物。随后在 2001 年，近 30 多家国际制药公司联合起诉并试图推翻西普拉，引起了一场公关灾难，激发了社会抗议运动的高涨，并遭受公众严重的抨击，最终被迫撤诉。[1]

然而，制药公司并未放弃。他们继续对很多国家施加压力，使其接受更加严格的知识产权法规，进一步限制获取艾滋病药物的渠道。这些大型制药公司以此获得了巨大机遇，能够从事经济学家所谓的"竞租活动"。2015 年，图灵制药（Turing）公司因提高达拉匹林（Daraprim）的价格而败坏了自己的名声，这种具有 62 年历史的专门治疗寄生虫感染的药物的价格从 13.50 美元（8.79 英镑）一片暴涨至 750 美元（488 英镑）一片。然

---

1 / E.B Kapstein & J.W. Busby, *Aids Drugs for All: Social Movements and Market Transformations*（Cambridge：Cambridge University Press，2013）.

而最初这种药的售价只有 1 美元一片。[1]

跨国公司如何改变?

社会活动家采取从合作到对抗的种种策略,以试图影响跨国公司。在一种极端情况下,来自非政府组织机构的社会活动家与企业高管、学术专家和政府官员一同团坐,相互讨论,为解决气候变化或食物安全等迫切问题而制定大量"多方利益相关者参与的举措"(极度活跃的保罗·波尔曼好像都参加过这些讨论)。在另一种极端情况下,社会活动家会利用诉讼或公开羞辱的手段迫使政府采取行动。而这两种极端情况下,还存在着各式各样的游说和运动方法,他们会影响公司行为的各个方面。

乐施会针对私营部门的一位倡导者埃林克·萨汉(Erinch Sahan)表示[2]:"我学到的经验是:举出案例说明为什么这种特殊的改变是一种必然结果。"让企业担心他们在朝着错误的历史方向发展。只靠我们自己游说时并

---

1 / Reuters, 'Martin Shkreli Announces Turnaround on 5000% Price Rise for Drug', *The Guardian*, 23 September 2015, www.theguardian.com/business/2015/sep/23/us-pharmaceutical-rm-to-roll-back-5000-price-hike-on-drug.

2 / Erinch Sahan, 'What Makes Big Corporations Decide to Get on the Right Side of History?', From Poverty to Power blog, 26 February 2014, http://oxfamblogs.org/fp2p/what-makes-big-corporations-decide-to-get-on-the-right-side-of-history/.

没有足够的庄严可言。所以，我们力图确保这些公司能听到养老基金管理者和业界同行在谈论这一话题，在年度股东大会上听到股东们也在谈论这一话题，确保成千上万的消费者有足够的兴趣在社交媒体上与这些公司进行沟通。这些公司听到很多看问题的角度，数量令人惊讶，这不免让他们心生疑问："我们在这里是不是漏掉了什么？这个问题是不是已成为一个主流问题？"

这类方法可能会奏效，但埃林克认为，法规、关系网和责任所构成的一套复杂体系网会让社会活动家面对更多沉重的压力，而跨国公司就深深陷入这种体系网之中。社会活动家组织就是这个复杂体系网中的参与者——可叹的是这些参与者被集体冠以"利益相关者"之名，这也往往让我想起那些试图杀掉吸血鬼的人——但这个复杂体系网还包含股东、顾客、国家和其他公司。

首先，公司主管受到收益表中盈亏底线的约束，公司如果亏损，就会破产或被抛售。这一残酷的定律可能是创新和发展动力的源泉，然而这种定律也会让企业成为天生的保守主义者。正如企业战略家西蒙·莱维特（Simon Levitt）所辩称，跨国公司的默认方式是维护现状，或者至少是尽可能地延迟改变。[1] 跨国公司的资本投资越大（比如，石油公司在钻探设备上的固定投资），他

---

1 / Simon Levitt, 'Under What Conditions do TNCs Lobby for Change?' (mimeo, undated).

们就越抵抗变革。

　　莱维特发现，公司在支持进步性变革之前会对四个因素进行评估：保护他们的品牌（这对生活消费品公司而言尤为重要），经济成本，政府政策即将发生改变的可能性（公司可能决定在受到逼迫前立即采取行动），相对当前或以后的竞争者而言公司是否一定能从中获利。除了上述成本收益的衡量外，首席执行官和高层管理人员的领导力显然也对克服公司上下的惰性、激励员工参与变革起了很大作用。[1]

　　此外，跨国公司会从较长远的周期性变化的角度对其他因素进行权衡。其中技术因素最为明显：跨国公司之所以能够出类拔萃，主要是受到运输、通信、生产等方面技术进步浪潮的推动，从而让这些公司能够跨越长远的地理距离开展贸易往来，然后为自己的产品建立全球组装线，并尽快让这些公司能够管理复杂的全球生产网络。经济发展是另外一个重要因素，因为跨国公司越来越把中国、印度和其他国家看作利润丰厚的市场，而不只是把这些国家当作巨大的廉价劳动力市场。

　　至于其他长远变化，可能更加细微。关于公司是什么、应该做什么的思想随着时间的流逝而逐渐发生变化。米尔顿·弗里德曼（Milton Friedman）在他 1970 年发表

---

1 / Simon Levitt, 'Under What Conditions do TNCs Lobby for Change?' (mimeo, undated).

的文章《商业的社会责任在于增加利润》当中，指责人们提出的"宣扬纯粹社会主义"的企业社会责任。[1]如今很少有公司会认同弗里德曼的观点。那些公司行为的管理规范（很像人类行为的管理规范）已经开始逐渐变化，部分程度上是由于各企业高管之间的竞争压力造成的。在瑞士滑雪胜地达沃斯举办的世界经济论坛上，各大企业高管作为"宇宙之主"，相互影响，相互交流经验，每年进行一次全球性的对话，而普通人则很少有机会能参与其中。

虽然弗里德曼的观点现在看起来好似已成为过去式，但股东和企业主仍掌握着绝大部分权力，塑造着一个公司的行为。这说明了为什么一些对待社会和环保问题更加开明的公司被家族或基金会所拥有，这些家族和基金会比投资者更具远见，而投资者们只是为了寻求季度收益的最大化。[2]

在一些公司当中，当工人成功建立了自己的组织时，

1 / Milton Friedman, 'A Friedman Doctrine: The Social Responsibility of Business is to Increase Its Prots', *The New York Times Magazine*, 13 September 1970.

2 / Erinch Sahan, 'How Businesses Can Save the World (When Their Shareholders Aren't Breathing Down Their Neck)', From Poverty to Power blog, 9 April 2015, http://oxfamblogs.org/fp2p/how-businesses-can-save-the-world-when-their-shareholders-arent-breathing-down-their-neck/.

工会就能产生巨大影响，在提升工资和改善工作条件方面尤为如此。然而，工会与他们的雇主一样开始奋力实现"跨国"行动，把不同国家的工人联合起来，在以分包和外包为特色的全球生产网络下成立组织。

拥有品牌的公司对消费者的看法非常敏感，因为负面舆论能快速毁掉他们的品牌价值，而建立这种品牌价值则需要数十年的艰辛和努力。社会活动家发现，通过发起引人注目的社会运动便可以取得成功，比如之前提到的抵制雀巢产品的运动，此外还可以采用更加微妙的方式参与运动也能取得成功，市民社会组织利用来自消费者方面的压力，说服公司提高他们的社会和环保声誉。

为什么不同的跨国公司，其行为千差万别？

杰夫（Geoff）是一位英国大型超市的高级经理，他参加了一次会议，会议宣布了一个令人惊讶的提案，他会后踱步向我走来。"你认为你们非政府组织能针对我们这些超市开展更激烈一点的抗议运动吗？我们的董事会正在考虑削减我的预算。"我与杰夫坐在一起，就道德贸易行动联盟（Ethical Trading Initiative）董事会的决定进行了讨论，这个多方利益相关者参与的联盟在杰夫公司以及其他公司的全球供应链上就维护劳动者权益、创造体面的工作环境做出了很多努力。但杰夫好像需要一次可信的威胁（和一些富有黑暗艺术感的手段），让他的公司参与其中。

我和杰夫的谈话发生在 21 世纪前 10 年的早些时候。此后，"企业社会责任"的浪潮已波及大部分私营企业。企业社会责任是一个颇有争议的话题：反对者指责企业社会责任会剥离公司资产，而支持者则认为企业社会责任是对政府低效调控的弥补，并且有利于市场运作。我肯定站在支持者阵营。

我从道德贸易行动联盟的行动中学到的一条基本经验，就是不要把所有的公司聚集到一起。企业界就是一个体系，拥有不按常理出牌的积极（和消极）公司，有的公司异常开明，而有的公司却截然相反。跨国公司之间的种种不同不禁让人想起，我们在第二章谈到的制度、思想和利益交织在一起，构成了体系惰性的根本原因。公司业务的性质非常关键（经营武器、烟草和石油的公司的思想尤为落后）。但在一个行业内，单独一家公司的历史和文化，以及领导层的性质，大大影响着这家公司如何应对公众、国家政府部门、国际机构和竞争对手施加的压力。[1]

甚至在道德贸易行动联盟内部，也有明显的领导者

---

1 / Dana Brown, Anne Roemer-Mahler and Antje Vetterlein, 'Theorising Transnational Corporations as Social Actors: An Analysis of Corporate Motivations', Working Paper No. 61 (Copenhagen: International Center for Business and Politics, Copenhagen Business School, 2009).

和落伍者（我就不一一指名道姓了），因此行动策略就是利用领导者向落伍者施压，因为没有什么事情比在同行和竞争对手面前蒙羞更能激发一个人采取行动了。

区分领导者和落伍者还在于他们是否会开展大量的公共运动，这些运动利用品牌名誉、公司对手和公众压力来影响公司的行为。乐施会发起的"品牌背后"运动，导致一个餐饮公司排行榜的诞生，对世界十大餐饮公司的农业采购政策进行了评价：（按字母顺序排列）英联食品（Associated British Foods）、可口可乐（Coca-Cola）、达能（Danone）、通用磨坊（General Mills）、家乐氏（Kellogg's）、玛氏食品（Mars）、蒙德雷兹（Mondelez）、雀巢（Nestle）、百事（PepisiCo）和联合利华（Unilever）。这项运动的结果超出了所有组织者的预期：2014年2月至10月，这十大餐饮公司针对运动所涉及的问题公布了自己的新政策或新评估。[1]根据乐施会彭尼·福勒（Penny Fowler）所言，运动取得成功的关键因素包括：在领军公司之间形成力争上游的局面，软硬兼施（鞭策这些公司，但他们行动时给予赞扬），再加上内部人士的参与问题解决），（与埃林克·萨汉的观点相呼应）确保公司不仅仅听取乐施会的建议，而且听取消

---

1 / 这些问题涉及：信息透明性、性别权利、供应链中的农场工人和小规模生产商、土地权利和土地使用权、饮水权力和饮水获得权及饮水持续性、降低温室气体排放，以及帮助农民适应气候变化。

费者、投资人／养老金管理者和业内同行的建议。进行深入透明的调查研究和采用有效的方式方法也是有帮助的，比如通过为农业采购制定社会可持续性发展框架（这在以前是没有的），缩小公司之间在政策上的差距。[1]

总 结

跨国公司的世界里充满着各种各样的权力表现形式：一位不愿在本书中透露姓名的大型公司的首席执行官回忆起，他在一次长途飞行中，发现坐在身旁的是英国首相，便成功说服了首相对立法进行更改，从而影响了自己的公司——这种"潜在权力"的表现形式对于普通社会活动家而言难以获得。跨国公司还拥有一种无形的权力，通过品牌以及品牌所彰显的价值，以及大型公司在决策者眼中的明显威望，对消费者造成巨大的影响。

跨国公司把这种无形的权力用于日益复杂的体系当中。在当今世界上，跨国公司数量越来越多，分布的国家越来越广，仅仅面向欧洲或北美洲的大型跨国公司开展社会运动的传统方式愈发处在尴尬境地。然而，很多社会活动家也加大了精力投入，把注意力从面向单个公司和他们的供应链，转移到创建一个有利于变革发生的环境上，通过激励机制促进公司做出改变。

---

1 / Penny Fowler, email, January 2016.

社会活动家仍有很多事情需要去做：全面检查金融市场，消除短期主义文化，这会暗中破坏人们为实现可持续性发展而做出的种种尝试；提高透明度和报告要求，以防止公司收买政治家和政党；确保污染企业为碳排放等环境问题买单；对偷税漏税现象进行打压。要想让这些举措取得成功，发展中国家和发达国家的社会活动家们需要协同行动，与思想开明的政府建立联盟，此外还需要探索不同公司之间的差异。

对于社会活动家而言，仅仅宣称自己是"公司的反对者"还是"企业的支持者"是不够的。无论我们的起点如何，都需要学会与跨国公司体系为伴，了解一些特定公司的传统做法和思维方式，以及遍布企业界的新型公司、积极的异端者和关键时刻，同时了解能够影响公司的各种方法。

对我来说，或许我必须请求那些强烈反对资本主义同事们的谅解，因为我在道德贸易行动联盟期间看到一些管理跨国公司的高管们精力旺盛、态度严谨，让我对他们产生了持久的尊敬。曾有一次，我身穿西服和皮靴，在伦敦中心的一家咖啡馆中，试图说服一位新的服装零售商加入倡议中。言谈之间我尽自己所能用到公司用语来交流，强调了加入倡议的商业案例方面的变化——比如，你可以招聘到更优秀的人，并且可以留住这些人才，你会把供应链管理得更好，你会避免损害自己的名声和品牌。这位恼火的高管打断我："忘掉这些吧，我只想给我的子孙创造一个更美好的世界。"当时的尴尬和羞耻感，我现在仍记忆犹新。

延伸阅读：

A. Chandler and B. Mazlish, eds., *Leviathans: Multinational Corporations and the New Global History* (Cambridge and New York: Cambridge University Press, 2005).

G. Cook & J. Johns (eds), *The Changing Geography of International Business* (London: Palgrave Macmillan, 2013).

A. Flohr et al., *The Role of Business in Global Governance: Corporations as Norm-Entrepreneurs* (London: Palgrave Macmillan, 2010).

G. Jones, *Multinationals and Global Capitalism* (Cambridge: Cambridge University Press, 2005).

R. Locke, *The Promise and Limits of Private Power: Promoting Labor Standards in a Global Economy* (Cambridge: Cambridge University Press, 2013).

N. Robins, *The Corporation that Changed the World: How the East India Company Shaped the Modern Multinational*, 2nd ed. (London: Pluto Press, 2012).

J. Ruggie, *Just Business: Multinational Corporations and Human Rights* (New York: WW Norton, 2013).

L. Stout, *The Shareholder Value Myth: How Putting Shareholders First Harms Investors, Corporations, and the Public* (Oakland: Berrett-Koehler Publishers, 2012).

案例研究：2015 年 12 月巴黎气候变化大会通过的《巴黎协定》

背 景

2015 年 12 月 12 日，190 多个国家承诺减少温室气体（GHGs）排放，覆盖了全球 94% 的温室气体排放。同时提出努力将全球气温升幅控制在 1.5 摄氏度以内——这是许多生态脆弱的岛屿国家和最不发达国家的安全底线。[1] 经过 21 年的艰难协商，在 2009 年哥本哈根世界气候大会以混乱方式结束 6 年之后，巴黎气候变化大会带来一次举世瞩目的历史性转变。这究竟是如何发生的？

---

1 / 更多详细分析，请参阅'Oxfam's Initial analysis of the Paris Agreement: What will the Paris Agreement be remembered for?', https://www.oxfam.org/en/research/oxfams-initial-analysis-paris-agreement。

在这个简短的研究案例当中，我们借助该书中的各个章节和主题，解锁《巴黎协定》背后的故事。[1]

推动变革发生的环境因素

环境方面发生的三大改变让巴黎气候变化大会与哥本哈根世界气候大会形成了鲜明的对比。

第一个最重要的因素是 2014 年年底发表的中美气候变化联合声明，[2] 两国承诺奋力实现减排新目标——尤其是中国方面，计划在 2030 年让碳排放达到峰值——并携手推动巴黎气候变化大会取得圆满成果。作为全球两个最大温室气体排放国，中美的积极参与让气候变化协定的通过成为一种必然。国内因素也推动两国领导人的积极参与：在中国方面，北京和其他城市遭遇雾霾危机，让人们看到了中国的发展模式，尤其是依赖煤炭的发展方式，已触及环境污染的极限。此外，随着中国的经济升级，中国领导人如今渴望从污染严重的低端产业转向像新能源这样的高价值领域。

---

1 / 此项由邓肯·格林（Duncan Green）和蒂姆·戈尔（Tim Gore）共同完成的详细案例研究，其概述信息将在 How Change Happens website 上刊登。

2 / 'U.S.-China Joint Announcement on Climate Change'，11 November 2014, press release, The White House, https://www.whitehouse.gov/the-press-office/2014/11/11/us-china-joint-announcement-climate-change.

在美国，总统奥巴马之前就推动了哥本哈根世界气候大会的成功举办，在参加巴黎气候变化大会前也得到很多民众的大力支持。气候变化活动家在哥本哈根世界气候大会举办之前就寻求以内部人士策略试图说服矿物燃料企业支持国内碳排放限额和贸易法律，但均未取得成功。从此以后，这些气候变化活动家转为外部宣传策略，发起一次基层运动，关注基石（Keystone）输油管线项目这一代表性问题，这项运动也给奥巴马政府提供了政治上的回旋余地。此外，在奥巴马临近任期结束时，在很大程度上已不再期望赢得美国国会通过的两党联合行动，而更愿意通过行政措施推进改革。

第二大因素是私营企业的改变。在哥本哈根世界气候大会上，来自私营企业的与会人员中，矿物燃料拥护者占据了大多数。在巴黎气候变化大会上，首次出现了另一股强大而可靠的力量反对矿物燃料：数百家公司及其首席执行官承诺降低碳排放量，还呼吁政府制定更大雄心的目标。业内支持对碳排放进行定价，呼吁取消矿物燃料的补贴。这一改变应归功于私营公司的领导层及其首席执行官（比如宜家家居和联合利华）。随着气候变化所带来的经济影响越来越受到人们的关注，他们的态度也逐渐改变。

第三大因素是经济和技术的相互影响：随着再生能源的价格发生戏剧性的变化，新能源利用成本的降低速度比预期更快。通过技术创新和规模经济，太阳能的价格与 2010 年相比，在 2014 年下降了 50%。[1]

此外，一些次要因素也加快了中美气候变化联合声明的诞生：比如，来自社会活动家的压力。2014 年 9 月在纽约举行的人民气候游行（People's Climate March）让公众再次备受鼓舞；法国出色的外交手段在巴黎气候变化大会召开之前就处理了"烫手山芋问题"；2015 年 5 月教皇发表了标题为"关爱我们共同的家园"[2]的通谕，呼吁天主教徒和其他宗教团体采取行动（并且可能为社会规范和个人行为带来更加长远的改变）。

在巴黎气候变化大会上，人们对气候科学的辩论仿佛没有哥本哈根世界气候大会上那么意义重大，也许是因为反方没有找到充足的论据。这样，大会的辩论便转向了如何实施目标这一现实而棘手的问题上。

主要参与者

除了中美两国的领导人，很多发达国家和发展中国家举办的一些会议也加速了巴黎气候变化大会的进程。这些会议包括由菲律宾组织的气候变迁脆弱国家论坛

---

1 / Irena, *Renewable Power Generation Costs in 2014*, January 2015.

2 / 'Encyclical Letter *Laudato* si' of the Holy Father Francis on Care for our Common Home' Libreria Editrice Vaticana, 2015, http: //w2.vatican. va/content/francesco/en/encyclicals/documents/papa−francesco_20150524_ enciclica−laudato−si.html.

（Climate Vulnerable Forum）。巴黎大会提到，把 1.5 摄氏度的气温升幅控制目标以及采取行动解决贫穷国家所遭受的"损害和损失"现象，作为新型气候体系下的基本要求，而气候变迁脆弱国家论坛在这一过程中起到了促进的作用。太平洋群岛国家，尤其是马绍尔群岛的外交部部长托尼·德·布朗（Tony de Brun），也在其中扮演着重要的角色。

从哥本哈根世界气候大会到巴黎气候变化大会，这种改变体现了深层的地缘政治，见证了一种新型范式的确立，并取代了《京都议定书》（*Kyoto Protocol*）把世界分为南（附录 1）北（非附录 1）两大阵营的方式，其中只有附录 1 中的国家有义务减少碳排放。相比之下，在巴黎气候变化大会上，所有国家都做出了承诺，其中，像中国和印度这样的新兴大国表现出了极大的雄心壮志。

关键时刻

在巴黎气候变化大会举办前夕，一系列气候事件促成参与国在环保行动上达成共识。尤其是，一系列重大气候灾害使大型经济体（美国、澳大利亚、俄罗斯）和贫困国家受到影响，让人们意识到"我们都在一条船上"。但是最重要的关键时刻与气候变化没有任何关系：2015年 11 月 13 日发生多起骇人听闻的恐怖袭击事件，130 人惨遭杀害，引起全球谴责，同时国际社会下定决心与法国团结一致，而法国在数周后即将举办气候变化大会。[1]

系统思维：21 世纪的国际协定？

联合国最高气候官员克里斯蒂安娜·菲格雷斯（Christiana Figueres）是促成《巴黎协定》签订的无名英雄之一，按照她的说法，"气候变化是一个很好的事例，说明了我们如何从 20 世纪的社会契约转向一个全新的社会契约"。[2]

首先，《巴黎协议》认识到，如今的国际体系远比数十年前国家间达成的协议要复杂得多。与其他谈判截然不同，巴黎气候变化大会的参与者包括了政府、商业领袖、市政委员会代表、市民社会组织，乃至其他重要人物。"全球商业气候联盟"（We Mean Business）组织声称，他们派遣了 100 位游说人员参加巴黎气候变化大会，会上这些游说人员都使用自己的手稿。与此同时，有 450 位市长举办了一次平行峰会，并在大会上就气候变化做出了承诺。

1 / http：//oxfamblogs.org/fp2p/how-will-the-paris-attacks-affect-the-outcome-of-the-climate-change-talks/.

2 / Suzanne Goldenberg, 'Paris climate deal offers ame of hope, says UN ofcial', *The Guardian*, 17 January 2016, http：//www.theguardian.com/environment/2016/jan/17/paris-climate-deal-ame-of-hope-diplomacy-christiana-gueres.

变革如何发生

其次，参与国同意采用评估和改正（review and ratchet）的方式，每个国家每五年评估一次，并对实施措施进行升级：国家的每个目标必须超过之前承诺的目标。因此，随着情况的改变、技术的完善和经济能力的提高，国家为实现经济脱碳也应采取不同的行动。与之形成对比的是约束性承诺把谈判后所做的（可能是最低可接受的）承诺一成不变地固定下来，而之后很难再重新谈判。（正是这种试图达成约束性承诺的尝试让哥本哈根世界气候大会无果而终。）

至少这是乐观的看法。《巴黎协议》也为迟疑不决和不守信用的国家提供了充足的空间，这种评估和改正的机制能否产生充足的行动，从而将气候变化控制在可接受的范围，还有待观察。

第三部分　**社会活动家能（不能）做之事**

人类学家玛格丽特·米德（Margaret Mead）曾说过一句话（尽管我没有找到原文出处），"永远不要怀疑一小群深思熟虑、有决心的公民能够改变世界；实际上，世界的改变历来就是如此发生的。"这句话经常被人们引用。[1]

此话虽然鼓舞了一代又一代的社会活动家，但也总是让我百感交集。如果我们专注于"坚定不移"而忽略了"深思熟虑"，我们就会陷入一个诱人的陷阱，即认为变革出自于一群高贵且纯洁的人之手，这些兄弟姐妹为了变革愿意深入群山或走上街头。然而，我不认为这是变革的运作方式。

J.K. 罗琳在《哈利·波特与火焰杯》[2] 中描写到赫敏

1 / The Institute for Intercultural Studies, 'Frequently Asked Questions About Mead/Bateson', http://www.interculturalstudies.org/faq.html#quote.

2 / J.K. Rowling, *Harry Potter and the Goblet of Fire* (London: Bloomsury, 2000).

建立了"精灵解放阵线"来解放那些为巫师社区服务的家养精灵们，讽刺了这类"坚定不移"的运动。因为"被解放"对家养精灵们来说很像失业，这让他们恐惧不已——没人问过他们是否想要"被解放"。赫敏没有同精灵们商量过，她只是以为她知道做哪些事能对精灵们有益。看来她真的需要好好上一堂有关变革的理论课。

相比之下，"深思熟虑"的权力与系统方法强调我们应该以谦逊的姿态对待我们试图影响的系统，并同时对其保持好奇心。当然，激情是必不可少的，但它必须用批判性的思维来加以调和。与此同时，社会活动家也需要对自身做出反思。

接下来的三章探讨了不同类型的社会活动家是如何着手完成这项任务的。话题包括基层公民行动主义、时常被忽略的领导者的角色，以及为了影响第二部分中分析到的机构所做的倡导。这些探讨必然具有片面性并带有个人的观点，反映出我自己的背景，并借鉴了一些社会活动家、领导者和倡导家的思想。他们当中，有的只是见过面，有的一起共事过，还有的让我受益颇多。我在本书开端部分就说过，并不存在一个"变革研究部门"可供社会活动家求助以获得指导——历史和丰富多样的行动主义极佳地替代了这样一个部门，起到了指导作用。

最后，本书将以"那又怎样？"的口吻所进行的讨论收尾，这些讨论使得权力与系统方法以及它对社会活动家及其组织的影响更充实并具体化。

第九章　公民行动主义和市民社会

在过去的三十年里，我遇到过一些非凡的社会活动家，其中包括玻利维亚低地的齐卡塔诺斯、印度本德尔肯德的渔民，以及伦敦市中心英国公民联盟（Citizens UK）的成员。几个世纪以来，像他们这样的男性和女性，从长期谋生和养家糊口的劳累生活中摆脱出来，加入自己的社区，一起讨论问题、成立组织并采取行动。正如我们所看到的，他们冒着生命危险，勇敢地去面对受雇的暴徒和腐败官员。

他们这样做的原因有很多：养活他们的家庭或改善他们的社区，或回应他们分辨是非对错的观念，或为共同的目标一起工作能带来满足感。支持他们做出英勇努力的是他们在发展事务中取得的个人收获（肯定不是因为开会的缘故）。

然而，我有一点需要坦白：在我的个人生活中，我是我所知道的最不活跃的公民之一。我讨厌对抗和冲突，对自己的邻居几乎一无所知，我不是一个爱参加各种社团活动的人。尽管如此，长期以来，我一直受到那些行为与我截然不同的人的启发和吸引。首先是拉丁美洲勇敢的社区组织者，其次是来自世界各地的了不起的活动家，我有幸通过在乐施会工作与他们结识。虚伪吗？也许是。我只需要接受他们的生活与我的生活之间的鸿沟即可。不过至少我的儿子卡勒姆（Calum）在伦敦南部佩克汉的民间团体"英国公民"（Citizens UK）担任组织者，[1]不知这能否替我稍稍解围？

本章深入探讨了社会活动家是些什么样的人，他们如何追求变革，以及外部人士能够做些什么来帮助他们。

在发展中国家，公民的社会活动呈指数级增长，这是由以下几个因素推动的：识字率和受教育机会的迅速增加（特别是对妇女而言），对于政治活动的态度变得更为开放，以及关于权利和正义的新规范的传播。城市化也是如此：在每个街角都有各种各样的意见和信息的交流，城市是一个生动的政治场所，伴有密集的社会运动，人们通过这些运动要求提供住房、学校、诊所、合理的用水和卫生设施。工人和雇主、服务提供者和用户之间存在着大量的抗议和冲突。（我对城市的市民社会运动了

---

1 / Tom Henderson，'Peckham Votes Yes to Launching Peckham Citizens'，Citizens UK，26 November 2014，www.citizensuk.org/peckham_votes_yes_to_launching_peckham_citizens.

解得越多，我就越对许多援助机构偏爱农村的偏见感到困惑，即使这意味着失去了许多支持社会变革的机会，他们似乎还是更喜欢农村而不是棚户区。）[1]

科技发挥了一定的作用，最近通过社交媒体和移动电话的传播，大型群体之间的网络联系得以大大加强。然而，他们在混乱的街头抗议中所产生的影响，经常被数字精英夸大。研究发现，2011 年开罗解放广场抗议活动进行到最激烈时，在活动人士之间有 93％ 的交流是面对面进行的。[2]

什么是公民行动主义？

公民行动主义当然包括政治行动主义，但它包含的含义可能更多。其中有一个很好的定义，公民行动主义是任何具有社会影响的个人行动，其中大部分涉及集体活动，包括参加宗教团体或社区协会、生产者组织和工会、乡村储蓄和贷款团体、殡葬团体等。这种参与是对"共同权力"的一种主张，既是目标本身——一种至关重

---

1 / Duncan Green, 'India's Slums: How Change Happens and the Challenge of Urban Programming', From Poverty to Power blog, 1 November 2012, http://oxfamblogs.org/fp2p/indias-slums-how-change-happens-and-the-challenge-of-urban-programming/.

2 / Michael Edwards, Civil Society, 3rd edition (Cambridge: Polity Press, 2014), p. 85.

要的自由——也是一种手段，用来确保社会及其制度尊重人民的权利并满足人民的需要。积极的公民向国家决策者提供重要的反馈，对改革施加压力，或者绕过国家体制，自己解决问题。

这种"社会资本"通常与现金或技能一样有价值。世界银行在印度尼西亚的研究发现，在当地社团获得成员资格对家庭福利要比对教育造成更大的影响。[1]据估计，全世界的志愿者社团已经成为人类服务的主要提供者（特别是在健康和福利方面），仅从调研的40个国家来看，志愿者社团已构成了一个价值2.2万亿美元的产业[2]——这一估值是全球援助预算的16倍。

人们在当地建立的组织，在发展术语中被称为民间社会组织（CSO），这些组织对氏族、种姓或宗教中更多传统的联系进行了补充。人们在民间社会组织中共同付出努力，帮助了公民滋养信任和合作，而这是所有社会赖以生存的基础。[3]

当然，公民团体也可以增强歧视、恐惧和怀疑，一

---

1 / Michael Edwards, Civil Society, 3rd edition（Cambridge: Polity Press, 2014）, p. 92.

2 / Michael Edwards, Civil Society, 3rd edition（Cambridge: Polity Press, 2014）, p. 13, footnote 15.

3 / Jude Howell and Jenny Pearce, *Civil Society and Development: A Critical Exploration*（Boulder, CO: Lynne Rienner Publishers, 2001）, p. 31.

些人称之为"非市民社会"。这些公民团体的活动有时会引发暴力行为，如宗教或种族主义的大屠杀、足球流氓或准军事组织。在卢旺达 1994 年种族灭绝时期，该国在撒哈拉以南非洲地区的志愿组织密度最高。[1]

市民社会组织也未能免受社会中更广泛的权力不平等现象所带来的影响。男性或来自强大种族或种姓背景的人常常主宰这些公民社会组织。处于社会边缘的市民社会组织往往在混合型组织中处于微不足道的地位，妇女、原住民或艾滋病病毒感染者发现，他们特别关注的问题不断从议程中消失。

公民社会组织的工作往往具有地方性，且在媒体视线之外，例如推动政府部门安装街道照明设施，铺设道路或投资学校和诊所。市民社会组织经常自己来实施这些服务，同时还开展包括从有关洗手到劳工权利等各种活动在内的公共教育项目。即使在混乱而危险的刚果（金）（DRC），由六名男子和六名女性组成的社区保护委员会也给遭受冲突影响的社区带来了新的信心和恢复力。委员会辨别出主要的威胁，确定实施哪些行动来消除它们。当人们被迫逃离新的战争时，这些委员会往往有助于人们在新的难民营里组织起来。[2]

---

1 / Michael Edwards, Civil Society, 3rd edition（Cambridge：Polity Press, 2014），p. 51.

2 / Duncan Green, *Community Protection Committees in Democratic*（转下页注）

对于联合国来说，市民社会组织包括从小型、非正式的社区组织到像乐施会这样的大型、高调的国际非政府组织之间的一切形式的组织。[1]许多观察员是这样来区分基层市民社会组织和非政府组织的：市民社会组织倾向于由会员推动和本地化（尽管有些组织确实规模非常大），可以是非正式的或合法化的实体，并且通常本质上几乎完全是志愿性质的。而非政府组织往往由董事会和专业人员管理，对其支持者所负有的责任有限。至关重要的是，市民社会组织致力于促进其成员的利益，而非政府组织通常是通过运作项目、应对灾难或试图影响公共政策，为公众谋福利。

当然，基层组织也会为超出其成员眼前利益的变革而游说。同时，非政府组织中的很多人因为对解决性别不公等问题有着强烈的个人意愿，也会在基层组织里工作。但是一个大型的非政府组织显然与一个乡村储蓄组织截然不同，其区别之大犹如两种不同的生物。之所以

（转上页注1）*Republic of Congo*（Oxford：Oxfam GB for Oxfam International, 2015），http：//policy-practice.oxfam.org.uk/publications/community-protection-committees-in-democratic-republic-of-congo-338435.

1 / Brian Tomlinson, *Working with Civil Society in Foreign Aid：Possibilities for South-South Cooperation?* 'Annex 1：NGOs and CSOs：A Note on Terminology'（Beijing：United Nations Development Programme（UNDP）China，2013），www.cn.undp.org/content/dam/china/docs/Publications/UNDP-CH03%20Annexes.pdf.

造成这种区别，一定程度上是由于非政府组织和市民社会组织往往在获得资金和专业知识机会方面以及代表性问题上（谁代表了贫困社区？）的不同立场而变得关系紧张。本章主要针对基层公民社会组织而展开论述，第十一章则介绍了非政府组织的影响力。

公民行动主义与抗议运动

自20世纪80年代以来，在全球媒体的报道中，社会活动家已成为抗议运动中杰出的领导者，他们所领导的抗议运动已经在拉丁美洲、东欧和中亚地区推翻了数十个独裁政权。他们推翻了菲律宾和印度尼西亚的独裁者，结束了南非的种族隔离制度，最近又推翻了突尼斯、埃及和利比亚的专制政府。成千上万的公民聚集在广场上以求正义，并誓言不达目的绝不罢休，因此许多独裁者必将生活在恐惧之中，担心有一天来自外面抗议活动的催泪瓦斯会破坏总统官邸的舒适环境。[1]

虽然其他因素有助于政治转型（正式的政治反对势力或军事干预、外国干涉等），但由团结的非暴力公民联

---

1 / Thomas Carothers and Saskia Brechenmacher, 'The Civil Society Flashpoint: Why the Global Crackdown? What Can Be Done About It?', From Poverty to Power blog, 6 March 2014, http://oxfamblogs.org/fp2p/the-civil-society-flashpoint-why-the-global-crackdown-what-can-be-done-about-it/.

盟所发起的抵制行动、大规模抗议、封锁、罢工以及其他非暴力反抗运动，已被证明是至关重要的。

抗议运动则展现出一种特定的节奏和结构。与第四章所描述的国家改革周期类似，一位研究欧洲社会运动的历史学家认为，欧洲的社会运动正在经历"争论的周期"。[1] 对抗议爆发的回应往往是镇压，但经常也伴随着改革的发生。随着冲突的瓦解，以及武装分子撤退以疗养伤口，他们取得的许多成果被推翻了；然而，他们留下的是参与面的扩大、流行文化的改变以及可以为未来的抗议活动奠定基础的残余人脉网络。公开冲突的爆发是一个播种抗议运动种子的季节，但收获往往出现在随后的遣散时期，这些后来的收获者时常是精英和官僚中的改革者。

虽然许多外部人士认为抗议运动具有同质性（记者和政治家经常感叹他们缺乏容易辨识的领导人），但仔细观察后，他们会看到这些抗议活动包含一些规模更小但持久力更强的组织，它们在关键时刻涌现，然后解散。[2] 据乐施会的伊哈卜·埃尔·萨克特（Ihab El Sakkout）所述，在 2011 年开罗解放广场的抗议者在一定程度上就像一群颗粒（granularity）：

---

1 / Sidney Tarrow, *Power in Movement: Social Movements and Contentious Politics* (Cambridge: Cambridge University Press, 1998), p. 24.

2 / Sidney Tarrow, *Power in Movement: Social Movements and Contentious Politics* (Cambridge: Cambridge University Press, 1998).

二月份的第二天和第三天，当示威者遭到统治者雇用的暴徒残忍袭击时，穆斯林兄弟会和有组织的球迷团体在保卫广场方面发挥了关键作用（主要体现在他们的团体快速传达决定、被攻击后表现出极大的勇气和纪律性、迅速建立路障以及设法完成反击等方面），这有助于把广场上的人从大量的个体变成一个能够保卫自己的有凝聚力的团体。[1]

现在，当我每次在媒体报道中读到那些表面上毫无特点的抗议活动，我都会转而寻找那些潜在的组织"谷粒"（grains）。

公民行动主义与市场

与推翻政府相比，公民协会的日常工作更为平凡，但它们对于推动变革同样重要。世界各地的工厂工人、政府雇员和小规模农民早已意识到，建立组织会给他们带来需要的议价能力，从而使他们在市场上达成更好的交易。工会、生产者协会、合作社、小型企业协会等可以为其成员赢得更公平的工资、价格或工作条件。他们

---

1 / Duncan Green, 'Egypt: What are the Drivers of Change?', From Poverty to Power blog, 17 February 2011, http://oxfamblogs.org/fp2p/egypt-what-are-the-drivers-of-change/.

当中的许多人都在游说政府采取监管或其他措施，以限制既得利益者获得过度而又隐性的权力。

在两个多世纪的工人权利斗争中，工会一直处于领先地位，在工资和工作条件、集体谈判权和结社自由权、假期、退休金和其他许多领域的权利方面取得了巨大进展。[1]

然而，近几十年来在许多国家，由于企业及其在国际机构和政府的盟友破坏了来之不易的劳工立法，工会所取得的成就已在逐渐丧失。工人组织继续面临压制和暴力；世界各地的工会领袖面临骚扰、强奸和谋杀。2015 年，在评估的 141 个国家中，几乎一半的国家存在"蓄意侵犯"或"无法保证"劳工权利的现象。[2]

为了改善发展中国家工厂的数百万妇女的工作条件，尤其是在禁止成立工会的出口加工区（EPZs）里，一些妇女组织一直奋力拼搏，并已经在这方面脱颖而出，这部分原因是劳工运动中存在着根深蒂固的看法，即妇女是临时雇用的、次要的或价值较低的工人。在尼加拉瓜，就业妇女和失业妇女的玛丽亚·埃琳娜·库德拉运动（MEC）及其 2000 名志愿者，在 2007 年帮助通过了该国

---

1 / 国际劳工组织（The International Labour Organization）迄今已就几乎工作生活的每个方面达成了 189 项公约。

2 / International Trade Union Confederation（ITUC），Global Rights Index，2015，http：//www.ituc-csi.org/IMG/pdf/survey_global_rights_index_2015_en.pdf

的第一部国家健康与安全法，增加了对出口加工区工厂的现场视察，以确保遵守法律和人权，并为私营部门的中层经理提供人权方面的培训。[1] 在多数劳动力为妇女的出口种植园中，妇女组织也投身到了运动当中。在南非，农场妇女项目帮助孤立的季节性临时工组成一个组织，争取获得最低日薪；经过 2013 年的一次罢工，这些女性的薪酬增长了 52%。[2]

尽管妇女团体和工会做出了努力，但全世界大约 90% 的劳动力都缺乏组织性，而且工会成员的数量随着非正规经济的增长正在不断下降。对于那些只靠微薄薪酬在家中工作或没有合同的人们，工会一直在努力接触并保护他们。

相比之下，近几十年来，独立生产者组织的数量迅速增加。[3] 农民和其他生产者正在各地组建合作社或协会，以提高议价能力。1982 年至 2002 年，布基纳法索（Burkina）

---

1 / 欲了解更多有关非正式经济的案例，可参考"非正式就业妇女：全球化与组织化"组织（Women in Informal Employment：Globalizing and Organizing，简称 WIEGO）的网站，www.wiego.org。

2 / BBC News, 'South Africa Farm Workers Get 52% Pay Rise', BBC News website, 4 February 2013, www.bbc.co.uk/news/world-africa-21324275.

3 / 如欲阅读生产者组织面临的问题的综述，可参考 Chris Penrose-Buckley, *Producer Organisations*：*A Guide to Developing Collective Rural Enterprises*（Oxford：Oxfam GB，2007）。

拥有此类组织的村庄数量从 21% 增加到 91%。[1] 在尼日利亚，1990 年至 2005 年，生产合作社的数量几乎翻了一番。[2] 到 1998 年，印度 65% 的农村家庭都加入了合作社。[3] 这样的组织可以赢得更优惠的信贷条件，分摊拖拉机等昂贵机械的成本，提高生产效率，并更有效地销售其产品，从而在最终市场价中获得更大份额的收益。

印度最大、最知名的独立生产组织之一是自雇妇女协会（SEWA），最新的数据显示该协会在 2008 年有 100 万名会员。[4] 该组织成立于 1972 年，它的成员组成极为多样化，其中包括街头小贩、家政工人、临时建筑工人和农场工人。

自雇妇女协会将其任务描述为"组织工人通过斗争和发展战略，实现充分就业和自力更生的目标"。这其中

---

1 / Jean-Louis Arcand, 'Organisations paysannes et Développement rural au Burkina Faso', CERDI, Université d'Auvergne, France, 2004, in Marie-Rose Mercoiret and Jeanot Mfou'ou, *Rural Producers Organizations for Pro-poor Sustainable Agricultural Development*, Paper for World Development Report 2008, Paris workshop, 30–1 October 2006.

2 / Research by Leuven University cited in Proceedings Report, 'Corporate Governance and Co-operatives', Peer Review Workshop, London, 8 February 2007.

3 / Udai Shanker Awasthi, 'Resurgence of Co-operative Movement Through Innovations', *Co-op Dialogue* 11, no. 2（2001）: pp. 21–6.

4 / Self Employed Women's Association（SEWA）website, www.sewa.org/About_Us.asp.

所指的"斗争"包括旨在为妇女提供更好服务的运动和游说，以及反对"社会和经济对她们施加的诸多约束和限制"；自雇妇女协会的发展活动增强了女性的议价能力，为她们提供了新的选择。自雇妇女协会已经成立了自己的银行、健康保险公司、培训学校和托儿中心。

市民社会和国家：对手还是合作者

如果政治制度被视为具有包容性和合法性，那么公民社会组织的大部分活动就被纳入正式的政治选举中，或者纳入民主国家关于法律和国家政策制定的日常"公共对话"中。不论在穷国还是富国，许多市民社会组织都与政党保持着依赖关系，至少在选举期间是如此，并且这些组织还可以成为拉选票的重要工具。

我在 2012 年访问印度时，勒克瑙市（Lucknow）贫民窟的一些基层活动者告诉我，赢得政治影响力的第一阶段，是游说级别最低、被称为"市政当局成员"（corporator）的民选官员，说服他们相信该贫民窟值得被列入"需要关注贫民窟"而上报当局，从而使得该贫民窟被纳入政治和财政计划当中。然后，市政当局成员分发投票卡，而这种投票卡是许多居民唯一的身份证件。

在贫民窟居民的眼中，企业家是最容易接近，但也是最无力的政治家。在他们之上，只有少数邦议会的成员愿意与贫民窟居民交谈。"官员更糟糕，尤其是低级官员，他们无视我们，或者索要贿赂。至少市政当局成员还会倾听我们的意见，即使他们什么都不做。"当这些贫民窟居民被问及为什么会投票时，其中一位回答说："如果我们支持的候选人获胜，我们会心怀希望，他们将为我们提供基本的服务。如果这一切没有发生，我们会感到失望，但是会等上五年再投票给其他人。除此以外，我们还能做什么？"[1]

但在政治家的游戏中，社会组织很少仅仅充当政治家的马前卒。市民社会组织已经在印度建立了众包协作网站，例如"ipaidabribe.com"，[2]揭露企业说客腐败行径、裙带关系政治网络等。许多人现在都在监测政府的支出，悉心分析政府所做的承诺与实际兑现的承诺，并试图影响预算分配。例如，在以色列，来自不同社会运动的活动人士成立了一个名为"阿德瓦中心"（Adva Center）的非政府组织，该组织专门负责进行研究、游说和宣传，以促进米兹拉希犹太人（Mizrahi Jews）、妇女和阿拉伯公民享有平等的权利。[3]

正如我在与南非的市民社会组织谈话时发现的，游说政府可能是一种令人失望的体验。[4]一名活动人士告诉

---

1 / Author visit, Delhi, 2012.

2 / 'I Paid a Bribe', India, www.ipaidabribe.com/#gsc.tab=0.

3 / Adva Centre, Israel, http://adva.org/en/.

4 / Duncan Green, 'How to Build Local Government Accountability in South Africa? A Conversation with Partners', From Poverty to Power blog, 18 March 2013, https://oxfamblogs.org/fp2p/how-to-build-local-government-accountability-in-south-africa-a-conversation-with-partners/.

我说，党徒空降担任高级行政职务，然而他们缺乏履行职责的能力，或对如何履行职责不感兴趣。他说："你看，这是个多么庞大的政府，太难以了解和驾驭。你永远不知道该往哪个方向推进——就连这些官员也不知道答案！你投入大量资金来建立密切的关系，结果却发现他们调到别的部门去了，而你不得不从头再来。"

就像在英国和其他地方，工会代表自身利益一样，在一些国家，市民社会组织建立了新的政党。在玻利维亚和巴西，社会运动联合起来建立了"争取社会主义运动"（Movement for Socialism）政党和工人党（Workers Party），后来这两个政党都上台执政，并实施了重大的渐进式改革（见第四章）。与执政党保持联系虽然对政策改变至关重要，但可能会削弱市民社会组织的活力，这些组织的领袖被挖走并被任命为国会议员或部长，或者因与政治中不可避免的妥协相联系而损害市民社会组织的声誉。

市民社会也可以通过研究和示范项目，而不是通过更加冒险的运动和公众抗议的方式，找到在更为封闭的政治制度中让改变发生的途径。[1] 一党制下的官员有时更愿意听取有关哪些做法行不通的意见，因为那样一来他

---

1 / Duncan Green, 'How Can You Do Influencing Work in One-Party States?', From Poverty to Power blog 8 June 2011, http: //oxfamblogs.org/ fp2p/how-can-you-do- influencing-work-in-strong-authoritarian-states/.

们就不必担心负面的新闻报道，不必收买政治支持了。例如，在俄罗斯，残障人士通过私下解释问题的严重性，成功说服政府改变了糟糕的福利法律。[1]

即使在巴基斯坦这样不利于主张妇女权利的地区，[2]市民社会组织也通过在地方层面的工作争取了改革，在地方上，社会活动家与国家之间的权力不平衡现象不那么极端，关系也更容易建立起来。参与式预算在印度尼西亚和巴西得到广泛推广前，首先是从村庄和城镇开始实施，例如巴西著名的"家庭补助金社会福利计划"（Bolsa Familia）最初便是作为一项试点先在进步的市政府中进行的。

如第二部分所述，有效地参与国家事务意味着要理解其内部结构和激励体系。以对政治家有意义的方式提出要求可以极大地提高成功的机会。对于官员和政治家正确的做法给予公开的称赞，而不是立即改变目标和提出新的要求，这种做法可以帮助建立信任。

在回顾了53个国家的200个有关公民反腐的项目后发现，项目的成功有赖于在官员和政治家中确定盟友，

1 / Duncan Green, 'Advocacy v Service Delivery in Russia: FP2P Flashback', From Poverty to Power blog, 17 August 2011, http://oxfamblogs.org/fp2p/advocacy-v-service-delivery-in-russia/.

2 / Jacky Repila, *The Politics of Our Lives: The Raising Her Voice in Pakistan Experience* (Oxford: Oxfam GB, 2013), http://policy-practice.oxfam.org.uk/publications/the-politics-of-our-lives-the-raising-her-voice-in-pakistan-experience-294763.

这些盟友可以作为支持者并提供内部情报。[1]公民组织为影响南非、墨西哥、坦桑尼亚和巴西的国家服务而做出了种种努力，而对这些努力所进行的深度评估，也赞同支持者的重要性，而且强调了活动家与媒体、学者和其他参与者建立长远联盟的作用。[2]

国家对于公民行动主义的支持

市民社会可以帮助国家变得更加有效，国家也可以通过第二章中讨论的各种权力途径，反过来促进公民行动主义。[3]向被排斥群体的成员（低等种姓、原住民、老年人、残疾人、移民）颁发出生证明或其他官方登记可以增强他们的个人身份（"内在力量"）。开展有关权利以及歧视性规范和价值观的公共教育，或者实施保障公民公平获得财产和机会的法律，也可以增强他们的个人身

1 / Pierre Landell-Mills, *Citizens Against Corruption: Report from the Front Line* (Leicester: Matador, Troubador Publishing, 2013).

2 / Duncan Green, 'Ups and Downs in the Struggle for Accountability – Four New Real Time Studies', From Poverty to Power blog, 5 September 2013, http://oxfamblogs.org/fp2p/watching-the-ups-and-downs-of-accountability-work-four-new-real-time-studies/.

3 / Duncan Green and Sophie King, *What Can Governments Do to Empower Poor People?* (Oxford: Oxfam GB, 2013), http://policy-practice.oxfam.org.uk/publications/what-can-governments-do-to-empower-poor-people-305513.

份，更不用说，还有诸如防止对妇女的暴力行为和其他形式的恐吓等相关的法律。

国家还可以帮助以利益和身份为基础的组织提高能力，并为被排斥的群体创造有利的环境，以便他们建立组织并代表自己的利益（共同权力）。针对弱势群体政治代表权的平权行动，以及促进透明度和问责制的倡议和改革，可以增强公民采取行动的能力（行使权力）。

最后，国家在削减"权力控制"（power over）方面可以发挥重要作用，即遏制过度集中的影响力以及将这种影响力施加在被排斥群体和个人身上。增加穷人接触法律体系和使用法律渠道的机会，可以在所有的这些范畴内产生影响，同时鼓励采取改革性而非革命性的行动方法来促进公民行动主义。

许多国家将市民社会视为一把双刃剑：当它提供服务并促进就业和经济增长时，它很有用；但是当它寻求更根本的权力再分配时，它就是种威胁。我想起巴西伟大而又激进的大主教赫尔德·卡马拉（Hélder Câmara）的一句名言："当我给穷人食物时，他们称我为圣人。当我问为何穷人没饭吃，他们称我为共产党人。"[1]

在某种程度上，这是对日益增长的市民社会力量的一种间接的承认，近年来有超过 50 个国家已制定或认真

---

1 / Personal communication with Julian Filochowski, CAFOD, 1984.

考虑过制定法律或其他规定，以限制民间社会组织成立工会和运作的能力。正如曾有人解释的那样："如果你得到许可，你就去游行……如果没有得到许可，你就会被警棍击中头部。"[1]

非民主制度的模式，可能促使这些政府打击市民社会组织，或者也许对这些政府来说打击公民组织只是毫不费事。外国资金会使得市民社会组织轻易成为指控外国干涉的目标，而薄弱的治理和问责制架构可能让人们质疑其合法性。[2]政府试图阻止或阻塞外国资金的资助，或侵扰提供资助的外部援助组织。[3]

外界如何支持公民活动家？

如果市民社会的声音和影响力得到了广泛的认可，援助机构要支持市民社会的话，该如何予以支持则是一

1 / Michael Stott, 'Putin Hints Will Return to Kremlin in 2012', Reuters website, 30 August 2010, quoting Vladimir Putin defending a recent crackdown on pro-democracy protesters, www.reuters.com/article/us-russia-putin-interview-idUSTRE67T2J920100830

2 / Ross Clarke and Araddhya Mehtta, '5 Trends That Explain Why Civil Society Space is Under Assault Around the World', From Poverty to Power blog, 25 August 2015, http://oxfamblogs.org/fp2p/5-trends-that-explain-why-civil-society-space-is-under-assault-around-the-world/.

3 / Thomas Carothers and Saskia Brechenmacher, *Closing Space: Democracy and Human Rights Support Under Fire* (Washington DC: Carnegie Endowment for International Peace, 2014).

个尚无明确答案的问题。[1]一百年前，在墨西哥革命期间，总统阿尔瓦罗·奥布雷蒙（Alvaro Obregon）据说曾挖苦地评论道："没有一个将军能承受5万比索的炮轰。"[2]同样的情况似乎也适用于一些市民社会组织。基于对巴基斯坦的研究，马苏·达巴诺（Masooda Bano）[3]认为，援助往往会破坏支持市民社会组织的合作。当外国资金流入时，那些构成这些组织核心的无报酬的活动人士就会对他们的领袖失去信任，怀疑这些领袖将援助资金中饱私囊。在波斯尼亚，我与市民社会组织的交流表明，即使是他们的支持者也认为他们只是"公文包市民社会组织"，只对获得资金感兴趣。[4]

我发现这样的对话很令人痛心，因为他们迫使我承认，乐施会花了这么多年的时间所倡导的援助资金，在某些情况下可能造成更多的伤害，而不是带来好处。但

---

1 / 'Álvaro Obregón Salido（1880-1928）', http：//axoquen.8k.com/biografias/obregonsa.html.

2 / Stephen Morris, 'Corrupción y política en el México contemporáneo'. Mexico, Editorial Siglo XXI, 1992.

3 / Masooda Bano, *Breakdown in Pakistan: How Aid is Eroding Institutions for Collective Action*（California：Stanford University Press, 2012）.

4 / Duncan Green, 'Strengthening Active Citizenship After a Traumatic Civil War: Dilemmas and Ideas in Bosnia and Herzegovina', From Poverty to Power blog, 25 June 2014, http：//oxfamblogs.org/fp2p/building-civil-society-after-a-traumatic-civil-war-dilemmas-and-ideas-in-bosnia-and-herzegovina/.

我认为这种担忧也被夸大了。就像有太多金钱一样，没有钱同样也是一个很大的限制，而且这种限制更常见。据估计，南半球的非政府组织只获得了所有援助资金中1%左右的资金。[1]

如果在市民社会组织中挥霍资金有被善意地杀戮的风险，那么还有更巧妙的方式可以让外界支持公民行动主义。[2] 我在准备撰写本书时，考察了乐施会关于公民行动主义工作的10个案例，[3] 其内容涵盖了从基层妇女赋权到反对全球军火贸易运动等领域。以下是我从这些案例中吸取的一些教训。[4]

1. 合适的合作伙伴不可或缺。项目能够蓬勃发展还是遭遇失败，在很大程度上取决于北半球援助机构所选择

---

1 / CIVICUS, *State of Civil Society Report* 2015, http://civicus.org/index.php/en/media-centre-129/reports-and-publications/socs2015.

2 / Duncan Green, 'Can Donors Support Civil Society Activism without Destroying it?', From Poverty to Power blog, 9 September 2014, http://oxfamblogs.org/fp2p/can-donors-support-civil-society-activism-without-destroying-it-some-great-evidence-from-nigeria/.

3 / Duncan Green, 'Active Citizenship Case Studies' (Oxford: Oxfam GB, 2014), http://policy-practice.oxfam.org.uk/our-work/citizen-states/active-citizenship-case-studies.

4 / Duncan Green, *Promoting Active Citizenship: What Have we Learned from 10 Case Studies of Oxfam's Work?* (Oxford: Oxfam GB for Oxfam International, 2015), http://policy-practice.oxfam.org.uk/publications/promoting-active-citizenship-what-have-we-learned-from-10-case-studies-of-oxfam-338431.

的一起合作的地方市民社会组织。良好的合作伙伴能够帮助了解当地的情况和文化，与贫困社区建立长期的信任关系，并与地方权力机构建立良好的关系；在外部援助机构迁走之后，他们还将在很长一段时间里继续在该地区开展工作。

2. 不要忽视"内在权力"。帮助公民建立自己的权力是一个非常个人化的过程，通常从提升他们的果敢和自信开始，在女性公民行动主义案例的情况下更是如此。[1]许多女性在体验"公民身份"时，与男性有很大的不同——即使他们来自同一种族或民族，年龄相同或有着同样的阶级身份。在正式政治领域，"内在权力"往往是"共同权力"的重要先导，个体的自信为组建集体组织奠定了基础。

3. 建立变革的基层组织，亦即"谷粒"。成功建立公民行动主义通常涉及确定和利用其组成部分的基层"谷粒"[2]——这是运动中更为经久不衰的组织，也最适合在复

1 / Duncan Green，*The Raising Her Voice Nepal Programme*，Oxfam Active Citizenship Case Study（Oxford：Oxfam GB for Oxfam International，2015），http：//policy-practice.oxfam.org.uk/publications/the-raising-her-voice-nepal-programme-338476.

2 / Duncan Green，*The Raising Her Voice Pakistan Programme*，Oxfam Active Citizenship Case Study（Oxford：Oxfam GB for Oxfam International，2015），http：//policy-practice.oxfam.org.uk/publications/the-raising-her-voice-pakistan-programme-338443.

杂且不断变化的行动主义和抗议活动的环境中生存、适应和繁荣发展。这些基层市民社会组织自然地适应变化，抓住机遇，寻求支持者和盟友，并且经常在面对攻击时表现出非凡的勇气和耐力。对于市民社会组织的活动家来说，这就是他们的生活，而不只是一个项目或计划。

4. 建立公民行动主义需要时间。将一个个组织整合到一个社会运动中是一项艰苦的工作，需要对其进行持续投资。我考察的这些案例的时间表显示，其工作已延续了十多年，远远超过典型的援助资金所安排的时间。

5. 考虑与宗教团体合作。正如我们所看到的，许多生活在贫困中的人们对宗教机构有着巨大的信任，宗教机构往往是建立规范和价值观的核心，其中一些机构或促进或抑制公民行动主义。

6. 冲突 vs. 合作。重大的改变很少是完全以和平的方式进行的，然而冲突给生活在贫困中的人们带来了巨大的风险。在高风险的环境中，这些活动家明确选择了一种不那么激进的方法；在其他环境中，游说与对抗和抗议结合则被证明是有效的。

在吸取这些经验教训时，外部人士应将自己视为"生态系统园丁"，培养多样性和适应力，并将重点放在营造"有利环境"（如支持性而不是阻碍性的法律）和系统性问题（如获取信息或融资）上。这一角色意味着，当市民社会组织应对突发事件时，无论他们是否改变方向或转移重点，外部人士应该团结一致，在任何艰难情况下始终支持市民社会组织。再没有什么行业比如今的援助行业更偏好短期、可衡量的结果了。[1]

结　论

积极的公民是推动变革的无名英雄，他们举行民主示威游行，[2]使得政府承担责任，让国家和市场更好地运作，偶尔，我们还会突然在电视上看到他们将暴君和盗贼驱赶下台。像本书讨论的其他系统一样，市民社会是复杂的、不可预测的、引人入胜的。身为活动者，藉由让自己沉浸于驰骋在市民社会的高速公路和小路上，激发出自己对它的好奇心，使其带来无尽的能量、勇气和创新，我们将不仅会在其中发现灵感，还会知晓该如何更好地支持渐进式变革。

我们将在本书的最后部分重新讨论外部组织的作用。首先，让我们来探讨一下领导力在变革中所起的作用。

延伸阅读：

T. Branch, *Parting the Waters: America in the King Years*, 1954−63（New York: Pocket Books, 1989）.

M. Edwards, *Civil Society, 3rd edition*（Cambridge:

---

1 / Michael Edwards, *Civil Society*, 3rd edition（Cambridge: Polity Press, 2014），

2 /"民主"一词源于希腊语中"人民"（demos）和"力量"（kratos）的组合。

Polity, 2014).

J. Gaventa and R. McGee, *Citizen Action and National Policy Reform: Making Change Happen* (London: Zed Books, 2010).

S. Tarrow, *Power in Movement: Social Movements and Contentious Politics* (Cambridge, Cambridge University Press, 1998).

C. Tilly and L.J. Wood, *Social Movements, 1768—2008, 2nd edition* (Abingdon: Routledge, 2009).

L. Thompson and C. Tapscott, *Citizenship and Social Movements: Perspectives from the Global South* (London: Zed Books, 2010).

第十章 领导者和领导力

> 人们自己创造自己的历史，但是他们并不是随心所欲地创造，并不是在他们自己选定的条件下创造，而是在直接碰到的、既定的、从过去承继下来的条件下创造。
>
> ——卡尔·马克思[1]

国会议员约瑟夫·桑吉（Joseph Sungi）在整个巴布亚新几内亚偏远的努库（Nuku）地区广为人知，人们称他为"鼎鼎大名的议员"。从任何角度来看，他都是一个"大人物"，浑身散发着一股权威感和自信感，他身材魁梧，脖子短粗，将一身针织条纹西装撑得满满当当。

---

1 / Karl Marx, 'The Eighteenth Brumaire of Louis Bonaparte', *Essay*, 1852.《马克思恩格斯选集》第一卷，人民出版社，1995，第 585 页。

约瑟夫是一个肩负使命的人，而这个使命就是修建公路。他计划在 2017 年的下一次选举中，利用每一个议员可自由支配的资金，为努库的 84 个区修建全天候的公路。

"当我们回家过圣诞节时，我们必须走过最后七公里才能到达我们的村庄。我们的孩子不想再回家了。在我的村庄里，我对所有人说，这是我最后一次走着来这里——下一次我会坐车来。所以我要确保修建好道路，以表明我是一个信守承诺的人。然后人们相信了我。"[1]

我和约瑟夫的团队一起在努库旅行，看到了很多迹象，表明他的努力正在取得成果。该地区购买了 13 辆亮闪闪的黄色运土设备，还聘请了一名土木工程师，他们正在如火如荼地进行作业。

约瑟夫触及的正是一个痛点。每一个我与之交谈的人，从区里的政府官员到教堂和妇女团体成员，都对修建道路满怀热情：一旦道路修好了，农民就能够将可可运往市场，修路还能降低给学校和诊所提供补给的费用，帮助偏远地区留住教师和护士在当地工作。当然，修路并不是万能药。妇女和教会领导者担心由于修路会加强与外界的联系，也会带来负面影响，比如毒品和反抗。女性农民反映，她们现在可以把种植的粮食带到努库的主要城镇，但因无人购买，最后只能把粮食带回家。

---

1 / Author Interview，Port Moresby，November 2014.

约瑟夫的另一项重点任务更是史无前例。他把一大笔地方资金直接交给了各区，每个区分到一万美元。在巴布亚新几内亚，这是革命性的——这个"大人物"竟然把钱交给没有投票给他的村庄。区行政办公室的院子里出现了更多传统消费模式的展示，那里停放着四辆大型越野车，据称，这是上一届议员分发给其亲信的大约20辆汽车里的第一批，现在这些车被没收了。

就像四周环绕着铁屑的巨大磁石一样，约瑟夫的领导似乎建立了一种乐观态度和共同目标。在社会的各个层面，从村委会或妇女储蓄小组，到位高权重的国家建设者，领导者们都纷纷加强群体的认同和凝聚力，并动员集体努力实现共同目标。成功的领导者知道如何激励和调动起人们的积极性，凭直觉，他们明白，要把愿景和被动员者转变成一种变革的力量，作为领导者，就必须保持这种难以界定的品质，即所谓的合法性。[1]

当然，领导力有多种形式。有些领导者会压迫人，有些领导者则会赋予人权力。有些领导者受贪婪驱使，有些领导者则对社会公正满怀热情。当我和这些领导者，尤其是那些更有魅力的人交谈时，我总是在迷恋和怀疑之间徘徊，疑心他们善巧的言辞只是为了掩饰腐败、傲

---

1 / Robert Rotberg, *Transformative Political Leadership*: *Making a Difference in the Developing World* (London and Chicago: The University of Chicago Press, 2012), p. 19.

慢或欺骗。这一章着眼于谈论进步的领导人，在社会的各个阶层和所有国家中都能发现他们的身影。

机场书店的书架上充斥着向企业巨头们致敬的书籍，承诺要为我们揭开领导力和成功的秘密。这个主题也曾经吸引了远古时代的伟大思想家，他们分析了如何使用暴力、运气所起的作用，以及应该令人感到被爱还是感到恐惧。[1] 柏拉图和马基雅维里拥护政治技能和权力集中；亚里士多德、西塞罗和孟德斯鸠主张从宪法上对领导人的权力进行限制。除了这些西方的观点之外，很少有思想家像孔子那样对领导力抱有无条件的信心，他认为领导力是良好的政治秩序背后的始发和续存的力量，他说："其人存，则其政举；其人亡，则其政息。"（有合适的人执政，良好的政治秩序便能蓬勃发展；但如果没有这样的人执政，政治秩序就会衰朽和终结。）[2]

然而，社会活动家和学者倾向于淡化领导者和领导力在推动变革方面的作用。发展学作为一门学科，几乎不会提及总统府里的"大人物"，更不用说会谈论自下

1 / Nannerl Keohane, 'Western Political Thought', in *The Oxford Handbook of Political Leadership*, edited by R.A.W. Rhodes and Paul Hart（Oxford: Oxford University Press, 2014）.

2 / Confucius, *The Doctrine of the Mean*, *circa* 500 BCE, quoted in Joseph Chan and Elton Chan, 'Confucianism and Political Leadership', *in The Oxford Handbook of Political Leadership*, edited by R.A.W. Rhodes and Paul Hart（Oxford: Oxford University Press, 2014）.

产生的领导力——这种领导力在公民运动、志愿者协会、工会、宗教组织以及实际上在各行各业里都有所展现。

意识形态上的偏见可能是学院派忽视领导力的背后原因。马克思主义者（更普遍的称呼是实证主义者和结构主义者）从群众和制度的角度，而不是从个人的角度来思考。像汤普森（E.P. Thompson）这样的社会主义历史学家提出了"自下而上的历史"（history from below），[1] 他认为高视阔步的领导者宣称自己创造了历史，实际上他们只是政治、技术、经济和社会变革这片海洋上的漂流物，这片海洋既能造就他们，也能毁灭他们。

另一个极端是主张理性选择论的思想家，比如加里·贝克尔（Gary Becker），他把社会和经济视为一套"效用最大化的个人"（utility-maximizing individuals），几乎不需要领导者（或追随者）。而改革论者则介于上述两个极端之间，他们对"大人物造就人类历史"这一理论所蕴含的精英主义感到不适，因为这种理论将所有女性和大多数男性追随者排除在外。发展援助专家避免讨论领导力，因为一旦开始讨论便会迅速带上政治意味，会有损"基于证据的决策"（evidence-based policy making）和"技术援助"所具有的吸引人的纯洁、清白感。

---

1 / Richard Taylor and Roger Fieldhouse, 'Our History is Under Attack', *The Guardian*, 31 December 2013, www.theguardian.com/commentisfree/2013/dec/31/history-under-attack-ep-thompson.

这似乎是一个严重的疏忽。多年来，我有幸与数十个国家的数百位领导人共事，其中有部长和高级官员，也有激励社区为了共同的利益奋斗、冒着巨大风险问责腐败官员或公司的基层社会活动家。

我开始相信，领导力对于理解变革如何发生是至关重要的。领导者在体系结构与机构之间的结合点进行活动，努力对于他们生活和工作的机构、文化和传统留下深远的影响。社会活动家需要了解领导力从何而来，以及我们如何才能最好地识别出进步的领导者，给予他们支持并与之合作。

这并不仅仅是政治家的问题。任何在组织中工作过的人（例如我们大多数人）都会看到领导力所起到的关键作用（或缺乏领导力带来的后果）。领导者的风格各不相同——我曾在莽撞而笨拙的领导者手下工作，他们试图将自己的意志强加于那些不情愿的组织；我也曾为富有魅力、目光远大的领导者工作过，他们激励他人并调动起人们的积极性，但会把细节问题留给其他人来处理；我还见过机巧的"后座司机"类型的领导者，他们不断把自己的想法灌输到公司的血液中，却从不视之为自己的功劳。他们可能不是伟大的管理者（很多人都需要一名"整修收尾工"作为他们的副手），然而，好的领导者仿佛能把铁屑排成一条直线，如同约瑟夫·桑吉所做的那样，将原本四分五裂、互相抵触的组织，凝聚成为拥有共同目标、富有激情的组织，同时为变革建立起联盟和联合。

选择权力与系统方法给领导者带来一些重大的挑战。

相比应对突发的变化和授权于异己者，莽撞而笨拙的领导者通常对于指挥和控制更为感到如鱼得水。然而，富有魅力、目光远大的领导者和"后座司机"类型的领导者能够创造出他们的组织"与体制共舞"所需的空间。如果领导力是识别出"要做什么"，那么管理就是确立"如何去做"——我们将在第十二章中审视权力与系统方法给管理社会活动组织带来的挑战。

理解高层的领导者

约瑟夫·桑吉不是革命者。他是一个"事务性领导者"，试图让体制为他的选民服务，而在巴布亚新几内亚，这是一项艰巨的任务。十多年来的持续高速增长使得巴布亚新几内亚的人均国内生产总值提高了150%，但该国尚未实现千年发展目标中的任何一项。巴布亚新几内亚的名声不佳，可与津巴布韦和朝鲜相提并论（三国有着共同的千年发展目标，但各自的经济增长速度不同）。在将经济增长转化为社会发展方面，如果要评选全球做得最糟糕的国家，巴布亚新几内亚算得上有力的候选国。我认为，这种失败的核心在于政治：巴布亚新几内亚的大多数大人物更关心的是加强自己的权力，增加自己的财富，而不是修建道路或提供其他基本公共物品。

一些领导者成功成为更具变革性的领导者，而非事务性的领导者。在历史上的关键时刻——当形势陡变、突然出现危机或外部威胁时——这样的领导者就会纷纷涌现，例如南非的纳尔逊·曼德拉、印度的甘地、美国的马丁·路德·金、坦桑尼亚的朱利叶斯·尼尔雷，他们抓住机会，改变了他们社会中的权力平衡。当对行动的结构性限制被削弱时，伟大的领导者可以帮助重塑社会，而不只是稍微改善一下社会的运转效率。

即使在没有危机的情况下，发展中国家的领导者也往往更可能改变社会。在体制相对薄弱的环节，领导者的意志力和人格力量可以帮助建立起一国的文化、法律和政治制度，其中包括对于未来领导者在权力制衡方面的制度设计。也许这就是为什么像俾斯麦、华盛顿、李光耀、阿塔图尔克或曼德拉这样的早期领导者，会成为具有传奇地位的国家创始人。早期领导者的后继者中，即使是最优秀的领导者，也会受限于妥协、制度和规则，而且，一些并非因他们自身所造成的过错，更使得他们与早期领导者相比，可能看起来就像微不足道的机关办事员。

但是，约束的相对缺乏也增加了破坏的可能性。一些领导人怀着一片好意上台掌权，但任期结束后仍然紧抓着权力不放。2015 年，巴拉克·奥巴马对非洲联盟（African Union）表示："没有人应该终身担任总统。"[1] 有报道称，当时公共旁听席爆发出欢呼声，而前排的听众

1 / 'Obama to African Leaders: "Nobody Should be President for Life"', BBC News website, 28 July 2015, www.bbc.co.uk/news/world-africa-33691468.

则保持了沉默。当时有 9 位非洲领导人（以及一位君主）已经掌权执政了 20 多年。（是的，非政府组织可能也会罹患同样的症结。）

如果强有力的制度是衡量发展的一项指标，那么领导者是否取得成功可以通过他／她离任时留下的制度遗产来衡量。出色的领导者为机构注入活力，无能的领导者则会摧毁机构或抑制机构的发展。我开始写这一章时，新加坡的李光耀，一位真正具有变革性的政治领导者去世了，讣告页上满是对他的成就所做的赞美（尽管他在人权记录方面受到了批评）。《经济学人》杂志发文评论道："股市没有因李光耀先生的死讯而发生任何波动，这要归功于他所做出的国家建设……很大程度上要感谢李光耀先生，新加坡的体制十分强大，其治理是诚实、有效的——但也是沉闷而死板的。"[1]

在同一期的《经济学人》杂志中，另一篇题为《国王保罗》（*King Paul*）[2] 的文章，对非洲最著名的当代领导人之一卢旺达总统保罗·卡加梅（Paul Kagame）做出了

---

1 / 'After the Patriarch: Singapore After Lee Kuan Yew', *The Economist*, 28 March 2015, www.economist.com/news/asia/21647333-island-state-mourns-its-founding-father-its-politics-changing-after-patriarch.

2 / 'King Paul: A Successful Man with No Successor', *The Economist*, 26 March 2015, www.economist.com/news/middle-east-and-africa/21647365-successful-man-no-successor-king-paul?zid=309&ah=80dcf288b8561b012f603b9fd9577foe.

截然不同的评价。报道说："根据历史所做的判断来看，领导者的表现超不过他们所培养的接班人。卡加梅先生已经开除或赶走了他身边所有可能取代他的人。一些人逃离了这个国家，还有一些人神秘地死去，其余人则进了监狱。"

如何造就成功的领导者？

有许多途径可以强化领导力，其中一些途径构成了重要的模式。对于李光耀和卡加梅之间的差异，一种解释认为，可能是他们掌权方式的不同造成了这种差异。卡加梅作为一名前叛军指挥官，他推行的是军事强权拥有的那种自上而下的行为准则，以及拒绝异见和多元化的做法。埃塞俄比亚的梅莱斯·泽纳维、古巴的菲德尔·卡斯特罗都认同这一途径。另外，李光耀则曾是领导新加坡非暴力独立运动的律师。与之类似的一个例子是咖啡农何塞·菲格雷斯，他领导了1948年哥斯达黎加革命，废除了军队，并带领国家走上了民主的道路。军人们愿意诉诸武力以控制和实现他们寻求的改变，而平民则更喜欢法律和制度。

"发展领导计划"（DLP）[1]（该计划资助了本书的研

---

1 / The Developmental Leadership Program（DLP），www.dlprog.org/. 澳大利亚政府为"发展领导计划"提供了资金，也为该书提供了支持。

究）对不同国家领导者的背景进行了调查，发现教育有助于他们将自己的忠诚扩展到自身家庭、地区、阶级或民族范围之外。[1] 自 20 世纪 80 年代后期以来，对加纳变革的领导人所做的深入访谈，揭示了他们在学校学到的三个共同要素：道德目标的核心价值观和服务于国家的承诺，批判性思维和协作等工作方式，以及领导者在推动变革时所需的专业技能和知识。

在加纳领导者中，那些上过中学或高中的人几乎全都曾经在精英院校学习过，这些院校实行英才管理和寄宿制，汇聚了来自不同背景的天赋异禀的孩子，他们在那时建立起的价值观和纽带塑造了他们今后作为领导者的角色。

关于"发展领导计划"，萨拉·菲利普斯（Sarah Phillips）[2] 发表了一篇出色的论文，该论文研究了 20 世纪 90 年代从索马里的混乱中分离出来的索马里兰，并得出

1 / Laura Brannelly, Laura Lewis and Susy Ndaruhutse, *Higher Education and the Formation of Developmental Elites*: *A Literature Review and Preliminary Data Analysis*, DLP Research Paper 10（Birmingham: University of Birmingham, 2011）, www.dlprog.org/publications/higher-education-and-the-formation-of-developmental-elites-a-literature-review-and-preliminary-data-analysis.php.

2 / Sarah Phillips, *Political Settlements and State Formation*: *The Case of Somaliland*, DLPRe- search Paper 23（Birmingham: University of Birmingham, 2013）, www.dlprog.org/publications/political-settlements-and-state-formation-the-case-of-somaliland.php.

了类似的结论。谢克中学（Sheekh Secondary School）由二战期间曾担任英军索马里兰保护国部队的指挥官理查德·达林顿（Richard Darlington）创办，这所学校每年只招收 50 名学生，对他们在领导力和批判性思维方面加以训练（这些训练是达林顿从他曾上过学的英国精英私立学校哈罗公学的课程中借鉴而来的）。这所学校强调招收的学生应来自所有部族，尤其是那些被边缘化的群体。迄今为止，这个新建国家的四任总统中，有三位毕业于谢克中学，还有众多的副总统和内阁成员都曾经在谢克中学学习过。

约瑟夫·桑吉的生平故事也与这一结论相呼应。他的父辈是只能维持生计的农民，曾处在宗族等级的底层，他在一所澳大利亚天主教教会学校接受了教育，当时全国各地最优秀、最聪明的孩子都在这所寄宿制学校上学。约瑟夫认为他的公共道德观念可以追溯到这所学校。他感叹中学教育的普及带来一个意想不到的后果，就是孩子们现在都在自己的社区里上高中，而不是必须与来自各地的最优秀、最聪明的人一起住宿学习。他敦促政府考虑推行基于法国公立中学系统的精英公立寄宿制学校，以恢复他年轻时在领导力方面接受过的磨炼，而目前的中学教育所缺失的，正是这种领导力的磨炼。

这些发现令社会活动者感到不适。提倡精英寄宿学校，甚至是精英阶层学校，带有旧时期英国殖民主义的意味（加纳、索马里兰和巴布亚新几内亚曾经是英国殖民地），与让每个孩子都进入小学相比，这一倡导不禁让人感到是种明显的倒退。因此，我们最好确定清楚精英教育的哪些因素有助于培养出更有能力、更有公众意识的领导者，并弄清楚该怎样将这些因素融入现代学校系统中。

"发展领导计划"在教育方面的发现非常重要，但对于如何塑造成功的领导者来说，教育只是故事的一小部分。"发展领导计划"的研究人员提出了一系列其他塑造领导者的因素：国内和国际的旅行都能令人拓宽视野，与更广阔的世界建立联系；宗教信仰是一个常见的激励因素；共同经历过反抗或武装斗争，或者苦难将未来的领导者联结在一起。最后，一些最有影响力的领导人，如纳尔逊·曼德拉，按照传统惯例则成为位高任重的当权者。

领导者在做什么？

体制之所以能为约瑟夫·桑吉所用，是因为他知道上层在首都是如何做出决定的：在哪些地方可以拍桌子，该求哪些人帮忙。约瑟夫说："关键是你得和人交谈。我不写信，我只用说的办法！大部分我做的事都是非正式的，这是因为这些都跟交情有关。"[1]

和许多领导者一样，约瑟夫能让事情进展顺利，但

1 / Author Interview, Port Moresby, November 2014.

却把收尾的任务交给其他人来完成。他的一个关键帮手是肯尼·米尼（Kenny Myeni），一个留着胡须、看起来乐呵呵的工程师，他曾在英美烟草公司有着一份安逸的工作，约瑟夫成功地将他挖来管理公路建设项目。肯尼笑着说，资金往往供不应求，但"我们这位'鼎鼎大名的议员'知道上哪儿找钱。我们只需要提供文件，他负责跟人聊聊天"。[1]

约瑟夫·桑吉举例说明了领导者必须开展两个层次的活动——在选区之间建立联系的纽带，并与掌权者讨价还价——同时不断维护和提振追随者的士气。领导者必须带头，但要不断地回头查看，正如马拉维谚语所说的那样，"没有追随者的领导者只不过是一个人在散步而已"。

事实上，"伟大的领导者"往往是由他们的追随者和历史事件所造就的；事后来看，他们能够崭露头角几乎是注定的事情。丘吉尔在第二次世界大战期间受到英国人的崇敬，但是在战争前他曾受到嘲弄，战争结束后又在投票中被投票人毫不客气地摒弃。

正如卡尔·马克思在本章开篇所言，领导人不能"随心所欲"。领导力的艺术在于在当下的情况下寻找前进的方法（或更频繁地激励他人这样去做），换句话说，是在体制内寻找前进的方法。他们把历史遗产从"像噩

---

1 / Author Interview, Nuku, November 2014.

梦一样纠缠着活人的头脑"转变为一股变革的力量。

领导者明白象征主义在发起群众运动中所起的作用，这种语言与政府官员和学者们偏好的政策细节相似却又不同。圣雄甘地没有就英国人所提的条件做出对抗，而是以极小的个人行为让殖民当局措手不及，例如他收集盐以及在一架普通的纺车上纺纱，以强调寻求自给自足和独立。纺车甚至出现在早期的印度国旗中。[1]曼德拉也有一种动人心魄的才能，他穿了一件印有跳羚的南非国家橄榄球队球衫，前往一处偏远的南非白人社区，与种族隔离的重要发动者亨利·克韦尔沃德（Henrik Verwoerd）94岁的遗孀一起共进下午茶。[2]曼德拉和甘地都证明，相比展示武力或专长，谦逊和道德正直可以带来更多的政治合法性。

关于领导者和领导力的讨论通常只聚焦于高层人士——CEO和总裁们的习惯和心理，不是把他们当作圣人就是罪人。然而，领导者无处不在，在全球各地的贫困社区里变革的运动最为活跃，再没有哪个地方能比那里能见到更多领导者的身影。

---

1 / Makarand, 'Mahatma Gandhi—The True Revolutionary', Makarand blog, 30 January 2015, https://makarandimpressions.wordpress.com/2015/01/30/mahatma-gandhi-the-true-revolutionary/.

2 / Robert Rotberg, *Transformative Political Leadership*: *Making a Difference in the Developing World*（London and Chicago：The University of Chicago Press, 2012），p. 63.

自下而上的领导力

佩尼亚（Penha）是一位仪表端庄、充满自信的女性，她在巴西干旱而贫困的东北部担任阿拉戈大农村工人联盟（Alagoa Grande Rural Workers' Union）的主席。1990 年，当我前去拜访她时，她正在游说一个贫穷的农业社区加入工会。小孩们一个个肚子鼓胀、手臂骨瘦如柴，在大人们的脚边玩耍，人们认真地交谈着，不时开着玩笑。佩尼亚以权威、幽默和善意的语气引导着谈话，让其他人畅所欲言的同时又能开玩笑逗乐。这场即兴讨论渐渐演变成一次全面的社区会议，就巴西贫困的原因以及组织起来要求土地权利的需求展开讨论。黄昏降临后会议结束，人们奏起音乐，跳起舞蹈，以款待来访者。[1]

之后，她给我讲了自己的人生故事。讲到一半时，一场突如其来的倾盆大雨把街道冲成了一条河流，水面上漂浮着附近市场上的垃圾。从她的口述中，我得知她成长于一个破裂的家庭，7 岁开始工作，母亲在她 12 岁时死于肺结核。她很早就结了婚，为了养活 6 个孩子苦苦挣扎。在这一点上，她所讲述的恰恰浓缩了无数贫穷的拉丁美洲妇女的故事。

佩尼亚能够将她个人的勇气和决心转化为领导力，这

---

1 / Duncan Green, *Faces of Latin America*, 3rd edition（New York：Monthly Review Press, 2012）.

要归功于她邂逅了一位富有魅力的领导者马加里达·玛丽亚·阿尔维斯（Margarida Maria Alves），是马加里达第一个将她介绍给了工会。马加里达后来据称被当地的土地所有者和政治家谋杀，佩尼亚便接手了马加里达的工作。[1]

就像高层领导者一样，基层领导者的塑造也受到旅行、斗争和冲突的经历影响，并在历史性的时刻（"时候将到"）展露风采。在几个大洲的几十个国家里，我遇到过受信仰鼓舞的基层领导者，他们在唱诗班的经历或作为布道者（包括基督教徒和穆斯林）的经历让他们颇具技能。宗教经文帮助他们形成了一种个人的叙述方式，以讲述他们被剥夺和压迫的根源，并激励他们采取行动。

与社会上层人士不同的是，社会运动的领导者几乎没有什么钱和威胁手段可以来控制或奖励他们的追随者。很大程度上他们依赖于对他人生活的理解和沟通能力，以及在解决共同问题时对集体行动价值的信念。他们培养了追随者对"内在力量"的感受，在一个更美好的未来愿景支撑下采取行动，即使这样做充其量只会占用穷人的稀缺时间和精力，而最坏的情况则是置他们的生命于危险之中。

加强社区组织往往不足以赢得土地、资金或尊重。基层领导人还必须像约瑟夫·桑吉一样开展两个层次的

---

1 / Inter-American Commission on Human Rights，Report No. 9/08，Case 12.332 Admissibility，Margarida Maria Alves，Brazil，5 March 5 2008.

活动，即与其他组织建立联盟，并与当权者达成协议。这类领导者的职责之一就是为他人"创造空间"。中国的哲学家老子在公元前 6 世纪这样说道："太上，不知有之；其次，亲而誉之；其次，畏之；其次，侮之。信不足焉，有不信焉。悠兮，其贵言。功成事遂，百姓皆谓'我自然'。"意思是说，最好的领导者，人民觉察不到他的存在；次一等的领导者，人民亲近他，称赞他；再次一等的领导者，人民畏惧他；最次一等的领导者，人民轻侮他。领导者如果诚信不足，人民就不会信任他，最好的领导者表面上看似那么悠闲，但慎于出言，很少发号施令，等到大功告成，诸事顺利，老百姓说："这是我们自己办到的。"[1]

在最近"阿拉伯之春"的抗议活动中，一些观察人士认为缺乏可辨别的领导者是一种长处，因为那样就没有人会被拉拢或遭到攻击。如果一个运动没有首脑，它的首脑怎么可能被斩首？在某种程度上，群众没有领导者，要比有一个获得盛名地位的伟大人物，似乎看起来更为纯粹和真诚。但是，这种"反领导力"的思想有其局限性。[2]当活动周期从抗议和冲突转向合作和改革时，

1 / Lao Tzu, Tao Te Ching, Chapter 17, sixth century BCE.
2 / Neil Sutherland, Christopher Land, and Steffen Böhm, 'Anti-leaders（hip）in Social Movement Organizations: The Case of Autonomous Grassroots Groups', *Organization* 5 June 2013, 1350508413480254.

必须要有人与当权者接触，通过抗议把所得来的收获最大化。没有领导者的运动无法达成协议。

当然，将基层领导者和高层领导者简单二元对立起来是有误导性的。中介组织和领导者消除了国家与公民之间的隔阂。有影响的基层领导者往往与掌握实权者有良好的联系，在那些国家领导人出身于基层运动中的国家更是如此，这类国家例如南非、巴西、玻利维亚。曼德拉是一名民权律师和非洲国民大会（African National Congress）活动家，带领巴西和玻利维亚变革的总统（卢拉和埃沃·莫拉莱斯）分别出身于工会和农民领袖。然而，在每一个家喻户晓的名字背后，都有成千上万、像佩尼亚那样的无名英雄在为变革而奋斗。

女性和领导力

约瑟夫·桑吉代表了一种领导风格——个人主义、对抗性、公众性（"我只用说的办法！"）——这似乎是典型的男性风格。佩尼亚的方法则更具包容性：她倾听的和她说得一样多，或者听的时候更多。像她这样的人，在社会的各个层面上，都是世界各地的女性领导。

海外发展研究所（Overseas Development Institute）的一项研究发现，在女性领导者的背景中有一些共同的因素，这些因素与佩尼亚的一些人生故事相呼应：许多人已婚，受过一些专业的培训，从事"培育"或与社区相关的职业，例如教学或社会工作。许多人得到亲密的家人在心理和财政上的支持，以及她们都受到榜样的激励（担任公职或积极参与女性公民运动的女性）。[1]

斯里拉塔·巴特瓦拉（Srilatha Batliwala）将女性主义和女权主义对领导力的理解区分开来。[2] 女性主义的领导方式认识到女性往往更注重协作、集体决策和建立关系，这些特征完全在女性传统的性别角色范围之内。与之相反的是，女权主义在密切关注"内在权力"（power within）和"共同权力"、潜在权力和无形权力的同时，试图改变权力关系。

从很多方面来看，女权主义者对领导力的理解似乎很适合本书所倡导的权力与系统方法。几年前，在华盛顿的一场演讲——汉娜·罗辛（Hanna Rosin）的《男性的终结和女性的崛起》（*The End of Men and the Rise of Women*）——结束时，我对我的致谢辞感到相当不安。[3] 但愿这一过程结束时，我已经退休在家干着园艺活。

---

1 / Tam O'Neil and Georgia Plank, with Pilar Domingo, *Support to Women and Girls' Leadership: A Rapid Review of the Evidence*（London: Overseas Development Institute, 2015）, www.odi.org/sites/odi.org.uk/files/odi-assets/publications-opinion-files/9623.pdf.

2 / Srilatha Batliwala, *Feminist Leadership for Social Transformation: Clearing the Conceptual Cloud*（New York and New Delhi: CREA, 2012）, www.uc.edu/content/dam/uc/ucwc/docs/ CREA.pdf.

3 / Hanna Rosin, *The End of Men: And the Rise of Women*（New York: Penguin Books, 2012）.

领导力、权力和系统

人们很容易忘记，20 世纪 90 年代初，当纳尔逊·曼德拉（Nelson Mandela）被释放出狱时，南非当时的情形犹如一个人摇摇晃晃地走在刀刃上。因卡塔党（Inkatha）支持者和非洲国民大会（简称非国大）支持者之间的争斗有可能演变为内战，政府摇摇欲坠。在一次早期的活动中，非国大支持者呼吁曼德拉"给我们武器。否则永无宁日"。[1] 曼德拉斥责他的支持者道："听我说。我是你们的领袖，就要来领导你们。如果你要杀死无辜的人，你就不属于非国大。"假设他选择了民粹主义路线，并煽动起人们斗争，又将会发生什么？

曼德拉不是克努特国王（King Canute），他不会徒劳地对抗历史的潮流。他是复杂体制里的领航高手，与昔日的敌人建立个人或政治上的联盟，公开谴责那些试图破坏或阻止向黑人统治过渡的行为。他增进了非国大不同派系间的团结，并将其从抗议运动变为建立起占统治地位的执政党。像所有优秀的领导者一样，他可以"看到"权力如何在社会中被分配和争夺，并找到抓住和塑造事件潮流的机会。人们不禁会想，假设曼德拉死在

---

1 / Robert Rotberg, *Transformative Political Leadership*: *Making a Difference in the Developing World*（London and Chicago：The University of Chicago Press，2012），p. 40.

罗本岛上，那么会发生什么样的事？

对于促进变革的机构来说，培训和支持地方领导者应该是一个有吸引力的提议。它的切实有形令人满意，并使得通常无定形的发展过程变得人性化。但是很少有援助机构投资于个人。为什么不效法少数计划，比如麦克阿瑟基金会（MacArthur Foundation Fellowship）奖学金计划，确定并支持杰出的领导者？[1] 或者为有潜力成为未来进步领导者的学生提供工作经验、实习机会或教学机会？

在社会活动家中，有许多人深信平等主义，像领导力和领导者这样的字眼会引起他们复杂的感情。我们大多数人更倾向于提高组织的能力，而不是直接投资于具有高潜力的个人。事实上，即使是谈论具有高潜力的人，也会让人感到与公平和平等的原则背道而驰。

然而，更系统地解决领导力问题，并不意味着以过分简单化的大人物方式来探究政治。相反，承认并支持领导者在变革过程中发挥的关键作用，是放大目前未被倾听的群体声音的关键步骤。

既然我们已经考察了基层公民活动者，以及激励他们和其他社会各阶层人们的领导者，接下来我们就讨论一个涉及公民活动家和领导者的话题，这也是我多年来

1 / 'MacArthur Fellows Program', MacArthur Foundation website, www.macfound.org/programs/fellows/.

一直参与其中的一个话题：倡导。

延伸阅读：

H. Lyne de Ver, 'Conceptions of Leadership' (Birmingham: Developmental Leadership Program Background Paper 4, 2009), http://www.dlprog.org.

N. Mandela, *Long Walk to Freedom: The Autobiography of Nelson Mandela* (London: Little Brown, 1995).

M.A. Melo, N. Ng'ethe, and J. Manor, *Against the Odds: Politicians, Institutions, and the Struggle Against Poverty* (London: C. Hurst & Co., 2012).

Robert Rotberg, *Transformative Political Leadership: Making a Difference in the Developing World* (London and Chicago: The University of Chicago Press, 2012).

更多网上资料参阅：

The Developmental Leadership Program http://www.dlprog.org/.

第十一章 倡导的力量

我真想尝尝那些培根卷，它们被摆在唐宁街 11 号"早餐会"的入口处，诱人地向我招手。唐宁街 11 号是当时财政部长戈登·布朗的住所。但是，顺手拿一块塞进嘴里再走进屋子，那风险未免也太高了：就算我的嘴角没有滴下来培根的油脂，光游说英国政府的二号人物这件事本身就已经够吓人了。想到这里，我毅然从培根卷边上走了过去。这就是身为游说者所做的英勇牺牲。

这是布朗定期与宗教团体共进早餐的一次聚会（当时我在天主教海外援助机构工作）。大约 30 人围坐在桌边，我们每个人都被允许有两分钟的时间来推销自己的想法。我所要推销的想法事关世贸组织新一轮多哈回合谈判中一个冷门但又重要的问题：欧盟（在世贸组织代表英国进行谈判时）打算为已经不堪重负的议程增加投资，这可能会分散人们对欧洲臭名昭著的共同农业政策（Common Agricultural Policy）的注意力。在国际非政府组织的支持下，许多发展中国家的政府反对追加投资。

我对我们的立场提供了一份简短的论据和学术证据的总结。[1] 当这份总结在桌上传阅时，我用了两分钟的时间总结了它的内容。当总结传到布朗手里时，他草草在上面写了一些东西，随后关注的焦点转到下一个话题上。后来我发现当他离开房间时，他对他的官员说："为什么我们要支持这件事？"英国随后便与欧盟的立场保持了距离，这是一个小小的胜利，但对于一个非政府组织的游说者来说却是一个极好的结果。

几个月后，世贸组织坎昆峰会令人震惊地崩盘了，而这个看似冷门的话题则是引起峰会崩盘的主要原因。媒体室里极度兴奋的记者们喧闹着、推搡着，急于赶在截稿期前找到可接受采访的人，有些记者甚至互相采访起对方来。我当时正处在舆论导向专家的状态，反复向任何愿意听我讲话的人重复着同样的话——欧盟是"引发峰会崩盘的数一数二的嫌疑犯"。我们希望先发制人，

---

1 / Action Aid, Catholic Fund for Overseas Development（CAFOD）, Christian Aid, Oxfam, Save the Children, and World Development Movement, 'Unwanted, Unproductive and Unbalanced: Six Arguments Against an Investment Agreement at the WTO', May 2003, www.actionaid. org.uk/sites/default/files/doc_lib/10_1_six_arguments_wto.pdf.

避免发展中国家或非政府组织被指责为引起崩溃的罪魁祸首。我的话被英国《卫报》引用，这让我所在的天主教援助机构很高兴。[1]

在唐宁街对培根三明治视而不见，或者在全球贸易峰会上进行陈述，这些活动在公众眼里通常不会与国际非政府组织联系在一起。当天主教海外援助机构要求年轻的支持者们描绘出该组织工作的场景时，他们画出的是修女们从飞机上扔出一袋袋食物的漫画。但在过去20 年里，天主教海外援助机构、乐施会和其他组织正越来越多地努力通过宣传和游说来影响政府政策（在乐施会中仍仅占支出的 6%，远低于长期发展和应急响应的支出）。

转向政策工作的部分原因，是人们从世界银行 1980 年代和 1990 年代结构调整计划的鼎盛时期吸取了很大的教训，那时事情正变得显而易见，即如果只顾着像建设孤岛一样实现更多项目的成功，当糟糕的公共政策决策的浪潮席卷而来，将它们冲走时，这种建设几乎毫无意义。同时，非政府组织规模日渐扩大、能力越来越强、自信越来越多，无疑也发挥了作用。

宣传和游说的兴起催生了大量的培训手册和工具包，

1 / Larry Elliott, Charlotte Denny, and David Munk, 'Blow to World Economy as Trade Talks Collapse', *The Guardian*, 15 September 2003, www.theguardian.com/world/2003/sep/15/business.politics.

其中一些可以在这本书的网站上找到。乐施会等组织现在也向当地团体提供相当大的支持，以发展他们的宣传技巧——通常被称为"能力建设"，这一听起来颇有优越感的用词（不管怎样，这是我所听到的）。本章将避开微小的细节，而是描绘出倡导所具有的更广泛的性质，同时也化解期望实现变革的活动家在倡导过程中所遭遇的一些难题。

首先，先来看几个定义。"倡导"是影响决策者改变其政策和实践、态度或行为的过程。"竞选"通常指动员公众或影响公众的态度和行为。而"游说"则是直接请求政策制定者做一些特定的事情。为了简单起见，我将使用"倡导"作为宣传和游说的总称。

所采用的策略的范围通常包括从与当权者一起坐下来帮助解决问题（在"内部人士"这一端），到利用街头的混乱（在"外部人士"那一端）。一项研究对于这一范围定义了五个要点：合作、教育、说服、诉讼和主张。[1]

倡导通常包括这些要素的组合，并且随着时间的推移，它们间的平衡会发生变化。戈登·布朗愿意听我谈论贸易规则，原因之一是在庞大、嘈杂、精通媒体的市民社会联盟发起的贸易正义运动（Trade Justice

---

1 / Valerie Miller and Jane Covey, *Advocacy Sourcebook: Frameworks for Planning, Action and Reflection* (Boston, MA: Institute for Development Research, 1997).

Movement）中，社会活动家引发了公众压力和媒体报道。通常需要一场公共宣传活动才能把问题摆到桌面上来，这时采取更为内部人士的方法有助于促成在政策或支出上做出决定。在任何阶段都可能需要采取公共行动来防止倒退和拖延。

在竞选活动方面，战略方法手册在两个世纪前就已经写好了，在伦敦东区的一家印刷店里，27 岁的贵格会成员托马斯·克拉克森（Thomas Clarkson）召集了十几个人聚在一起。一场结束奴隶制的运动自此开始，并持续了长达五十年。亚当·霍赫希尔德（Adam Hochschild）的《埋葬镣铐》（Bury the Chains）一书出色地捕捉到上面这一幕。[1] 几乎所有的现代竞选策略，包括海报、政治书籍的推介、消费者的抵制行为、调查性报道和请愿，都是由废奴主义者所发明的。两个世纪后的今天，从气候变化、残疾人权利、腐败到同性婚姻问题的行动主义，都是建立在克拉克森和他的同事们奠定的基础上。

废奴主义者将巨大的毅力和勇气与鼓舞人心的道德愿景以及对权力和系统的深刻理解结合在一起。在长达五十年的运动中，他们使自己适应于诸多关键时刻，例如法国大革命、拿破仑战争和加勒比奴隶起义；他们将

---

1 / Adam Hochschild, *Bury the Chains: The British Struggle to Abolish Slavery*（London: Pan Macmillan, 2012）.

街头请愿和议会辩论相结合，形成兼具内部人士和外部人士方式的策略；他们招募了"不寻常的嫌疑人"作为盟友，例如悔改的奴隶主约翰·牛顿（John Newton），他写了《奇异恩典》（*Amazing Grace*）一书，与被释放的奴隶和基督教牧师一起工作。

倡导是如何运作的

通常倡导是针对本书中描述的机构展开的，这些机构可以是正式的（州政府、法院、政党、公司和跨国机构）或非正式的（有关行为规范和公众态度）。我曾在英国援助机构（DFID）短暂地担任过公务员，有一天在一个上午里我目睹了什么是好的倡导与糟糕的倡导，以及它们对于英国国务大臣希拉里·本（Hilary Benn）的影响。这位国务大臣第一个接待的是一家非政府组织，这个组织似乎满足于能够出现在权力面前，除了"我们希望您在劳工权利方面采取强硬立场"之外，没有明确的要求。本很有魅力，和蔼可亲，闲聊占去了双方交流的大部分时间，最后什么决定也没有达成。

几个小时后，公平贸易基金会（Fairtrade Foundation）在其活力十足的老板哈利特·兰姆（Harriet Lamb）的带领下匆匆赶来参会。她礼貌地缩短了介绍的时间，向大臣介绍了一些基金会的新成果，接着便提出了一系列具体的要求：既然阿斯达（Asda）连锁超市的总部在大臣的选区，能否请他帮忙写封信要求阿斯达在公平贸易方面做更多的事情？当然，她乐意为他起草一些文本。当她离开房间后，本转过来对我说我们一定要资助他们，于是我们这些公务员所做的一项承诺随后成功地兑现成75万英镑的拨款。

哈利特很好地利用了这半个小时的会谈时间，因为她遵守了良好的游说规则：知道你的游说对象能不能做到所提的要求，把他们当作人一样来对待，诉诸利他主义和利己主义来说服别人。

倡导者往往无法联系到决策者本人，取而代之的是联系到那些有渠道接触决策者的人。这些"影响者"可能包括记者、议员、捐赠者、信仰或商业领袖、公共知识分子（通常是学者），以及其他政府部门或工会的关键人物。当然，也可能是名流——即使是全球领导者也喜欢跟波诺（Bono）或安吉丽娜·朱莉（Angelina Jolie）来张自拍照。

论及"对有影响力的人物施加影响"，在2009年哥本哈根气候变化峰会前夕英国政府的一次内部研讨会上，我曾目睹也许是最令我印象深刻（虽然也令人不安）的在这方面的实践。当时英国外交部聘请了曾在绿色和平组织工作过的活动家，帮助确定100名印度精英中最适合影响印度气候变化政策的人选；对于每一个人选，他们都收集整理了一份关于如何最好地说服他们采取行动的档案。

已退休的有影响力的人有时被称为"灰豹"（grey

panthers），[1] 他们可以成为优秀的倡导者。大赦国际商业团体（Amnesty International Business Group）由一位典型的"老忙人"杰弗里·钱德勒爵士（Sir Geoffrey Chandler）创立。钱德勒爵士曾是荷兰皇家壳牌公司的高级经理，相比进入公司的董事会，他更愿意以他那清晰、优雅而又准确的上流阶层口音来促进私营部门的人权保障。这样的人知道如何绕过内部的障碍，以及发现为无所作为而找的管理借口，但是，一群易怒难处的退休人员自行其是时所带来的品牌风险，会对任何组织构成挑战。[2]

当倡导的目标是公众时，借助明星的力量可以引起人们对某个问题的广泛关注。多年来，我一直与一些杰出的"名人"合作，例如英国演员比尔·奈伊（Bill Nighy，支持罗宾汉税的宣传活动）和演员盖尔·加西亚·伯纳尔（Gael García Bernal，支持全球贸易规则），他们以奉献和谦卑的态度投身于这一事业。在秘鲁，名厨一直走在改变公众对传统秘鲁美食的态度、使公众欣赏传统美食优点的最前沿，以此挑战汉堡文化在拉丁美洲

---

1 / Duncan Green，'Are Grey Panthers the Next Big Thing in Campaigning?'，From Poverty to Power blog，2 November 2010，http://oxfamblogs.org/fp2p/are-grey-panthers-the-next-big-thing-in-campaigning/.

2 / 大赦国际商业团体在 2007 年宣布解散，一位内部知情人告诉我，导致解散的部分原因是"非政府组织（的管理者）无法忍受一个由老年名流组成的半自治组织"。

无所不在这一令人沮丧的情形。[1]

可采取的倡导策略的范围之大，仅受限于倡导者的想象，可采取的策略有：街头抗议、诉讼、内部人士说服、媒体宣传、示范项目等。主要需要考虑的因素包括冲突与合作的适当平衡、收买或摊薄的风险、对联盟的影响以及信息的性质。

斯里贾·波波维奇（Srjdja Popovic）带领塞尔维亚起义推翻了斯洛博丹·米洛舍维奇（Slobodan Milosevic），他著有的《革命蓝图》（*Blueprint for Revolution*）一书妙趣横生，调查了世界各地非暴力抗议运动的策略，并得出结论：食物是非暴力抗议运动最好的切入点之一。活动家们围绕着奶酪（以色列）、大米布丁（马尔代夫），以及最著名的盐（印度）和茶（美国）发起了运动。他写道，"食物有一种特别的方法能够让人们聚在一起"，而且在危险的地方风险很低。

不过，也有其他一些小的着眼点可以作为第一步：在旧金山，将要上任的市议员哈维·米尔克（Harvey Milk）自从为同性恋争取权利转变为反对在城市公园遛狗不捡狗屎后，他的政治生涯开始飞黄腾达。诀窍在于了解人们真正关心的是什么，即使这些关心的事情并未

---

1 / Leila Nilipour, 'Even Peru's Top Chefs Are Addicted to Fast Food', Munchies website, 13 October 2014, http://munchies.vice.com/articles/even-perus-top-chefs-are-addicted-to-fast-food.

排在你的优先任务表的首位。如果你不这样做，那么你只会召集那些已经相信你所说的话的人——这会让你在任何竞争中都排在第十名（就像哈维·米尔克最初做的那样）。[1]

语气和语言也很重要。我发现，当批评者期望自以为是的非政府组织摇摆着手指指责一番时，策略上的自嘲和幽默相结合可以平息批评者的怒气。英国喜剧演员马克·托马斯（Mark Thomas）擅长运用颠覆性的幽默。最近，他装扮成卡通人物绵羊肖恩（Shaun the Sheep）在伦敦证券交易所外面的三菱商业广场上走来走去，以抗议公共空间的私有化。人们从电视上看到，一脸困惑的安保人员最终把一个卡通人物摔倒在地，令他举起双手放在脑后将他带离广场，整个过程中安保人员都颇为奇怪地用"肖恩"来称呼他。[2]

即使是在风险更高的抗议活动中，幽默也能增加优势。在阿勒颇，叙利亚抗议者把广播反政权信息的扩音器埋在散发着臭味的垃圾箱里，这样警方就能让自己看起来滑稽可笑，也不会那么让人提心吊胆担心警察四处

---

1 / Srdja Popovic, *Blueprint for Revolution*: *How to Use Rice Pudding*, *Lego Men, and Other Nonviolent Techniques to Galvanize Communities*, *Overthrow Dictators, or Simply Change the World*（New York: Spiegel & Grau, 2015）.

2 / Mark Thomas, 'Trespass', Edinburgh Fringe, August 2015.

搜寻找到他们。[1]

　　然而，抗议活动往往通过激起当局的镇压而获得成功，当局起到了催化剂的作用，促进抗议的进一步升级，并能激励政府内部的改革者。1967年，美国警方殴打了要求制定国家公民权利法案的示威者。马丁·路德·金（Martin Luther King Jr.）评论道："在单个城市例如伯明翰或塞尔玛所做的充分努力，使得结果象征了邪恶无处不在，并且激起了公众反对该行为的呼声。聚光灯照亮邪恶之处，很快就会出台一项立法补救措施，并在各地广泛施行。"[2] 当然，从制度中挑起暴力事件是一场危险的游戏，尤其是在政府权力几乎不受制约的情况下更是如此。

　　由于将新法律录入法典是如此之难，所以许多宣传活动都将注意力集中到现存法律和政策的执行上。决策者很难公开反对他们自己批准的事情。对于那些寻求更具根本"变革性"变革的宣传者来说，着眼于现有立法

1 / Srdja Popovic, *Blueprint for Revolution: How to Use Rice Pudding, Lego Men, and Other Nonviolent Techniques to Galvanize Communities, Overthrow Dictators, or Simply Change the World* (New York: Spiegel & Grau, 2015).

2 / Quoted in Mark Engler and Paul Engler, 'When the Pillars Fall – How Social Movements Can Win More Victories Like Same-Sex Marriage', Waging Nonviolence blog, 9 July 2014, http://wagingnonviolence. org/feature/pillars-fall-social-movements-can-win-victories-like-sex-marriage/. Original source: Martin Luther King Jr, *Where do we go From Here* (Boston, MA: Beacon Press, 2010).

和政策可能对他们不具吸引力，而且可能技术性还很强。但如果做得好，它可以为迎接更大的变化做好准备。

印度新成立的恰蒂斯加尔邦（Chhattisgarh）便是其中一个例子，这里是边缘化传统社区的居民区，他们以林产品为生。尽管他们的权益受到 2006 年《森林权利法案》（*Forest Rights Act*）的保护，但其生计仍然受到采矿和其他商业活动的威胁。一个令人印象深刻的地方非政府组织乔帕尔（Chaupal）着力对于这种"实施的差距"开展了宣传活动。据可靠的研究证实，经过谈判、请愿和社区抗议，数十个村庄获得了根据该法案所承诺的森林和放牧权。[1]

研究往往是倡导者军械库中的有效武器。如果没有可靠的分析作为支持的话，在唐宁街的早餐桌上倡导者们向戈登·布朗（Gordon Brown）发出的请求几乎不会产生什么影响。我的同事里卡多·富恩特斯（Ricardo Fuentes）、德博拉·哈多恩（Deborah Hardoon）和尼克·加拉索（Nick Galasso）最近登上了头条新闻，他们在达沃斯商业峰会上就当代世界的极端不平等程度提供了极其精彩的"杀手级事实"，对政策的讨论施加了很大影

---

1 / Duncan Green, 'The Chhattisgarh Community Forest Rights Project', India, Oxfam Active Citizenship Case Study（Oxford: Oxfam GB for Oxfam International, 2015）, http://policy-practice.oxfam.org.uk/publications/the-chhattisgarh-community-forest-rights-project-india-338434.

响。据最新统计，地球上 62 位最富有的人拥有相当于全球最贫穷人口的一半——35 亿人的财富。[1]

也就是说，在民主国家，决策更多地是基于权力、制度惯性、普遍的看法和既得利益，而不是基于对证据进行公正客观地审视。正如第四章和第九章所指出的，在封闭政治体制中，好的研究可能更有说服力，因为在这些体制中，政府技术官僚和政治领导人更不受政治压力的影响。

在思想生态系统中，新方法和新概念不断涌现。许多人仍然处于边缘，但有些人开始拥有真正的影响力。我发现"政策漏斗"这一形象的比喻很有帮助。[2] 在广阔而开放的领域，这些想法刚开始只是进入公众的辩论范围之中，受到决策者的关注。例如，在 20 世纪 90 年代和 21 世纪最初十年，气候变化带来了迫在眉睫的威胁。关于这些想法的信息，综合而丰富，比详细的政策建议更为重要。在早期，关于气候变化的争论主要集中在对

---

1 / Deborah Hardoon, Sophia Ayele, and Ricardo Fuentes-Nieva, *An Economy for the 1%: How Privilege and Power in the Economy Drive Extreme Inequality and How This Can be Stopped* (Oxford: Oxfam GB for Oxfam International, 2016), http://policy-practice.oxfam.org.uk/publications/an-economy-for-the-1-how-privilege-and-power-in-the-economy-drive-extreme-inequ-592643.

2 / Duncan Green, 'The Policy Funnel—A Way to Sharpen Up Our Advocacy?', From Poverty to Power blog, 3 August 2011, http://oxfamblogs.org/fp2p/the-policy-funnel-a-way-to-sharpen-up-our-advocacy/.

北极野生动物的影响。乐施会的第一个贡献，也是在我看来仍然是最有效的贡献，就是让活动家们穿上北极熊的服装，举着写着"拯救人类"的标语牌。

一旦想法开始沿着"政治漏斗"往下移动并融入政策、法律以及财政支出的决策中，活动家的任务就是建立联盟，锁定目标，并争取立场摇摆不定的人。我们还需要找到适合的方式来表达我们的担忧，而这些方式与正在进行中的政策制定过程相符合。"让地球停止转动，重新开始"的方式不可能有多大的吸引力，而"在改动农业协议时增加这一段，以让政府能够保护小规模农业生产者"的方式，则更有可能获得发言的机会。

在"政治漏斗"的尖端，当有关政策变化的谈判进展顺利时，我们需要抓住细节，提出非常具体的要求，这需要与机构内部的盟友密切合作，同时继续施加公众压力以防止故态复萌。

倡导已经在广告领域取得了很大的成功，毕竟，广告是一种推销术。一个重要的教训是要精心设计出适合听众的信息。我们对财政部长说的话可能不适用于国会议员或健康专业人士这样的盟友，当然也不会适用于公众。[1]

---

1 / 令人印象深刻的非政府组织"水援助组织"（WaterAid）提供了一个很好的案例，该组织为不同的受众（财政部长、议员、卫生专业人员、广播媒体和平面媒体界以及公众）撰写了不同的倡导信息。详情可参考"Advocacy Sourcebook"第 50 页，http: // www.wateraid.org/~/media/Publications/advocacy-sourcebook.ashx。

身为社会活动者，我们需要站在我们试图影响的人们的立场上，并像他们一样看待世界。如果我们要建起一座桥梁与那些与我们截然不同的人沟通，同理心是至关重要的。我曾看到，政府部长们在面对指手画脚、更感兴趣"说真话"而非建立关系的社会活动者时，他们明显会失去兴趣。

传达信息的人通常和被传达的信息一样重要。谈及发展所面临的挑战时，对大多数人来说，不管欧洲学者著有的出版物数量有多可观，非洲活动家的观点要比欧洲学者的观点重要得多。政府部长会听取其他政府部长、世界银行或他们大学时代的导师的意见。工业领袖可能会倾听（并相信）同领域的大师（如大赦国际的杰弗里爵士）或其教会的领导者的意见，而不是听取一个书呆子研究人员或热心的社会活动者的意见。

倡导和系统思维

在我大部分工作生涯中，无论是在智库、非政府组织还是政府部门，倡导一直是我熟悉的工作领域。到目前为止，我所提出的主张与本书关于变革如何发生的中心论点非常吻合。但促使我写这本书的部分原因是我对21世纪最初十年北方国家非政府组织和其他组织进行倡导的方式感到不满。

我在为天主教海外援助机构游说世贸组织时开始心生怀疑。在我的努力下，一切都进行得很顺利，媒体报道源源不断，我也很享受处于有利地位。之后，我的同事亨利·诺斯诺弗（Henry Northover）打破了我的幻觉，他问我，在帮助非洲的市民社会组织反对世界银行和国际货币基金组织实施的"结构调整"政策时，为什么我会认为全球贸易规则比起他的工作领域对于相关人员更重要——但该政策削减了公共开支，造成了极为困难的局面。我无以为答。

当我加入乐施会，参与一场名为"让贫困成为历史"（Make Poverty History）的大规模全球运动时，我的不满情绪与日俱增。该运动的隐含的假设是，增加援助、免除债务、制定公平的贸易规则可以终结全球贫困。然而我越来越确信，真正的变化发生在国家层面，而这样的运动针对的目标是错误的。[1] 我记得自己站在特拉法尔加广场上，听纳尔逊·曼德拉以他那动人的方式向绝大部分是白人的欧洲听众发表宣言："有一天重任将落在伟大的一代人的肩上，而你可能就是他们中的一员。"[2]

当时我所能想到的就是"没错，是这一代人，但受

---

1 / 我的另一本书《从贫困到权力》（From Poverty to Power）在许多方面都含蓄地批判了"让贫困成为历史"这场运动。Duncan Green, From Poverty to Power: How Active Citizens and Effective States Can Change the World（Oxford：Oxfam International, 2008）.

2 / Nelson Mandela, speech at event organized by the Campaign to Make Poverty History, Trafalgar Square, London, 3 February 2005, http://news.bbc.co.uk/1/hi/uk_politics/4232603.stm.

众搞错了"。亨利说得对。在我身为游说者的狂妄自大中,我忽略了真正重要的东西。这场宣传运动不仅错误地(在我看来)把注意力和资源从国家舞台上引开,而且还傲慢地把它的分析强加给了在世界各地联合发起全国运动的社会活动者身上。

从很多方面来说,这本书回应了我对于"让贫困成为历史"产生的怀疑。请允许我想象出一幅关于一个老派的拥护者的漫画:他傲慢自大,他最清楚穷人需要什么,以及如何满足他们的需求,他对此确信不疑;他会事先知道和谁一起工作(可能是和他一样的人);他会专注于媒体报道和"对权力说真话",即使当权者充耳不闻。无论是什么问题,他都知道解决问题的关键取决于全球大国。当然这只是一幅漫画,却不无道理。

亚历克斯·德·瓦尔(Alex de Waal)令人信服地辩论道,西方活动家倾向于将混乱冲突的复杂现实简化为简单的好与坏的叙述,以便通过简单的解决方案(最好是由西方国家提供)加以补救。[1] 这样的叙述排除了当地人民的更微妙的看法和更深层次的冲突的根源,最终促成的是表面的胜利,而不是带来真正的改变。

美国非政府组织发起的一场名为"Kony 2012"的宣传运动,呼吁美国进行军事干预,以击败乌干达军阀

---

1 / Alex de Waal, *Advocacy in Conflict: Critical Perspectives on Transnational Activism* (London: Zed Books, 2015).

约瑟夫·科尼（Joseph Kony），这场运动在网上达到了病毒式的传播效果。另一场名为"把我们的姑娘带回来"的宣传运动（Bring Back Our Girls，2014 年为呼吁返还被博科圣地绑架的 200 名尼日利亚女学生而发起）体现出"标签化行动主义"（hashtag activism），也显示了如果缺乏与内部人士的联系或理解，而只有局外人的愤怒所带来的局限性。这两场运动在西方媒体和活动家圈子中都引起了巨大反响，但对当地影响甚微，或者说甚至是毫无影响。"让贫困成为历史"当然并非误入歧途，但它仍然低估了国家政治这一的至关重要的舞台。

当我刚到乐施会时，有人告诉我，好的宣传活动需要三件事：一个问题，一个解决方案，一个恶棍（似乎英雄在很大程度上是可有可无的）。对于判断哪些宣传活动会取得成功、哪些活动会失败来说，这是一个非常好的指导。

另外，系统思维认为问题是多重的、相互关联的、复杂的，无法事先知道解决方案，很可能要通过反复试验才能得出结论，而且至少有一些坏人可能也是带来变革的不可或缺的盟友。当我对活动家说这番话时，他们似乎要朝我翻白眼：你真的想让我们发起一场宣传运动，却承认我们并没有解决方案吗？如果记者问起我们对问题有哪些建议的解决方法，那我们的媒体团队应该说些什么？

我们是否有可能会由于变得更加适应权力与系统方法，而失去我们作为倡导者的优势，即能够将复杂问题提炼成简单而强有力的变革需求？我不这么认为。从系统思维中吸取教训迫使我们深刻反思哪些问题的时机已真正成熟到适合进行宣传活动，以及哪些拟议的改革可能会解决这个问题。这意味着我们会从更多方面——历史、正向偏差、生活经验、身处一线的人们的所思所想，来寻找这些想法。它使我们警惕胜利带来的任何意外后果；即使它让我们对水准颇低的口号心生怀疑，也将增强我们的优势，使我们的宣传活动更具吸引力。

幸运的是，尽管"让贫困成为历史"的宣传活动显露出极度的傲慢，但自那以后，倡导的世界已经向前发展，从强调全球峰会转向更注重国家影响力，并且远离"指挥与控制"的宣传风格，取而代之地转向灵活、本地制定的战略与策略。

承认社会和政治变革在很大程度上是由内部力量和参与者推动的，可能让乐施会这样的国际机构陷入与全球运动一样的危险境地。一些组织试图影响其他国家的事务，这是否正确？发展中国家的政府经常指责援助工作者是外国势力的傀儡，这种指责是否属实？

回想一下前绿色和平组织的活动家对英国外交部提出建议的例子。无论他们的意图多么值得称赞，印度的政治家和活动家将如何看待绿色和平组织为改变印度气候变化政策所做的努力？如果印度政府采用类似的策略来改变英国的移民政策，女王陛下的政府（更不用提英国媒体）会做何反应？

根据我的经验，大多数在发展中国家进行宣传的国际组织都会非常认真地考虑这些合法性问题，以及如何解决它们与当地伙伴之间的权力失衡问题，虽然还是会出现上述令人担忧的例外情况。

与此同时，我也开始意识到全球宣传活动仍占有一席之地。它们无法解决根深蒂固的国家难题，但可以阻止一项国际活动造成明显的损害。第七章讨论的武器贸易条约就是一个很好的例子。对于那些需要若干国家或所有国家采取一致行动才能取得成功的全球性问题，宣传活动能够发挥作用，例如气候变化，或者在各国试图通过减税来削弱彼此的竞争力以吸引投资时，可以通过宣传活动消除"底线竞低"的局面。

在全国性宣传运动中，由于达到变革目的的手段容易受到外部压力的影响，外国组织的参与也可以带来优势。在印度尼西亚，为了改善数量众多的运动服装工厂的工人的工资和工作条件，印度尼西亚劳工权利项目（ILRP）为当地工会和其他组织提供了支持，并设法促成了他们与名牌运动用品的出口代工厂进行对话。双方的谈判导致了工人被停职或解雇，于是，该项目在购买这些出口鞋的数个国家动员起支持者，在消费者的压力下，2011年，这些公司签署了一项全行业范围的联合自由协议，该协议还带来了一个意外的收获，即通过该协议改善了品牌与工会之间的沟通。[1]

---

1 / 通过暴露出耐克品牌的弱点，印度尼西亚运动是促成耐（转下页注）

国际组织的另一个有用的角色是组织不同国家致力于解决类似问题的活动家进行交流。乐施会的"提高女性之声"（Raising Her Voice）项目促进了17个国家的妇女权益活动家互相交流意见。[1] 第二章中所讨论的"我们可以做到"（We Can）项目于印度发起，却是根据乌干达活动家针对妇女暴力所开展的工作修改而来。[2]

我并不确定权力与系统方法是否需要我们放弃旧的方式，或者只是需要谨慎地对待它们，但对于那些希望在"与制度共舞"方面做得更好的活动家而言，它无疑提供了很多启示。接下来，让我们来做些这方面的探讨。

（转上页注1）克公司在2011年做出决定的一个重要因素，该公司决定减少所有工厂毒素（甲苯），并在2012年（与阿迪达斯公司一起）限制签订短期合约。Duncan Green, 'The Indonesian Labour Rights Project', Oxfam Active Citizenship Case Study（Oxford：Oxfam GB for Oxfam International, 2015）, http：//policy-practice.oxfam.org.uk/publications/the-indonesian-labour-rights-project-338442.

1 / Duncan Green, 'The Raising Her Voice Global Programme', Oxfam Active Citizenship Case Study（Oxford：Oxfam GB for Oxfam International, 2015）, http：//policy-practice.oxfam.org.uk/publications/the-raising-her-voice-global-programme-338444.

2 / Duncan Green, 'The "We Can" Campaign in South Asia', Oxfam Active Citizenship Case Study（Oxford：Oxfam GB for Oxfam International, 2015）, http：//policy-practice.oxfam.org.uk/publications/the-we-can-campaign-in-south-asia-338472.

关键时刻

在第一章中，我们讨论了"关键时刻"——由失败、危机、领导力的变化、自然灾害或冲突所带来的机遇。在这种时候，决策者和公众可能痛苦地意识到现状的不足之处，并寻找新的想法。一场准备充分的宣传运动可以发现这样的时刻，通过对其做出反应来获得令人瞩目的成果。

1972年，诺贝尔经济学奖得主詹姆斯·托宾（James Tobin）建议对不同货币之间的所有金融交易征收小额税，他认为此举可以遏制短期投机，并为发展援助等公益事业筹集大量资金。这一建议提出后至今仍毫无进展，但30多年来该建议仍继续在政治辩论的边缘中被提及。

在2008年的全球金融危机以及一些鼓舞人心的倡导的影响下，一直备受冷落的托宾税（Tobin Tax）重新受到人们的重视。在债务偿还的重压下，财政部长们迫切希望为囊中羞涩的政府找到新的收入来源，而反对增税的银行和外汇交易商则突然成了政治上的弃儿。

一个由工会、教会团体和非政府组织组成的联盟巧妙地将托宾税更名为"罗宾汉税"（Robin Hood Tax），[1] 并在全欧洲开展了一系列由顶级电影制作人和演员制作的搞笑、有影响力的视频宣传活动。[2] 到2011年，欧盟委

---

1 / Robin Hood Tax website，http：//www.robinhoodtax.org.uk/.

2 / 'The Banker'，video，https：//www.youtube.com/watch?v=qYtNwmXKIvM.

员会已提议在全欧洲范围内对金融交易征税。欧盟计划在 2016 年开始实施征税，虽然执行的国家减至 11 个，但作为第一个真正的国际税收而言，这是一个历史性的突破。[1]

在国家层面上发现关键时刻并做出反应同样重要。2002 年，妇女权利非政府组织南非法律妇女组织（Women In Law Southern Africa，WILSA）在马拉维地区的分会提出并起草了关于针对暴力侵害妇女行为的立法，但没能促成政府通过该立法草案。三年后，媒体报道了在全国各地发生的从杀妻到严重的人身伤害和强奸等一系列暴力事件。乐施会的马拉维团队发表了一份声明，谴责暴力事件，并呼吁主要领导人采取行动。许多不同的团体都响应了乐施会的声明，其中最引人注目的是布兰太尔警方，他们开着一辆面包车来到乐施会的办公室，车上装有的扩音器播放着反对性别暴力的讯息。议会中，正反双方进行了一场非常艰难的辩论，反对者指责该法案的支持者攻击马拉维的文化，然而最终该法案获得了通过。[2]

---

1 / European Commission, Taxation and Customs Union, 'Taxation of the Financial Sector', http: //ec.europa.eu/taxation_customs/taxation/other_taxes/financial_sector/index_en.htm.

2 / Duncan Green, 'Seizing the Moment: A Successful Campaign on Domestic Violence in Malawi', From Poverty to Power blog, 23 June, 2009, http: //oxfamblogs.org/fp2p/seizing-the-moment-a-successful-campaign-on-domestic-violence-in-malawi/.

一个优秀的倡导者需要拥有的一项技能：知道如何建立有效的联盟，以及将强大的变革引擎同没有灵魂、空谈的组织区分开来。同类组织有时也是有效的盟友，尤其是在建立"权力分享"（power with）的初期阶段。不过，当不寻常的嫌疑人加入合作时，会发生有趣的事。

由发展中国家代表团所组织的世贸组织部长级新闻发布会，真是一场灾难。发布会被安排在工作日的晚些时候，而那会儿欧洲和美国的记者们早已发完稿，正往酒吧里去。不仅如此，发布会的主题是一个枯燥的技术性话题，掩盖了问题的重要性——如何保护贫困农民免受廉价的、往往享受补贴的进口食品的冲击。结果，几乎没有人来参加这场新闻发布会。

经过一番匆忙的讨论后，来自国际非政府组织的政策和媒体团队提出要重新举办活动。"食品不安全的发展中经济体联盟"改名为"G33"（没有记者想被一个新命名的"G"字搞得措手不及），随后迅速发布了标题引人注目的新闻稿，在新闻室里，非政府组织的新闻发布官们分头联络媒体联系人，邀请他们参会。第二天的活动尽管围绕的是同一个话题，但人头攒动，只有站着的地方。代表们满意地发了言，所做的讲座也精彩热烈。

有些联盟似乎并不令人感到舒服，但它们在复杂的系统中发挥了作用，与世贸组织政府代表一起工作的社会活动家就是其中一例。我们这些非政府组织会担心支持了有可疑人权记录的政府，而政府对过去曾批评过他们的非政府组织抱有高度怀疑的态度。然而双方都看到了在他们达成一致的问题上结成策略联盟的可能性。

非正统的联盟可能会具有你难以忍受，又不得不忍受的因素。在 2010 年英国石油公司"深水地平线"（Deepwater Horizon）漏油事故发生后，乐施会及其当地合作伙伴决心抓取一个典型的关键时刻，确保灾后重建工作能使遭受漏油事故影响的贫困沿海社区受益。奖赏越大，妥协也越大。乐施会与私营公司和保守的福音派教会领袖密切合作，甚至花了 12 万美元在与共和党政客接触的游说者身上。活动家很难接受这一点，但经过此番努力，他们得以对弱势群体进行投资，并能优先雇佣当地人。[1]

外人策略与自己人策略

"外人"和"自己人"之间存在着长期的紧张关系。假如你发现某公司的目标有一些污点并就此写了一篇措

---

1 / Duncan Green, 'Advocating for Gulf Coast Restoration in the Wake of the Deep-water Horizon Oil Spill: The Oxfam America RESTORE Act Campaign', Oxfam Active Citizenship Case Study（Oxford: Oxfam GB for Oxfam International, 2015）, http://policy-practice.oxfam.org.uk/publications/advocating-for-gulf-coast-restoration-in-the-wake-of-the-deepwater-horizon-oil-338441.

辞严厉的简报,那么你需要在发布前让该公司有机会看到它。外人会在发布前一天把它呈交给该公司,这样该公司就会被一网打尽且措手不及。而自己人则会提前几个星期就呈交给公司,希望公司能够采取行动解决问题,避免公众丑闻。外人珍视建立起公众对问题更广泛的认知的机会,而自己人则喜欢维持良好关系并解决具体问题。

系统思维表明两者都扮演着重要的角色。外人让重要的问题继续受到关注,并努力将新的问题提上议事日程。他们在公众场合工作,大规模的群众动员通常需要明确的、不变的信息。另外,当把理念转化为政策时,自己人可以把问题推进到必要的缓冲地带中。

在被委婉地称为"封闭的政治空间"(独裁国家、专制政体或由于隐匿的权力运作而不可能提出特定问题的国家),采取外人的策略可能是危险的,而且还会适得其反。一项针对埃及和约旦的性别权利联盟的研究得出结论,参与"非正式幕后政治"的最有效的倡导活动,往往基于来自精英家庭背景的社会活动家与其老朋友和同学建立的关系网而展开。此外,敏锐地理解政治空间的发展阶段(政治空间会随着时间的推移开放和关闭)是一项基本技能。[1]

---

1 / Mariz Tadros, 'Working Politically Behind Red Lines: Structure and Agency in a Comparative Study of Women's Coalitions in Egypt and Jordan', DLP, February 2011.

不出意料的是，外人常常认为自己人通过妥协或窃取他们的议题把事情搞得更加复杂，而自己人往往把外人视为政治上天真的纯粹主义者，但他们也认识到外人所构成的威胁往往会迫使决策者采取行动。

外人和自己人策略之间的平衡时常会随着宣传活动的进展而发生变化，这两者使用的策略和语言都非常不同，因此也给活动家造成实际的压力。在冲突阶段，两者往往是两极化和对抗性的，联盟更可能在同类型的组织团体之间建立。相比之下，在合作阶段，语言和策略更具命题性，则需要与其他领域的社会行动者结成联盟。此时革命的口号被混乱复杂情形下的妥协所取代。

社会活动家个体倾向于偏好这两种思维模式中的一种，并发现很难在两者之间转换。许多人默不吭声地选择了一种分工，专门从事冲突或合作阶段的工作。我本人喜欢与别人合作：冲突让我感到焦虑，我喜欢模棱两可的情形；但我有一些朋友和同事，他们更喜欢一场激烈的争论所带来的刺激和清晰的思考。

当南方国家的"外人"与国际非政府组织的"自己人"之间出现分歧时，两者间的关系变得尤为紧张。1999 年，在为数十个发展中国家赢得债务减免的历史性胜利的前夕，国际非政府组织福音 2000 年（Jubilee 2000）在激烈的争论中解散，南方国家的社会活动家指责北方游说者沉迷于政策而忽视了政治。这让我明白了"成功"是多么分裂——对于改革派看来是一场胜利，却可能很容易表现为对更激进理念的背叛。

这些紧张局势反映了一种更为根本的两难境地（在我看来，这种困境基本上是无法解决的）：究竟是选择权宜之计还是长期变革。签署有限的改革方案是否会使当前的权力分配合法化，从而阻止更深层次的变革？我个人的观点是，能够让贫困和被排斥人群享有更多"生存和行动自由"的改革，几乎总是值得施行的。我年纪已大，耐心有限（另外也或许太欧洲了），不愿为"不成功便成仁"的方法而坚持，通常这种孤注一掷的方法往往都很可悲地落得"成仁"的结局。要说有什么区别的话，系统思维应该能提高我们的能力，让我们了解在特定的情况下和特定的时间里，我们可能会赢得多少，以及在重新部署下一次行动前，该在何时结束一场宣传活动。

结　论

我的许多从事倡导工作的同事会对这一章不以为然，认为有太多的自我怀疑，太钻牛角尖。为什么不能走出去改变世界呢？

我相信内省是合理而必要的。当活动家为策略和所取得的媒体宣传上的成功而陷入自大的泡沫中，与所谓的"受益者"的观点和需求失去联系时，倡导的结果可能会适得其反。倡导者需要敏锐地意识到自己在这个系统中的权力和地位，以及由此引发的偏见和行为。我们需要与当地社区建立深入的联系。

实施正确的倡导需要政治上的成熟度，策略和盟友的合适组合，以及在机会出现时充分利用机会。

　　更微妙的是，良好的倡导需要有一种心态，能够发现每一种不同的环境都吸引人的地方，能够欣然接受模棱两可和复杂的情况，对不同的人如何看待这个世界能够感同身受，从错误中吸取教训，并对处于变化中的事件做出响应。诸如此类，同时保持赢得胜利所需的激情和能量。

延伸阅读：

D. Brockington, *Celebrity Advocacy and International Development* (Abingdon: Routledge, 2014).

A. Hochschild, *Bury the Chains: The British Struggle to Abolish Slavery* (London: Pan Macmillan, 2012).

S. Popovic, *Blueprint for Revolution: How to Use Rice Pudding, Lego Men, and Other Nonviolent Techniques to Galvanize Communities, Overthrow Dictators, or Simply Change the World* (New York: Spiegel & Grau, 2015).

A. de Waal, *Advocacy in Conflict: Critical Perspectives on Transnational Activism* (London: Zed Books, 2015).

第四部分　**综合所有要素**

第十二章　权力与系统方法促进变革发生

马苏德·穆克（Masood Mulk）在巴基斯坦和阿富汗边境一处被他称为"荒芜之地"的地方，运作着一家大型非政府组织。他阅读了本书早期的初稿后提供了一个令人难忘的出错案例：

> 我永远不会忘记普林斯顿大学的一名毕业生，他被派去一家位于偏远地区的教育机构实施一项改革计划。他首先将"效率低下的人"解雇。但当他开始解雇那些来自部落并在该地区具有影响力的工作人员后，那些山里人下山把他围困在居住的房子里，一连几天他都像个囚犯。我记得去见他时，他一直在摇头："他们在普林斯顿从来没有教过我这个，他们告诉我村民都是单纯的人。"[1]

1 / Masood Mulk, personal communication, email, January 2016.

不幸的是，这种对文化和背景缺乏了解的事件在援助和发展领域以及更广泛的活动人士中很常见。诊断出哪里出了问题，总是比建议我们这些社会活动者该采取什么样的不同做法要容易得多。本章对于迄今为止书中描述的变革性质和变革动态做出了一个更为理论性的概述，这是一种我称之为权力与系统方法的方法。

"援助与发展"是一个混合了流行语和模糊词语的常用语，其语意虚妄、复杂且混乱（就像流行语一样，只是含义更模糊）。最近又增加了这类的一个常用语："变革理论"（theories of change）。无论在会议上还是在文件中，人们会认真地询问："你的变革理论是什么？"尽管我发现，回问"我不知道，你的变革理论是什么？"会让对方气急败坏、陷入慌乱，但如果你没有答案，你就会遭遇麻烦。

权力与系统方法就是这样一种理论。变革理论是指在一个针对变革如何发生的更广泛的分析背景下，设定一个计划、项目或宣传运动。它们条理清楚，质疑我们的假设，并承认更广泛的系统和行动者带来的影响。

这一概念起源于两个完全不同的学科：评估（旨在澄清项目投入和结果之间的联系）和社会行动（旨在鼓励一群个体共同努力以实现一个共同目标）。评估专家在系统创新思维方面往往走在前列，很大程度上可能是因为评估影响力的任务迫使他们更加关注变化是如何发生的，包括系统和权力是如何破坏社会活动家的周密计划的。社会活动者们花时间在复杂的系统中找到正确的方

这种自然本能的倾向导致了"工具包"和所谓最佳实践指导准则的泛滥，尽管这种指导准则比单一的"正确"答案要好，但往往与我认为能够支持有效行动主义的系统思维并不相容。至少在某种程度上，最好的活动者会随机应变，走一步看一步。但是，要做到随机应变需要相当的自信和敢作敢为，而要达到这种程度的智力独立性，我们的教育系统并不总是让我们为此做好准备（更不用说组织可容忍的灵活度很少）。

好的工具包应该提供一本说明详尽的手册，以对于第一章中关于线性思维的蛋糕比喻加以延伸，让活动者在任何特定情况下能够选择有前途的操作方法。其他工具（包括逻辑框架）在最初时也是出于同样良善的意图，只是在官僚作风和时间紧迫的压力下最后被压缩成清一色大致相同的清单列表。在撰写本书时，出现了一些颇有前景的指导准则，主张以更灵活的反复方式来开展工作。[1]让我们期望这一趋势能够继续下去，好让变革理论不再停留在上佳的逻辑框架阶段。

第三个阻力是期冀找到迅速见效和物有所值的证据。尽管问责制是必要的——它向资助人或纳税人证明了援助支出是物有所值的，并促进了学习和改进——但自上而下的压力可能会对变革理论在实践中发挥的作用产生

---

1 / See, for example, Aruna Rao, Joanne Sandler, David Kelleher, （转下页注）

严重的负面影响。假设世界是线性的，那么要"证明"结果就容易得多，这势必强化了"如果做了 x 这件事，就能实现 y 这一结果"的思维模式。另外，在复杂的系统中，相比对预先设定的计划结果负责，对于你遇到的东西以及你如何适应它而负责更有意义，然而，对传统的资助者来说，这可能让他们极难接受。

　　为获得资助而展示成果的需求也促使社会活动者组织在存在这类"线性岛屿"的问题上展开工作（例如分发蚊帐、登记选民、给孩子接种疫苗），而不是解决那些可能更为重要（例如赋予妇女权力、打击腐败），但衡量难度更大、成本更高的问题。我甚至会将偏向援助、着眼于结果的议程归咎于专制国家，因为专制国家比民主国家更有能力提供捐助者所渴望的确定性。[2]

（转上页注 1）and Carol Miller, *Gender at Work: Theory and Practice in 21st Century Organizations*（Abingdon, Oxford: Routledge, 2016）; Matt Andrews, Lant Pritchett, and Michael Woolcock, *Doing Problem Driven Work*, Center for International Development（CID）Working Paper No. 307（Cambridge, MA: CID at Harvard University, 2015）; David Hudson, Heather Marquette, and Sam Waldock, *Everyday Political Analysis*, DLP（Birmingham: University of Birmingham, 2016）, www.dlprog.org/publications/everyday-political-analysis.php.

2 / Rachel Kleinfeld, 'Current Aid Design and Evaluation Favour Autocracies. How Do We Change That?' From Poverty to Power blog, 30 June 2015, http://oxfamblogs.org/fp2p/best-practice-and-linear-thinking-favour-autocracies-so-what-do-we-do-instead/.

权力与系统方法

考虑到这些注意事项，我现在将基于本书中提出的概念，即我称之为"权力与系统方法"的概念，来概述变革理论的要素。与传统的工具包不同，我列出类型和检查列表，将问题和案例研究结合在一起（其中很多都分散在本书中，并在网站上收集汇编）。将所有这些综合在一起，如同作为想象力的引擎，因为尽管有些地方看起来矛盾，但是变革理论应该扩大潜在可应用方法的范围，而不是缩小其范围。

我主要以两种方式来运用权力与系统方法。第一种方式就是回顾过去——探索过去变革的史话，例如齐卡塔诺斯（见91~96页）或《巴黎协定》（见241~247页）。此时运用权力与系统方法有助于扩大提出的问题类型，并避免了认为无论发生怎样的变革都百分百与社会活动家有关的倾向。在准备编写本书的过程中，我研究了有关"积极公民"的10个案例，得出的主要教训之一是，不可预知的事件和意外事件极富重要性：[1]掌权者的更迭、法律及政策和危机及丑闻的意外变化。

---

1 / Duncan Green, 'Promoting Active Citizenship: What Have We Learned from 10 Case Studies of Oxfam's Work?', Oxfam Active Citizenship Case Study (Oxford: Oxfam GB for Oxfam International, 2015), http: // policy-practice.oxfam.org.uk/publications/promoting-active-citizenship-what-have-we-learned-from-10-case-studies-of-oxfam-338431.

第二种运用权力与系统方法的方式，或许也是更为重要的方式，就是展望未来。权力与系统方法承认我们无法预见到这些关键时刻，因此通过建立良好的反馈和响应系统来"预期意外"至关重要。

权力与系统方法提出社会活动家为了能够在复杂的系统中取得成功应该着力培养的特点，例如好奇心、谦逊、自我意识和对各种观点的开放。人们成为活动者不是为了分析世界，而是要改变世界。正因为我们对任何纸上谈兵的事情都感到不耐烦（一位乐施会的倡导主管把我作为研究主管的工作斥为"抚摸胡须"），我们常常无法理解我们所面对的系统背后的历史，因而无法与系统"共舞"。复杂而又相互交织的因素往往是我们试图影响的系统所具有的特点，权力与系统方法鼓励我们对于这些因素培养真正的好奇心，同时无须放弃我们采取行动的愿望。我们需要做的是同时成为观察员和社会活动者。

在我最喜爱的电视连续剧之一《火线重案组》（*The Wire*）中有一幕，邦克是一个放荡不羁但极为聪明的侦探，他在给一个新人侦探提出建议时说道，成功的关键是培养"柔软的眼睛"，学会在周边视界里或在你并未预期寻找的事物里发现重要线索。[1] 作一个好的观察者比听起来要困难得多。我们很容易看到我们要寻找的事物，

---

1 / *The Wire*, 'Soft Eyes', Season 4, Episode 2, aired 17 September 2006.

但更难以注意和记录那些意想不到的，或与我们的假设相矛盾的证据。

对系统保持好奇心的同时，还需要谦逊和自知之明。我们不会知道，也不可能知道所有的答案；我们无法预测事件，在一个地方管用的事物可能在另一个地方行不通。我们需要适应（甚至可以享受）混乱和不确定性，并重视当地的知识和反馈。我们需要在任何讨论中包括更多元化的人和观点；并且（不管我们有多忙）要定期停下来评估什么是起作用的或什么是不起作用的，并相应地改变方向。

我们需要认识到"我们"并不是崇高的、无私的观察者。我们所做的决策至少部分是基于我们对世界的预设和不基于证据的假设。与我们工作的组织一样，我们本身就是权力的掌控者。权力在我们的网络中流动，影响我们与合作伙伴和盟友的关系。让我们回忆一下第二章中罗伯特·钱伯斯提出的问题："在这次谈话中，我是占上风还是下风？"

权力与系统方法提出了一些我们应该询问（并不断追问）的关于系统、我们的行动理论和我们的学习方法的问题。

我们所讨论的是什么样的变革？我发现比较有帮助的是首先对照图 12.1 这张 2×2 图表，[1] 找出我们所寻求的变

---

1 / Aruna Rao, Joanne Sandler, David Kelleher, and Carol Miller, *Gender at Work*: *Theory and Practice in 21st Century Organizations*（Abingdon, Oxford: Routledge, 2016）.

革所处的位置，这张图表是为开展妇女权利和赋权的工作而制定的。它根据所涉机构的性质（从非正式到正式）以及所寻求的变革之处（从个人到系统）来确定变革过程所处的位置。提出该框架的作者发现，活动者通常忽略了左手边的区域——非正式机构的世界。这个框架提醒我们关注所有四个象限发生的变化，强调了在所有层面（个人、社区、正式政治等）都需要开展工作的必要性，并帮助社会活动者描绘出全景，了解还有哪些人也在致力于解决某一特定问题，并找出共同努力中存在的差距。

使用这个框架时，不妨想一想你正在考虑的变革过程的不同方面是如何对应于不同象限的（请参见图 12.1）。个体获得的资源，如信贷、工作、健康和教育，这方面属于右上角象限；他们的所思所想——意识、自信和"内化权力"——都属于左上方象限。在系统层面上，通过法律和政策行使的有形权力位于右下角象限，但正如我们所看到的，更常见的非正式制度，如社会规范，发挥了重要作用，这部分属于左下角象限。

变革过程将在不同的象限之间流转，活动家的注意力可能会从一个象限转移到另一个象限。以第三章中的齐卡塔诺斯为例，变革从代表个人意识和社会规范的左侧象限开始，然后转向右侧象限，争取资源（土地）和政策（土著权利）。在这些正式场合的胜利反过来又有助于提升象限左侧的认知和意识。权力的许多方面渗透到每个象限，影响着变革发生的方式。

我们可以从哪些先例中学习经验？在制定我们自己

的变革战略之前，我们应该先环顾四周。我们寻求的积极变化是否已经在系统的某个地方发生（正向偏差）？当地历史上有没有先例可供我们借鉴？在当地的政治和经济环境中，现有的潮流是否可能有助于或阻碍所期望实现的变革？与其从外部引入"最佳实践"，不如从先例入手，这样我们所做的或所提的建议更有可能与本地系统相兼容。

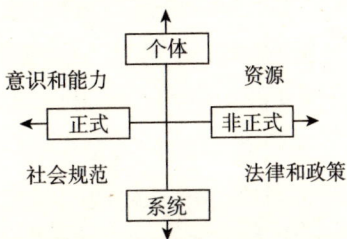

图 12.1 变革发生的领域

注：（坐标轴图表示）个体、系统，正式、非正式；（顺时针象限图表示）资源、法律和政策、社会规范、意识和能力。

资料来源：Rao, Sandler, Kelleher and Miller, Gender at *Work: Theory and Practice for 21st Century Organizations*, （Routledge），2016。

谁是利益相关者，他们有着怎样的立场？无论我们正在考虑和寻求变革的问题是什么，涉及的每个人都将被一个微妙而普遍的权力力场联系在一起。一个好的权力分析应该识别出参与者（个人和组织）、他们如何相互关联、他们受到谁的影响和哪些影响（受到同伴说服或竞争的影响？还是受到证据和例子的影响？或是受到抗议的影响？），以及正在产生影响的不同类型的力量（传统的可见力量，或者一些更幕后的力量，例如思想的无形力量，或者私人关系的隐性力量）。

权力分析应该激发战略上的想法，以此与推动或阻止变革的主要机构进行接触。权力分析应该将"国家"、"大企业"或"国际体系"这些庞然大物融入充满潜在盟友和反对者的汹涌的网络中。权力分析还应该帮助我们理解盟友和对手如何看待变革，以及为什么变革不会发生——惯性和范式维护的力量发挥了作用。

权力分析可以分解权力，探索"内在权力"（赋权于个人，使之变得更活跃）、"共同权力"（集体组织）或"行使权力"（个人和组织的行动）的作用。这有助于将重点转移到那些经常被排除在决策之外的人（妇女、贫困社区、土著群体、残疾人），并且对于他们的赋权往往是实现长期变革的核心。

什么样的方法可能对这种变革有意义？现在是检查"怎样做"和"做什么"的时候了。在这里，我想建议参考这本书中第二张，也是最后一张2×2图。虽然这张图是由国际援助政策人员在最近的美国国际开发署研讨会上所设计的，[1] 但我认为它也与当地的社会活动者有关。我喜欢这张图，因为它承认并非所有的情况都很复

---

1 / Duncan Green, 'Doing Development Differently: A Great Discussion on Adaptive Management（No, Really）', From Poverty to Power blog, 4 November 2015, http://oxfamblogs.org/fp2p/doing-development-differently-a-great-discussion-on-adaptive-management-no-really/.

杂——有时你也应该给孩子们接种疫苗、修建道路或者分发投票登记表。

要使用图12.2中的框架，请同时考虑环境和你建议的战略。如果你处在一个稳定或可预测的环境中，并且使用了一个非常容易理解的变革战略（位于右上角象限），那么使用传统的线性规划方法可能完全适合。最后，有些变革过程相对简单，因此使用"简单法则"（KISS法则，意为"保持简单、愚蠢"）并不是一个糟糕的方法。但是请记住保持谦虚——有太多的干预假定了存在确定性，结果却发现事情比预期的要混乱得多。因此，你需要想方设法不断收集证据，以检查事情确实如你最初所想的那样可以预测。

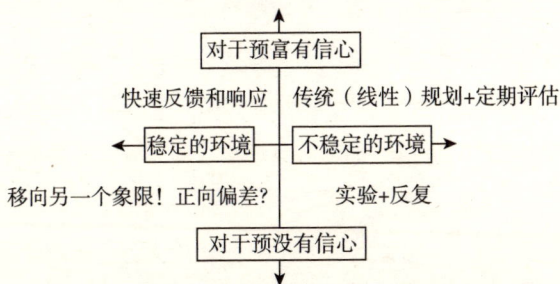

图12.2　将你的变革战略与系统相适应

注：（纵轴横轴图表示）对干预富有信心、对干预没有信心，稳定的环境、不稳定的环境；（象限图顺时针表示）传统（线性）规划+定期评估，实验+反复，移向另一个象限！正向偏差？快速反馈和响应。

资料来源：Adaptive Management workshop, NESTA, November 2015。

如果环境是稳定的，但是你不确定什么类型的变革战略可以发挥作用（位于右下角象限），那么你可以尝试几个不同的战略，并根据结果来反复。如果你对自己的战略相当确信，但不太确定所处的环境（位于左上角象限），那么重点应该建立快速反馈机制来检测突然发生的变化，并对其做出快速响应。

最后，如果你对环境的理解或对你的变革战略都没有信心（左下角象限），那么很显然出问题了！正如第一章所讨论的那样，采用正向偏差的方法可能是值得的。或者，你可以寻找一种更简单的，或者是经过反复试验的干预方法，帮助你进入左上角象限，或者花时间更好地理解所处的环境，这样你就可以进入右下角象限。

你打算尝试什么样的战略？这就是大多数手册和工具包开始生成选项列表的地方。不过，我甚至不打算尝试，因为潜在的战略列表和你能想象的一样伟大：基本的清单列表将包括提供服务（如健康、教育或信贷）；扩大"有利环境"（妇女赋权、生产者组织）；运行示范项目；召集、斡旋或形成多方利益相关者的群体，以解决特定问题。实现这些不同战略的策略可以是多种多样的：建立联盟；寻求快速的胜利以获得动力（例如，通过定位实施差距）；分裂和中立对手；赢得不可知论者。

再多的前期分析也无法帮助我们预测复杂系统的不稳定性，所以权力与系统方法会让我们在前进的过程中将思考和行动、学习和适应紧密地交织结合起来。这些初步练习的目的是使我们能够明智地"下对赌注",选对方向。其后我们采取行动,观察结果,并根据我们所学的知识进行调整,然后再做关键决定。罗伯特·钱伯斯(Robert Chambers)将这一方法比喻为"准备好了吗?预备开火!瞄准!"。[1]

我们如何了解我们的行动和变革在环境中所起的影响?权力与系统方法鼓励采用多种战略,而不是单一的线性方法,并将失败、反复和适应视为预期中会发生的并且尤其必要的,而不是将它们视为令人遗憾的错误。接下来,让我们看看还需要学些什么。

一边推进一边学习需要有良好的反馈机制,这一机制可能包括定期暂停手头工作来评估环境中发生了什么变化,什么起作用或不起作用,以及更多的技术方法,例如使用"大数据"来检测政治或经济环境的变化。[2]

与复杂的系统共舞就像在交通中导航一样——成功取决于快速的反馈以发现新的情况,以及具有快速反应的能力(一个行人突然闯了出来!——快刹车!)。如果我试图以预先计划好的路线和速度开车穿越伦敦,并且没有根据反馈进行调整,要想开到大街尽头都要感谢运气。我们必须发现新的机遇之窗,从失败中吸取教训,

---

1 / Robert Chambers, *Managing Canal Irrigation: Practical Analysis from South Asia* (Cambridge: Cambridge University Press, 1988), p. 230.

2 / Duncan Green, 'Big Data and Development: Upsides, Downsides(转下页注)

制定有效的经验法则来指导决策，并进行多次小的尝试，直到找到有效的方式。因此，对系统的分析不是一次性的前期参与，而是一个对于项目方案或开展宣传活动的环境不断地进行分析和再分析的持续过程。[1]

这就是我在工具包方面所做的准备。但即使只是做这些，也让我感到焦虑，担心自己与从在系统中工作和对于权力的思考中所吸取的重要的经验教训相脱节，以下便是这一重要的经验教训：我们必须随机应变，走一步看一步。要了解更多这方面的指导，请点击《变革如何发生》的网站链接进行查看。

对社会活动者组织的影响

当我介绍权力与系统方法时，社会活动家最常见的反应之一是"很棒，但他们永远不会让我这么做"。其中所指的"他们"可以是任何一个人，可以是上级领导、整个组织或"资助者"。这一局面需要改变。[2]

对于认真采用权力与系统方法的组织来说，第一步要

（转上页注2）and a Lot of Questions', From Poverty to Power blog, 23 July 2014, http://oxfamblogs.org/fp2p/what-is-the-future-impact-of-big-data/.

2 / This section draws on Duncan Green, 'Fit for the Future? Development Trends and the Role of International NGOs', Oxfam Discussion Paper(Oxford：Oxfam GB, June2015), http://policy-practice.oxfam.org.uk/publications/fit-for-the-future-development-trends-and-the-role-of-international-ngos-556585.

做的是招聘。我们是否有适当的人员配置比例，允许团队中有愿意冒险、挑战规则的特立独行的成员？还是我们只招募那些在执行预先商定的宣传活动战略方面有技能的项目计划专员？一个完全由特立独行的人所组成的组织将会是机能失调的，但我担心的是，许多人在相反的方向上走得太远。我们需要将更多的刺激和不可预测性融入其中。这也意味着要认真对待多样性：从印度到英国，太多的社会活动者组织都是由精英所主宰的。即使就像很多人已经做到的那样，他们已经放弃了精英主义价值观，但这种机构单一文化仍然会减缓新思想和新方法的发展速度。

一旦活动家掌权，他们在道德和物质（但在我看来主要是道德）的激励下，是否会鼓励权力与系统方法？实验、冒险和不可避免的失败会受到称赞或批评吗？人们是因他们顺从的能力而获得晋升，还是因他们拥有打破常规的能力而获得晋升？

由于担心失去捐助者和政府的资助或公众的捐赠，许多社会活动者组织不得不对每项行动进行微观管理。尽管他们应该对捐款的使用负责，但"命令和控制"将扼杀成功所需的创造力。在一个复杂的系统中，更有效的方法可能是"除非有充分的理由，否则不加以控制"。当地工作人员、基层员工以及合作伙伴应当有相当大的自由度将他们更深入的理解应用于该方案的实施。总部的工作应该是为他们创造实验、适应和学习的空间，并与资助者谈判回旋的余地。

放弃"命令与控制"为权力与系统方法的其他理念

开辟了道路，其中一些理念在本书中有概述。不坚持在每一个项目或文件上都打上你的品牌，会让你更容易参与到多方利益相关者的倡议和"召集和协调"的活动中，而这些活动将不同寻常的、寻找新的想法和解决方案的人聚集在一起。这样做也易于派生出成功的创新：大获成功的独立杂志《新国际主义者》（*New Internationalist*）最初脱胎于乐施会与基督教援助组织的一个项目。派生项目可以进行创新和实验，不受大型官僚机构的约束。麦当劳汉堡连锁店也许不是一个寻找灵感的好地方，但已经显示出成功迹象的一个选择是"社会特许经营"，即非政府组织开发一个基本的"盒子里的项目"，个人和当地团体可以从中获得资源并加以调整。[1] 尽管派生项目在讲述"失败"的成功故事方面会带来组织成本，它可能是国际非政府组织促使一个项目创新保持活力势头的一种方式。

与派生项目相反的是并购（M&As）。大型科技公司争相收购新兴的初创企业，在发展领域也与之类似，尽管不会那么系统。当我在天主教海外发展机构作游说者时，说服更大的乐施会组织去偷偷运用我的想法是增加我影响力的最可靠的方法之一。当然我并不是指偷东西，

1 / Kate Wareing, 'What Can Aid Agencies Learn from McDonald's?', From Poverty to Power blog, 1 August 2012, http://oxfamblogs.org/fp2p/what-can-aid-agencies-learn-from-mcdonalds/.

而是指借用、合作等。为什么不特意制定一个政策，将"今年你偷到什么"作为一项绩效指标呢？

快速的反馈和做出响应常常被社会活动者组织所忽视。然而，在不确定的系统世界中运行意味着要建立流程，以持续地获取关于当地情况的征兆，包括我们自身的影响，并对这些征兆做出响应。如果事件需要，我们是否像情况要求我们做到的那样，足够灵活地去调整甚至搁置先前考虑的计划？信息和通信技术的进步应该能促进这种能力，但活动者组织在改变商业模式方面进展迟缓。在发展领域里，何时能出现类似于猫途鹰（TripAdvisor）这样的组织？[1]

麦克·爱德华兹（Mike Edwards）将市民社会比作一个多样化的生态系统。[2]然而，国际社会对市民社会的支持更多地类似于单一文化——发现和资助那些在体制结构和看待世界的方式上"看起来像我们"的合作伙伴。爱德华兹认为，国际支持者应该把自己视为"生态系统园丁"，寻找生机勃勃的本地植物，无论它们来自何方（市民社会、宗教组织、私营部门，或者不在以上之列）。

---

1 / Duncan Green, 'Do Aid and Development Need Their Own TripAdvisor Feedback System?', From Poverty to Power blog, 10 April 2015, http://oxfamblogs.org/fp2p/do-aid-and-development-need-their-own-tripadvisor-feedback-system/.

2 / Michael Edwards, *Civil Society*, 3rd edition (Cambridge: Polity Press, 2014).

他们可以关注"改善环境"——这些组织赖以成长的政治和制度土壤的肥沃性。例如，大型援助机构可以为生态系统中介提供资金，而生态系统中介机构则可以管理数百笔小额赠款。它们可以为派生组织提供股权，或者为在当地筹集资源的团体提供种子资金（这也呼应了政府从援助转向税收和自然资源收入等"国内资源的调动"）。

最后，组织需要审视自身是如何对待失败的。几乎在每个项目或变革过程中都会遭遇失败，与其试图掩盖失败，更重要的应是在项目中分辨出哪些因素不起作用，并在过程中调整这些因素。一些富有勇气的组织提倡直言不讳地谈论失败，[1] 但根据我的经验，这并不是解决问题的最佳方式。为什么不问"你学到了什么？"，并让"学习的责任"与对结果负责的责任变得同等重要？这样一来就能以不那么指责的方式彻底弄清同样的问题。

创新是令高级管理人员着迷的词语之一；爱挖苦的人戏称人们应学习"创新图雷特综合症"的所有表现，好在句子中随意地加上创新这一单词，以给老板留下深刻的印象。值得欣慰的是，权力与系统方法确实鼓励创新，而创新对于在复杂、快速变化的系统中取得成功至关重要，因为今天的"最佳实践工具包"很可能就像传真机在这个时代一样成为明天的冗余物。不过对于那些

---

1 / 'Engineers Without Borders', Failure Reports, http://legacy.ewb.ca/en/whoweare/accountable/failure.html.

程序繁杂、在报告上有要求且极为强调责任的大型援助机构来说，要重视创新是一个难题。

社会活动者组织可以创造没有标准组织程序的空间来鼓励"内部创业者"。谷歌允许员工将 20% 的时间用于个人项目（不过只有大约 10% 的员工这么做，并且批评者称实际上这更像是工作了 120% 的时间，言外之意也就是完成了你的日常工作之外才能继续做自己的个人项目）。[1]

正如第十章所提到的那样，可能会出现将更多的投资用于发现个人、对个人进行培养和宣传的情况，而不是仅仅资助项目（这些个人随后也必须结合到项目策划中）。除了尽早发现潜在的基层或国家领导者外，社会活动者组织还可以促进一个有利环境，以便能出现更多更好的领导者。可供考查的方面包括对教学大纲施加影响、与大学的合作关系、奖学金、比赛、领导力培训和辅导。

但总的来说，尽管"创新"对管理者具有吸引力，但我不相信"创新"是一个非常有用的概念。乐施会"全球创新顾问"詹姆斯·怀特黑德（James Whitehead）发现，那些真正的"创新者"并不把自己视为"创新者"，也不把自己的工作贴上"创新"的标签。他们只是继续与他人合作解决问题。创新是协作解决问题过程中

---

1 / Jillian D'Onfro, 'The Truth About Google's Famous "20% Time" Policy', Business Insider UK, 17 April 2015, http://uk.businessinsider. com/google-20-percent-time-policy-2015-4?r=US&IR-T.

的副产品，而不是目标。[1]

对资助者的影响

社会行动需要花费资金，因而资金是一种力量。资助者可以对社会活动者采用权力与系统方法的能力施加显著的影响。当然，资助者藉由他们分配现金或与接受资助者进行谈判，以及藉由自身作为影响者的角色，资助者本身往往就是活动者。然而，如果资助者想要支持权力与系统方法，还需要考虑一些额外的问题。

首先要考虑的一个问题在之前我们曾讨论过，即关于结果和报告形成的标准。当组织处在一个复杂的变革环境中，在方向和预期的结果方面都发生变化时，资助者是否愿意继续陪伴被资助者，或者资助者是否坚持认为"这是我们资助的计划，我们要继续坚持下去"？

资助者甚至比社会活动者个人更应该将自己视为生态系统的园丁。他们应该播种多样性以鼓励创新和复原力，而不是鼓励机构单一文化。资助者必须接受这样一个事实，即给予一个活动者组织 1000 万美元可能比没有

1 / James Whitehead, 'Unlocking Innovation: Enabling and Blocking Factors in Developing Innovative Programmes in Oxfam GB', *Oxfam Research Report* (Oxford: Oxfam GB, June 2015), http://policy-practice.oxfam.org.uk/publications/unlocking-innovation-enabling-and-blocking-factors-in-developing-innovative-pro-558453.

给予任何东西更具破坏性。他们能否用其他方式将资金分成许多笔小额赠款？

值得高兴的是，虽然社会活动家往往对资助者愿意以新的方式开展工作持悲观态度，但本书中许多关于权力与系统方法的创新例子实际上都源于"良好的捐助"。在坦桑尼亚，英国国际发展部愿意为一项涉及多个平行实验的"风险资本家"变革理论提供资助，同时对实验中的失败有心理预期。[1] 在塔吉克斯坦，瑞士发展机构向乐施会提供十年期的拨款，以支持乐施会召集和安排各国和全球的机构，致力于解决第二章中所提到的饮水和卫生设施方面的问题。[2] 我希望为捐助方工作的社会活动者和被资助者能够收集和宣传这样的案例，以便使变革在更大范围内发生。

可以更广泛地看到，一些大型融资机构正在寻求新的方式以思考尤其是在治理领域的改变。像"以不同的方式发展"（Doing Development Differently）和"以政治视角

1 / Duncan Green, 'The Chukua Hatua Accountability Programme, Tanzania', Oxfam Active Citizenship Case Study (Oxford: Oxfam GB for Oxfam International, 2015), http://policy-practice.oxfam.org.uk/publications/the-chukua-hatua-accountability-programme-tanzania-338436.

2 / Duncan Green, '"Convening and Brokering" In Practice: Sorting Out Tajikistan's Water Problem', From Poverty to Power blog, 17 January 2013, http://oxfamblogs.org/fp2p/convening-and-brokering-in-practice-sorting-out-tajikistans-water-problem/.

来思考和工作"（Thinking and Working Politically）这些联络网，主要是由援助捐赠者组成的。[1]

国际社会活动者组织如何适应环境的改变

你能乘坐超级油轮去激流泛舟吗？[2]像"全球见证"（Global Witness）这样具有"游击队"灵活性的组织，以及像"道德贸易倡议"（Ethical Trading Initiative）这样聚焦单一问题的组织，其灵活性和单一性使得它们成为采纳本章讨论的新思维和工作方式的主要对象。相比之下，大型组织，无论是非政府组织还是政府部门，都觉得非常麻烦。正如一位澳大利亚政府援助工作者所抱怨的那样："我们必须像漫画里的弹力女一样不可思议，竭尽全力能够既满足我们的政治大师提出的要求，又满足社区的需要和要求。"[3]

但是规模也带来了优势，大规模的知识基础和规模

---

1 / Doing Development Differently website，http：//doingdevelopmentdiff erently.com/.David Booth，*Thinking and Working Politically*，GSDRC Professional Development Reading Pack no. 13（Birmingham，UK：University of Birmingham，2015），www.gsdrc.org/professional-dev/ thinking-and-working-politically/.

2 / Jo Rowlands，'Do We Drive a Supertanker or Go White-Water Rafting? A Brief Exploration of Complexity in Change Strategies/Types：Plugging a Gap'，unpublished paper for Oxfam GB's UK Poverty Programme，2005.

3 / Personal communication，December 2015.

经济的形式使得各组织能够在国家和项目之间进行试验和交换意见。而在影响力方面，小而美则很少有优势：政府更愿意倾听大的参与者的意见，特别是当他们"共担风险"时（有其项目或员工在场）。如何结合规模和权力自主才能形成富有灵活性和影响力的最佳组合？

一种选择可能是"有意识地脱钩"，即大型国际组织如同从超级油轮转变为小型船队，拥有一艘中等规模的母船，以及一批由小型、独立的派生公司和初创企业组成的舰队。如前所述，更小、更灵活的舰队除了可以包括项目在内，还可以包括个人。小型舰队的结构可以潜在地保留规模优势，同时还能培养对于取得成功至关重要的灵活性和创新性。

西方捐助者将继续愿意倾听大型国际组织的呼声，但在国家和地方发展中倡导的真正舞台将越来越多地存在于发展中国家与多样化的国内参与者之间互动的空间中。大型机构应该注意不要侵占这个空间，应扮演支持者的角色，而不是明星的角色。

这给国际社会活动者组织留下了几个可担任的重要角色，对此我在第十一章中也曾提到过。国际社会活动者组织可以选择关注日益增多的集体行动问题，例如针对气候变化、毒品贸易和限制性的知识产权规则所进行的全球治理目前处于混乱的局面，而这些集体行动问题已阻碍了全球治理在以上方面的进展。

当国际社会活动者组织发现新的趋势和成功的创新时，由于他们在发展中国家深入基层，可以为它们提供更多展示的机会，并把想法放在"政策漏斗"的开放端。当必要时，例如政府打击市民社会组织时，他们可以发出警告。

总部位于华盛顿的全球发展中心（Center for Global Development）通过游说富裕国家改善政策来促进发展。[1]在援助政策或避税天堂等领域，国际非政府组织必定有扩大参与的空间，以及负责讨论例如移民等新的、紧迫的话题。

到目前为止，国际组织断断续续地参与了关于社会规范和公民权利的辩论。虽然衡量其有效性是一项艰巨的任务，但努力加速规范的转变以加强保障目前面临歧视的群体的权利，是一项适合采取国际性方式进行的重要活动。

国际组织也有能力帮助活动家跨越国界进行联系，例如英国道德贸易组织（the Ethical Trading Initiative）在全球供应链中采取的多方利益相关者举措。[2]在针对发展中国家新一代的健康挑战方面，例如肥胖、烟草和道路交通事故，国际组织可以促进取得过成功的南方国家和北方国家的社会活动家进行接触和交流。[3]北方国家

---

1 / Center for Global Development，http：//www.cgdev.org/.

2 / Ethical Trading Initiative website，www.ethicaltrade.org/.

3 / John Gaventa and Rajesh Tandon，eds.，*Globalizing Citizens：New Dynamics of Inclusion and Exclusion*（London：Zed Books，2010）.

组织的存在也可以加强南方国家社会活动家之间的交流。[1]

结 论

与管理大师的标准说辞相反，维持现状可能是社会活动家及其组织的一个选择，只是这并不是最佳选择。如果我们停留在逻辑框架的线性思维中，我们将变得越来越没有效率。新的、颠覆性的组织和方法最终将取代我们，或者至少占有一部分我们的地盘。

更深入地思考变革如何发生应该会改变一切：包括我们思考和工作的方式，我们试图改变的事情，以及我们组织的结构和活动。

这当然做起来并不容易。许多地方和国际的活动家在工作中采用权力与系统方法的案例比比皆是，但是这些案例很少被发现和传播。在乐施会，最令我感到受挫的一件事，是很少有出色的新方法和想法（包括本书中描述的许多方法想法）被采纳、复制和加以修改后用于其他地方。回到关于惯性的解释，我怀疑问题不在于有没有兴趣或想法，而在于机构文化：如果要让权力与系统方法发挥作用，那么社会活动者组

---

1 / Oxfam, 'Raising Her Voice' programme, Oxfam website, http: // policy-practice.oxfam.org.uk/our-work/citizen-states/raising-her-voice.

织需要做出改变。

　　不过，这样做可能会带来巨大的回报。可能会在各层面的社会活动者中掀起一股激情和创造浪潮，因为他们想要与系统共舞，并彻底改变它。

延伸阅读：

M. Andrews, L. Pritchett, and M. Woolcock, 'Doing Problem Driven Work', CID Working Paper No. 307（Cambridge, MA: Center for International Development at Harvard University, 2015）.

D. Green, 'Fit for the Future? Development Trends and the Role of International NGOs', Oxfam Discussion Paper（Oxford: Oxfam GB, June 2015）.

D. Hudson, H. Marquette and S. Waldock, *Everyday Political Analysis*, Developmental Leadership Program（DLP）（Birmingham: University of Birmingham, 2016）.

A. Rao, J. Sandler, D. Kelleher, and C, Miller, *Gender at Work: Theory and Practice in 21st Century Organizations*（Abingdon, Oxford: Routledge, 2016）.

C. Valters, Theories of Change: *Time for a Radical Approach to Learning in Development*（London: Overseas Development Institute, 2015）, www.odi.org/publications/9883-theories-change-time-radical-approach-learning-development.

更多网上资料参阅：

Doing Development Differently，http：//doingdevelopmentdifferently.
　　com/.

Thinking and Working Politically，http：//twpcommunity.
　　org/.

结　论

　　恭喜，我们差不多即将读完本书。到目前为止，你所读到的（假设你没有像我阅读时经常会跳到最后那样）是我几十年来对自己所做、所见、所读、所谈、所思的许多事情的一些认识。

　　变革如何发生的故事令人鼓舞，其中有许多鲜为人知的英雄。这是一个永远不会结束的故事。早在公元前6世纪，希腊哲学家赫拉克利特就指出："万物都在变化，没有什么是一成不变的。"[1]

　　但是，在你放下这本书，匆忙去实现变革之前，最好谨慎一些。渐进式变革主要不是因为"我们"这些社会活动家而实现的：当穷人和贫困社区将权力掌握在自

---

1 / 引自柏拉图笔下克拉底鲁的对话。

己手中时，它才会发生；技术、价格、人口统计学和纯粹的意外比潜在的变革推动者的行动要重要得多。社会活动者要吸取的第一个经验教训就是要谦逊。

尽管如此，社会活动家确实发挥了至关重要的作用。我们在无休止的公开辩论中提出了新的问题，我们可以帮助那些处在困境中的人们提高他们的声音，将部分权力从大权在握之人那里转移到权力较少的人手中。

这样的工作是一种乐趣，是一种特权，也是一种责任。我们需要研究我们运作的系统，使我们自己置身于塑造变革途径的各种复杂机构（国家、私营部门、国际体系）之中。我们必须了解参与者，包括我们的目标群体和其他活动者，无论他们是为国家、私营部门还是市民社会组织工作：他们如何看待世界，以及我们如何与他们合作。我们必须了解潜在的权力力场联系在一起时的各种表现形式。

如果我们准备好承担风险，愿意尝试新的、让自己感到不舒服的事务，并质疑我们自己的权力和特权，承认失败并从中吸取教训，我们将会产生更大的影响力，同时继续与世界各地富有激情和献身精神的活动者一起工作。

这些无论对于组织还是个人来说都是一样的。研究和撰写这本书使我确信，我所在的乐施会和其他许多参与推动世界各地进步变革的组织需要做出改变。我们必须不断加深对权力和系统的理解，并以此为目的开展工作，从而让我们变得更聪明、反应更敏捷、更具创新性。

如果我们不这样做，那就会像其他任何一家顽固、抵制变革的公司一样，新的、更大胆的初创企业就会闯入我们的地盘，抢走我们的午餐（当然，这可能不是坏事）。

最后，我想回到本书的重点：正如阿玛蒂亚·森所做的精彩定义那样，人类的发展，关乎"生存和行动的自由"。[1] 尽管我们会遇到挫折，并且晚间新闻还会滤掉大量变革信息，但变革这一故事依然非常积极和活跃。在 20 世纪，生存和行动的自由在这些方面得到了前所未有的拓展：数百万甚至数十亿人过上了更健康、受教育程度更高的生活，摆脱了贫困和饥饿，扩展了自己的权力，过上了更富裕、更有价值的生活。对我来说，没有什么比作为一名活动者尽我所能去支持这场历史性的斗争，能赋予我人生更多的意义。

1 / Amartya Sen, *Development as Freedom* (Oxford: Oxford University Press, 1999).

译后记

《变革如何发生》是在发展领域中一本分析视角独特的著作，这本书融发展理论和发展策略为一体，告诉我们如何推动发展的行动取得成功。作者在发展领域有着广泛的研究，在数家国际救援及发展机构拥有多年政策分析和顾问的经验。

最初是乐施会刘源博士向我们推介这本书，并建议我们翻译此书。感谢作者邓肯·格林教授对于中文版的期待与支持，感谢香港乐施会和社会科学文献出版社的鼎力支持，乐施会李俏官员的多方协调、社会科学文献出版社隋嘉滨编辑的认真工作，保证了这本书中文版的顺利出版。

本书第一部分由王晓毅翻译，感谢张琪博士通读了第一部分译文，并提出了系统的修改意见。第二部分由张延宙翻译，杨莉审校；第三和第四部分由杨莉翻译，张延宙审校。最后由王晓毅通读了全书。

王晓毅
2018 年 9 月

图书在版编目（CIP）数据

变革如何发生／（英）邓肯·格林（Duncan Green）
著；王晓毅等译 . -- 北京：社会科学文献出版社，
2018.10（2022.1 重印）
　书名原文：How Change Happens
　ISBN 978 - 7 - 5201 - 3461 - 3

　Ⅰ.①变… 　Ⅱ.①邓… ②王… 　Ⅲ.①社会管理 -研
究 　Ⅳ.①C916

中国版本图书馆 CIP 数据核字（2018）第 211170 号

变革如何发生

著　　者／〔英〕邓肯·格林（Duncan Green）
译　　者／王晓毅 等

出　版　人／王利民
项目统筹／谢蕊芬
责任编辑／隋嘉滨
责任印制／王京美

出　　版／社会科学文献出版社·群学出版分社（010）59366453
　　　　　　地址：北京市北三环中路甲 29 号院华龙大厦　邮编：100029
　　　　　　网址：www. ssap. com. cn
发　　行／社会科学文献出版社（010）59367028
印　　装／北京盛通印刷股份有限公司

规　　格／开　本：889mm × 1194mm　1/32
　　　　　　印　张：12.375　字　数：241 千字
版　　次／2018 年 10 月第 1 版　2022 年 1 月第 3 次印刷
书　　号／ISBN 978 - 7 - 5201 - 3461 - 3
著作权合同
登 记 号／图字 01 - 2017 - 8407 号
定　　价／89.00 元

读者服务电话：4008918866